本文丛受“国家社会科学基金”资助

现代传播文丛
（第三辑）
总主编 胡智锋

年度对话

中国传媒发展的回顾与展望

胡智锋 编著

中国传媒大学出版社

总　序

◆　胡智锋

2014年是新中国成立65周年,也是中国传媒大学建校60周年的年头,《现代传播》也迎来了创办35周年。为纪念这些重要节庆,我们《现代传播》编辑部同仁商议,延续以往阶段性整理出版《现代传播》文丛的做法,接续上一套"文丛",把2009～2013这五年来刊发在《现代传播》上的精品文章遴选出来,按刊物的栏目类别汇集成若干卷册,以新的形式展示给广大读者,也算是我们《现代传播》献给国庆、校庆和刊庆的一份礼物吧!

翻读各位编者初编的本套文丛各卷的篇章目录,当时每一期编刊的情形如在眼前!放眼看去选题丰富多样,写法千差万别,汇到一起该如何表述这套文丛的整体特点呢?思来想去,脑海里蹦出一个词——"回应"!是的,以一个"回应"或许可以粗略地概括这些文字的总体探求!以这个"回应"可以切出三句话:回应时代召唤,回应现实需求,回应理论创新。

首先,回应时代召唤。2009～2013这五年间适逢中国共产党建党90周年、新中国成立60周年、改革开放30周年等重要时间节点,我们因此约请或选用了相关文章,在回顾与反思中对于某个领域或方面的发展进程予以重新梳理与揭示。如郑保卫先生的《中国共产党新闻工作群众路线的理论来源与实践传统》(建党90周年),朱虹先生的年度对话《中国广播影视发展新起点》,黄勇先生的《论新中国60年广播电视的发展道路》,吴学夫、黄升民先生的《大国图腾——承载60年国家理想的家国图像》(新中国成立60周年),黄式宪先生的《关于近30年中国电视剧在美学建构上的断想》,周星先生的《改革开放30年中国电视剧发展要评》(改革开放30年)都是这些重要时间节点上的整体性描述的代表性篇章。

在专业层面上,也有一些重要时间节点被我们关注,如"春晚"30年、中国电视民生新闻10周年、《今日说法》10周年、《论道》3周年、央视纪录频道元年、江苏卫视品牌定位升级元年等,在这些时间节点上,来自政府、业界、学界不少领导、专家、学者发表了有时效性、针对性、启示性的文字,他们是原国家广播电影电视部副部长刘习良先生,原商务部副部长、中国加入世贸首席谈判代表龙永图先生,电视学界老前辈朱羽君、高鑫、王伟国先生,业界领军人物周莉、景志刚先生,学界重量级学者王一川、尹鸿、喻国明、俞虹、孟建、李幸、时统宇、丁亚平、丁俊杰、张同道先生等。

其次,回应现实需求。不论是国家战略层面,还是传媒业界与学界,过去几年面临的形势与背景或许都离不开全球化,媒介融合与公共服务日渐深入的现实。如何理解这几个重要现实背景?如何在全球化语境下走出有中国特色的道路?如何应对媒介融合的不可阻挡的态势?如何在新的媒介与社会环境下,调整与完善公共服务的领域与空间?作者们给出了令人关注与期待的解答。

如关于全球化命题的研究,有如下大作:黄会林先生的《"第三极电影文化"构想》,叶皓先生的《公共外交与国际传播》,陈圣来先生的《文化强国与中美之梦》,贾磊磊先生的《全球化语境中的跨文化传播——论非文字类文化符号的传播效应》,张国良先生的《沟通与和谐:汉语全球传播的渠道与策略研究》,荆学民先生的《全球化背景下中国政治传播主体意识研究》,夏骏先生的《在文明较量的时间差中坚守——中国电视走向世界的宏观命题探讨》。

而关于全球化语境下的中国传播学发展问题的研究,也有不少探讨值得关注,如胡正荣先生等的《跨学科视野中的中国跨文化传播研究:进程与问题》,陈卫星先生的《关于中国传播学的本体性反思》,胡翼青先生的《传播研究本土化路径的迷失——对"西方理论中国经验"二元框架的历史反思》,刘海龙先生的《传播研究的两个维度》等。

关于媒介融合的研究,有如下大作:朱虹先生的《中国数字电影的现状与发展战略》,黄勇先生的《论中国广电在"三网融合"新阶段的战略方位》,庞井君先生的《媒介融合背景下的中国广播影视产业发展的思考》,李良荣先生等的《互联网与大众政治的勃兴——新传播革命研究》系列,王武录先生的《报业全媒体发展研究》,熊澄宇先生的《对新媒体未来的思考》,黄升民先生等的《三网融合:构建中国式"媒信"新业态》,彭吉象先生的《数字技术时代的影视美学》,王甫先生等的《我国3D电视发展现状,困境及对策探析》,石长顺先生的《中国报业的 iPad 生存》,刘德寰先生的《手机互联网的数字鸿沟》,张红军先生的《中国电视剧的网络化生存》等。

关于公共服务的研究,特别是新媒体快速发展带来的公共领域、公共空间及相关社会治理方面则有如下大作:邵培仁先生等的《信息低保——构建信息公平社会的基本保障》,段京肃先生的《乡村媒介、媒介乡村和社会发展——关于大众传播媒介与中国乡村的几个概念》,袁军先生等的《突发性公共事件与政府形象修复策略研究》,廖祥忠先生等的《论"电子大字报"的传播特点、社会危害及应对之策》,胡泳先生的《在互联网上营造公共领域》,方兴东先生等的《微信传播机制与治理研究》,谭天先生的《论社交媒体的关系转换》,何志武先生的《网路民意与公共政策的"民间智库"》,许加彪先生的《风险社会下中国环境安全的信息公开:新型媒介生态中政府与社会的互动》等。

不论是全球化、媒介融合抑或公共服务研究,上述文字都以强烈的社会关怀回应了我们传媒理论与实践的现实发展需求。

再次,回应理论创新。近五年老中青几代学者都以饱满的激情与理性的思考,贡献出不少理论创新成果。

关于新闻改革的研究,有童兵先生的《"五四"精神与新时期新闻改革》,叶皓先生的《从宣传到传播:新时期宣传工作创新趋势》,喻国明先生等的《中国媒介规制的发展、问题与未来方向》,高晓虹先生等的《美国电视竞争格局及其策略借鉴》,涂光晋先生等的《从"党的耳目喉舌"到"公众话语平台"——"人民网"意见表达与整合研究》,曹劲松先生的《政府新闻传播中的形象设计与塑造》,徐舫州先生等的《我国跨地域跨媒体传播发展研究》等大作。

关于舆情监控与舆论监督的研究,有范以锦先生等的《舆论监督与社会政治生态环境》,罗以澄先生等的《"爆吧"集体行动中公民参与表达的实现与规制——以"69 圣战"事件为例》,吴廷俊先生的《新媒体时代中国舆论监督的新议题:网络揭黑》,柯惠新先生等的《重大事件舆情监测指标体系与预警分析模型的再探讨》,杜骏飞先生的《绿坝事件:信息如何成为权力政治》,顾理平先生的《论虚拟人群的叛逆性行为》等大作。

关于传播伦理问题的研究,有杨先顺先生等的《网络传播的后现代伦理审思》,杨保军先生的《新闻道德:在职业个体与媒体组织之间》,蒋建国先生的《消费主义文化传播、仪式缺失与社会信仰危机》,龙耘先生等的《中国媒介治理中的泛道德主义》,孙宜君先生等的《论新媒体语境下跨文化传播伦理困境与建构原则》等大作。

关于广播影视艺术发展问题的研究,有高鑫先生的《技术美学研究》,王伟国先生的《摄影机书写电视剧本体真实》,张晶先生的《传媒艺术的审美属性》,颜纯钧先生的《蒙太奇美学新论》,李亦中先生的《中国式大片的传播与接受》,杨乘虎先生的《中国电视节目创新问题研究》系列等大作。

关于新闻传播与传媒艺术相关学科建设问题的研究,有李良荣先生等的《从"小新闻"走向"大传播"——新闻传播学学科建设和科研新取向》,丁柏铨先生的《论新闻学的学科影响力》,欧阳宏生先生的《论电视艺术的学理重构》,石长顺先生的《电视学理论体系建构路径、方法与模式》,谢鼎新先生的《广播电视学科研究演变的三种范式》,张林、杜彩先生的《光环境设计学科建设构想》等大作。

关于媒介评价评估模式创新问题的研究,有丁俊杰、张树庭先生的《视网融合背景下的电视节目影响力评估体系创新初探》,刘燕南先生的《统一与融合:省级卫视综合评估体系探析》,李德刚、李岭涛先生的《理论创新与实践价值:互联网时代电视评价体系的建构》等大作。

关于媒介生存状态问题的研究,有张志安先生的《媒介环境与组织控制——调查记者的媒介角色认知与影响因素》,夏倩芳先生的《"挣工分"的政治:绩效制度下的产品、劳动与新闻人》等大作。

还有一些学者潜心多年,深入探究,推出新作。如赵玉明先生关于江西苏区口语广播,倪延年先生关于民国史研究的视角、难点、原则,周鸿铎先生关于传媒经济发展历程,雷跃捷先生关于广电媒体公信力的受众认知,刘京林先生关于传播心理,杨燕先生关于戏曲传播,舒咏平先生关于广告公信力评估,申启武先生的广播研究等。

还有一些学者或关注前沿,或独辟蹊径,贡献出全新的视角、领域与方法。如朱羽君先生等关于美国大选报道策略,朱虹、尹鸿等先生关于制播分离,喻国明、葛岩先生关于认知神经学用于传播研究,芮必峰先生关于"学习运动",张君昌先生关于"慢运动传播",闵惠泉先生关于新媒体的哲学思考,刘利群先生关于媒介与女性,隋岩先生关于传播符号,钟瑛、匡文波、沈浩等先生关于大数据,王四新先生关于"表达自由",支庭荣先生关于传媒管理等。

此外,来自美国的丹·席勒、斯蒂芬,芬兰的卡拉,加拿大的赵月枝,中国台湾的郑贞铭等著名学者分别对互联网的政治经济学、社交媒体、世界传播秩序、中国传播学研究、资讯社会等领域发表了各自的高论。

收入本套文丛的一册《年度对话》虽然与其他各册在时间节点和体例上略有不同，但在回应时代呼唤、回应现实需求、回应理论创新几个方面，与其他几册的立意完全一致，所以此次也编进文丛之中。“年度对话”是从2004年启动的特别策划，每年开年第一期，由本人代表《现代传播》，邀请在业界有重要影响的领军人物或专家，就过去一年传媒发展的成就与问题做一扫描，也对未来一年走势进行预测，给予展望。来自国家广电总局、中国文联、中国社会科学院、中央电视台、中国国际广播电台、中央新影集团、凤凰卫视等传媒管理机构和运行机构的相关领导、专家应邀前来担任对话嘉宾，留下了影响很大的十多个年度对话，成为存留传媒发展进程的重要记录。先后参加年度对话的嘉宾有刘春、汪文斌、王甫、吴涛、梁晓涛、靳智伟、高峰、徐舫州、朱虹、王云鹏、时统宇、仲呈祥、刘文、苗棣、高长力、方兴东等先生。

在本套文丛即将推出之际，我代表编辑部对文章入选本套丛书的各位学者，以及《现代传播》的其他作者多年来对刊物的大力支持表示诚挚的感谢！

本套文丛也是《现代传播》自身历史发展的重要记忆留存。1998年为纪念《现代传播》即将创刊20周年，由1991～1997年间担任学报负责人的朱光烈先生创意并作为总主编，推出了3卷本的第一套“《现代传播》文丛”，分别是：《生存之镜》（姜依文主编），《尴尬与超越》（李立主编），《走近神圣》（闵惠泉主编）。2008年由本人作为总主编，我们又推出1998～2008的第二套“《现代传播》文丛”。这第二套文丛就基本上按照十年间相对比较稳定的专栏为单位，进行文章的选编，分别是：《新闻学十年（1998～2008）：多元与分化》（张毓强主编），《传播学十年（1998～2008）：阐释与建构》（张毓强主编），《传播文化：全球化与本土化》（张国涛主编），《传媒观察：危机与转机》（张国涛主编），《传播艺术与艺术传播》（李立主编），《媒介经营管理的理念与实践》（潘可武主编），《中国传媒经典个案（1998～2008）》（赵均主编），《广播电视名家访谈》（杨乘虎主编）。近五年来，《现代传播》保持了2006年入选教育部“高校哲学社会科学名刊建设工程”之后的良好状态，连续多年被评为“全国高校社科名刊”，并入选“国家社科基金资助期刊”。本文丛的编纂也是对这些鼓励的汇报吧！

令我特别高兴的是，经过这些年的历练，我们《现代传播》编辑部这支编辑队伍茁壮成长，逐渐成熟起来！这就是本套文丛各卷主编，我们《现代传播》编辑部团队的主要成员：李立、赵均、张国涛、潘可武、张毓强（特约）、刘俊老师，以及我们的编务张惠云老师，还有长期为我们刊物做版式设计的特约美编卜希霆老师、做英文翻译的麻争旗老师，都默默地为刊物作出了不可磨灭的贡献，在文丛即将推出之时，我要向他们表示诚挚的感谢！

本套文丛的编辑基于《现代传播》这份期刊，而这份期刊的发展离不开中宣部、教育部、国家新闻出版广电总局、北京市新闻出版局等上级领导机构的大力支持，尤其是中宣部国家社科规划办、教育部社科司、广电总局宣管司、《新华文摘》杂志社等单位的多年厚爱，离不开全国高等学校文科学报研究会、北京市社会科学学报研究会等的热心帮助，更离不开中国传媒大学党委与行政的正确领导和着力扶持！在此，我要代表编辑部向长期关心、支持、鼓励我们的上级领导部门、兄弟期刊和学校表示诚挚的感谢！

最后我还要向中国传媒大学出版社领导，特别是李水仙老师为本套文丛顺利出版所付出的辛勤劳动表示诚挚的感谢！

是为序。

2015年2月1日凌晨于波士顿

目 录
CONTENTS

会诊中国电视

——关于中国电视现状及问题的对话

◆ 胡智锋 刘 春

对话时间:2004 年 1 月 13 日

对话地点:北京凤凰会馆

对 话 人:胡智锋 北京广播学院教授、博士生导师,《现代传播》副主编

刘 春 凤凰卫视中文台副台长、电视策划人、制作人、评论人

文字整理:张国涛 北京广播学院广播电视艺术学博士研究生

【关键词】电视改革;本土(地)化;收视率;传媒本体;产业化;体制改革;公共声音;竞合时代;传媒教育

胡智锋(以下简称"胡"):2002 年,你的"盛世危言"和"航空母舰"[①]两篇文章在我刊连续发表之后,在业界和学界引起了很大反响,后来有不少文章从中引用了你的言论,可喜可贺。《现代传播》对媒介批评类的稿件发表不是太多,但是你的那种与人为善的建设性批评是我们刊物所提倡的。近两三年来,《现代传播》在业界和学界的地位与影响稳步提高,这为我们继续开展这种与人为善的、建设性的媒介批评提供了一个扎实的平台和空间。我想这是我们展开这次对话的前提和初衷。

你在"盛世危言"和"航空母舰"当中所谈到的问题,现在虽然已经过去两年了,但要得到真正的解决看来还需要更多时日。两年来,整个中国电视格局,从中央到地方,发生了不少新的变化,也取得了不少新的进步和发展,成绩不可磨灭,但问题更不能忽视。尽管有些问题更多是以往问题在今天的延续,但它正是传媒业界和学界最关注的焦点内容。我想我们今天对话的内容,就是对中国电视的现状及问题进行尽可能全面的盘点,对当前中国电视的格局进行尽可能深入的会诊,我想我

们对话的标题就叫“会诊中国电视”,目的就是给中国电视把把脉。我们来做“电视医生”,把中国电视当作一个患者,它既有健康的部分,也有亚健康的部分,也有病患的部分,通过把脉和会诊,可以发现哪些地方是健康的,哪些地方是亚健康的,哪些是病患的部分,给出一个客观的、辩证的“问题单”,然后就业界和学界普遍感兴趣的和关注的问题进行若干探讨。

刘春(以下简称“刘”):这个出发点选得很好,不是为了批评而批评,也不是“形而上”地谈些“主义”,我们是先来发现问题,然后研究问题。

中国电视的“逢三变革”

▲ 中国电视近20年有一个“逢三变革”的历史巧合。

▲ 中国电视遇到了很多的宏观性问题,遇到了很多的结构性问题、制度性问题。

胡:从你的个人感觉来说,目前围绕中国电视的生存状态,中国电视最危机的问题在什么地方?

刘:讨论这样的问题,我总是愿意先说好话。为什么呢?因为进步来之不易,我一向是这个观点。大家都知道,中国电视近20年有一个“逢三变革”的历史巧合,1983,1993,2003,这三个年头都发生了极其重要的变革。1983年是“四级办电视”,“四级办电视”这个事情现在来看,带来了很多负面影响,比如重复建设、机构臃肿等。但是,它对中国广播电视事业的发展起到了极大的推进作用。而且放在整个国有企业、整个市场经济改革的角度来讲,如果当年彩电不是重复建设,哪能带来今天激烈的竞争,哪能杀出像长虹、海尔这样的大型家电企业。像现在香港控制得很好,只有两家电视台,还有一个有线台,没有什么竞争,所以香港电视没什么大的发展。我认为,如果说(20世纪)80年代中国电视有什么进步的话,那就是“四级办电视”带来了中国电视机构的繁杂,繁杂以后市场格局就比较复杂,生存环境就比较恶劣,就为展开激烈的竞争提供了前提。这是所谓的“八三变革”。

胡:是的,(19)83年的事情已经争论很多,现在依然未停。“逢三变革”表面上是一个简单的年代上的历史巧合,这里边可能也暗含了一些内在的规律,实际是中国电视发展到一定程度上的一个自然爆发。“八三变革”的背景是中国电视前20多年的发展,而变革带来的后果当然也是始料未及的。我个人认为,在中国电视的

“逢三变革”当中有一些非常有趣的事情，即无论它的变革是自下而上，还是自上而下，在结果上都出现了一种“歪打正着”的现象。就“八三变革”而言，其初衷并非像后来的结果那样。1983 年全国第 11 次广播电视工作会议提出“四级办电视”的目的和动机，是为了将党中央的声音传达到千家万户。结果没想到，地方借助改革开放的动力，利用“四级办电视”的由头，将新兴的电视媒体变成了地方领导表达自己的政治需求、塑造自己的政治形象的一个重要渠道，这是始料未及的。此外，地方还把本来意义上的电视差转站变成了一个真正的电视媒体——电视台。对这样的结果，批评最多的当然是利益受到冲击最大的中央电视台，它认为涌现出这么多地方电视台剥夺了它的很大一部分市场。

刘：我插一句话，从表面上看，“四级办电视”肯定是不合理的，因为它是按照行政区划来设计它的产业布局的，显然是不符合电视的技术属性和传播规律的，但是中国有很多事情总是靠行政的力量和手段来推动的。

胡：对，当时电视市场就是靠行政手段获得了前所未有的发展。在今天的电视领域内，依靠行政手段推动产业和市场前进的惯性仍然没有结束，行政手段依然是非常有力的一种方式。从正面来说，行政手段能把中国电视从整体上做大，如果不是“四级办电视”，只是由国家台（中央台）、省级台两级电视台，那就很难形成现在庞大的局面；但是反过来看，“四级办电视”带来的问题，是有限的资源得不到合理的配置，有限的市场得不到充分的开发，给今天电视产业的继续发展造成了难以估量的消极影响。

刘：1993 年的改革，我以为，确立了中国电视的两个标尺。第一个标尺是在内部机制上确立了制片人制，我特别看好这个制片人制。尽管现在制片人制也有很多问题，比如财务控制问题，比如用工问题，等等，但是如果没有当年《东方时空》推出的这个制片人制，那么中央电视台远远不是现在这样一个格局。我常讲中央电视台节目改革最重要的动力都是来自于这个相对健全的制片人制。这个制片人制在栏目策划、栏目用人、栏目改版、内部评审、栏目扩张等方面都形成了自己一套灵活的办法；这个制片人制导致了中央电视台内部细胞的空前活跃，它不断分裂，不断扩张；现在中央电视台所有的好栏目基本上都奠基于这个相对完善的制片人制。当然，它也有很多毛病，但我相信以后是可以克服的。“九三变革”确立的另外一个标尺，就是舆论监督。舆论监督在过去也有，如《观察与思考》，但是到了《东方时空》，可以说是第一次以栏目化的方式，明确地、有规模地对中国社会的方方面面进行监督，以致等同于某种政治权威。“九三变革”确立的两个标尺到了 21 世纪都出现了问题，那是因为中国电视遇到了很多的宏观性问题，遇到了很多的结构性问题、制度性问题。单纯地依靠节目、栏目的改版，单纯地依靠某种权威开展的那种舆论监督，电视改革的步伐已经走不下去了。我还发现，所有人都把电视改革的希望寄托于上层，希望话语环境能够进一步宽松。实际上，电视改革已经不是这个问题了，因为宽松并不意味着电视就能获得更大的生存空间。

胡：关于“九三变革”的争论也不少。我认为，“九三变革”最初更多是一种自下而上的“冲动”，同时也是央视改革的一种需要。包括像孙玉胜、梁建增、袁正明、时间、陈虻等这些比较前沿的电视人，当时可能就是一种职业电视人的“冲动”，这个在孙玉胜的《十年》当中有些论述。从中央电视台自身来说，它要建设一个国家级大台，当时就需要打开一个“缺口”，当时电视改革已经涉及新闻改革，但在实际上，新闻本体性的东西并没有太大突破。“九三变革”在节目栏目化、制片人制、主持人制等方面建立起来了新的框架系统，把制片人的形象、主持人的形象给托起来了，中国电视在传播手法和语态上都有了不少变化，电视的人际传播开始出现，同时内部制度也发生了相应变化，激活了原有电视机制的潜在活力，“九三变革”的意义更多是在这里。这一点我同意你以上的说法。同时，我还认为，“九三变革”的最后结果，实际上是上下合一、共同促成的，和“四级办电视”的情况有些相似。

刘：2003 年，中国电视确实产生了一些新的变化。尽管到目前为止还没有在制度上实现突破，但有些“变革”的迹象已经表现出来。第一，“新闻”的出现。电视过去有新闻，但是，我一直认为电视没有把新闻上升到非常重要、非常本质化的高度。我们看一张报纸看什么，不是只看它的文采、看它的副刊，而是要看这张报纸给我们提供了怎样的信息。同样对于一个电视频道，尤其是新闻频道，我们更是要看它所能够提供的信息。2003 年，随着伊拉克战争的直播，随着 SARS 的报道，随着新闻频道的开办，所有电视媒体前所未有地意识到“新闻”对其的重要性。上海文广新闻传媒集团总裁黎瑞刚曾经说过，东方卫视可以办娱乐，但是在新闻上没有突破，东方卫视永远成为不了一个主流媒体。为此，2003 年各个台都在找自己的路子。中央电视台在直播报道、拓宽话语权、开播新闻频道等方面打出了一套“组合拳”，在新闻方面形成了做大做强的架势，而地方电视台则更多在尝试本土化新闻、社会新闻的路子，适合于口语化传播、个性化传播。这是 2003 年一个非常大的突破。第二，很奇怪的是，2003 年电视改革的动力更多是来自于上层，大部分动作都带有自上而下的色彩。表现在:一是在新闻媒体的话语权方面给予了媒体较大的空间,包括央视新闻频道的开办、SARS的公开报道等等;二是上层提出了“三贴近”的原则。我很看好“三贴近”原则,这是一个非常深刻的思想:贴近现实,就意味着所有电视栏目都必须从当下社会、当下现实的需求出发;贴近生活,就是按照老百姓看得见的、很物质化的东西去表述;贴近百姓,就是从老百姓的角度和立场出发,更人性化。这是“三贴近”。另外一个就是文化体制改革,尽管在2003年推进不大,但是文化体制改革将来会从根子上有所突破。我所说的这些好话,就是中国电视的“逢三变革”确实带来了一些新的进步,恐怕你也是这个看法。

胡:对于2003年的变革,我同意你的说法。这些迹象表明,电视改革出现了一些意想不到的变化。

本土化新闻与民生电视的成长

▲ 到了2003年,中国才真正开始拥有了自己所谓的“本地化新闻”。

▲ 只有真正从本土、本地出发考虑自己的内容,才是真正意义上的“内容为王”。

胡:中央电视台在凤凰多年的刺激下,2003年在SARS报道、伊拉克战争、萨达姆被抓等这些大的报道环节,依靠它的覆盖率和影响力,占据了一个主导地位,似乎有了一种久违的“找到自己”的感觉,这其中也伴随着新闻频道的成长。另外一个问题,刚才你已经提到了,就是本土化新闻的崛起,2003年增长最快的是江苏电视台城市频道的《南京零距离》,年底《南京零距离》一个栏目一年(2004)拍出了一个多亿,现在火得不得了。频道总监景志刚有个新提法,他们把《南京零距离》的做法叫作“民生电视”,这个说法引起了上层的关注,因为它和“三贴近”联系在一起。其实可能很多人还没有意识到,“三贴近”对电视改革有着一种内在影响,在电视节目内容的选择、价值取向、表现方式等方面,“三贴近”都给出了相当大的空间。应该说,《南京零距离》抓住了这个机遇,尽管它不一定是自觉的,而是出于职业电视人的敏感,从百姓中来,到百姓中去,但这恰好暗合了上层的需要。从他们本身来讲,《南京零距离》就是要做一个非常地道的本地新闻,本地新闻在以往做得都比较零碎,但是他们做得很有气势,架构也很完整。我认为,以《南京零距离》为代表这种所谓的“民生电视”,对今后中国电视媒体的发展将产生很大的影响。如果说,

1983年的改革是把电视扩张做大，把中国电视变成一个世人不可忽略的传播媒介；1993年的改革是把电视开始做强，通过电视内部和外部的一系列改革，使它摆脱了几十年来在整个传媒体系中的弱势地位，成为强势媒体；而2003年的改革，应该是要把电视真正做强，至少从理论上说，按照这个路子走下去，应该是往强里做。虽然目前还不太肯定，还有待观察，但应该是这么一个方向。

刘：从内容的进步性来说，你概括得非常准确。中央电视台在2003年找到了它作为所谓国家电视台在新闻传播方面的高势和地位。但我觉得更为可贵的是，与其说是《南京零距离》这样一个本地化栏目的诞生，不如说是到了2003年，中国才真正开始拥有了自己所谓的"本土化新闻"。一些电视媒体开始意识到，必须要从自己传播区域的信息需求和文化属性出发来设计栏目，而江苏台的《南京零距离》，实际上就是与江苏尤其是南京的电视观众开始"零距离"接触。这虽然只是一个电视栏目的做法，但其实可以扩张到很多地方。现在广播电台在这方面也做得非常好，它们的内容做得非常贴近生活、贴近老百姓需求，更本地化。举一个例子，各省市交通台的路况信息都比较火爆，尤其是北京交通台，原因是它满足了老百姓出行的切身需要。实际上，《南京零距离》这个栏目真正的进步和意义，不是一个栏目的改革，也不是它的形式和技术上的突破，而是它带来了地方台传播观念的改变。地方台要干什么，就是要围绕地方的各层次需要做文章。地方台对于国家的宏观信息照样可以接收，但是精力应更多地放在本地化结构、本地化打造方面。中央电视台新闻频道成立了，央视一套也改版成了一个大平台，观众想看新闻有新闻，想看电视剧有电视剧，面对这样大的压力，地方台应该怎么办，我认为没有什么怎么办，竞争就是"大鱼吃小鱼，小鱼吃虾米"。要取得优势地位，地方台就应该在地方新闻上大做文章。另外我也讲过，中国电视有一个误区，大家往往把电视改革、新闻改革简单理解成舆论监督，都以为在电视台只有两种人有作为：一种人想当艺术家，这是指搞纪录片和专题片的，另一种就是想当舆论监督"斗士"的，这是指搞批评报道的。其实，电视新闻在我们划分的"正面宣传"和"批评报道"两者之间有着广阔的中间地带，而这个中间地带正是老百姓所关心和所需要的。

胡：这几年电视界流行的几个关键词当中，"本土化"或"本地化"格外引人注目。对于一个国家来讲，就是"本土化"；对于一个地方而言，就是"本地化"。在国外媒体中，"local"这个概念早就很流行了，主流社会也都比较认可。现在对这个概念的实践，可以将江苏电视台的《南京零距离》作为代表。一个很有意思的现象，继

《南京零距离》之后，南京电视台上了一个栏目，叫《直播南京》，江苏电视台又上几个类似的新闻类栏目，如《1860 新闻眼》，结果几个直播类的本地化新闻栏目远远超过了同时段电视剧的收视率，从整体上改变了南京整个区域晚间黄金时段的电视收视格局。在这场新闻大战中，以《南京零距离》为代表的这批新闻栏目，把“local”这个概念做到位了，当然它还有发展的空间。另外一个概念就是“内容为王”，电视喊了很多年，做了很多年，真正要做什么样的内容，其实就是要做本土或本地化的内容。江苏台和南京台的实践证明了这一点。刚才我们讲，地方台许多节目、栏目基本上都是“克隆”中央台的，还有很多“克隆”台湾和香港，而中央台又有很多节目、栏目是“克隆”凤凰的。他们这样做的出发点不是本地的内容，或者不是本地需求的内容，而是以一种既定的其他媒体作为克隆对象，这在电视界已经成为一种惯性。这样的做法实际上违背了“内容为王”，所以在中国电视出现了大大小小的《新闻调查》，大大小小的《焦点访谈》……

刘：你说这一点，我也思考了很长时间。出现这样的怪现象，那就难怪有人指骂“弱智的中国电视”了。因为我是搞节目策划的，凤凰的很多栏目我都是主要策划者，我们做一个栏目的原因是什么，一个是根据我们台的实力和我们的位置，另一个根据我们的基本条件。我们为什么做《有报天天读》？那是因为有大量的海外报纸大陆根本看不到，这些报纸又透露出跟大陆老百姓的生活有密切关系的信息，而且这些信息也可以在一个政治合法的空间里来传达。相反，如果安徽电视台要做《有报天天读》，每天都读些安徽的报纸，那肯定是费时费力，还赔本给别人做了广告。我们为什么要做《鲁豫有约》？是因为在中国近现代历史上有许多复杂的政治性人物，这些人物随着时间的流逝，大家对很多往日的是非成败已经不是太计较了，但是他们又是历史的一部分，凤凰作为一个海外媒体有着相当大的话语空间，所以我们就做了这个栏目，否则我们也做一个《中国工人》，也做一个《新闻调查》，也做一个《焦点访谈》，在大陆谁让我们调查，谁让我们监督，这样下去我们两个月就完啦。所以像这样从媒体本身出发做本土化、本地化的内容的设计，在 2003 年，我才看到一点势头。

胡：“本土化”“本地化”这个概念，意味着只有真正从本土、本地出发考虑自己的内容，才是真正意义上的“内容为王”。

电视传媒本体意识的回归

▲ 传媒应该做的不仅是传媒要做的,更是观众要传媒做的。

▲ 既从电视传媒自身出发,也从电视受众和市场出发,是在双重的角度下寻找一种对接。

胡:从“内容为王”说到另外一个概念:“传媒本体”。我觉得到今天为止,在新闻改革尤其是电视改革中,电视的传媒本体意识已经大大加强了,从“可视性”的标准向着“必视性”的标准来延伸,这是一个相当大的进步。所谓传媒本体意识,意味着传媒应该做的不仅是传媒要做的,更是观众要传媒做的。

刘:你讲到一个很根本的问题。从本质上来说,这么多年来,中国电视始终没有解决好的、也是最要命的问题,就是电视传媒本体的问题。目前,中国电视比报纸要落后很多,为什么落后?因为电视多年来一直没有看清楚自己是一个传媒,往往把自己当成小戏剧、小舞台,“我演你看”“我播你看”,也没有想到通过电视化的设计、编排、服务,使其从“可视性”向着“必视性”转化。对于一个节目或栏目,凭什么我今天要看,凭什么我天天要看,只有“可视性”还不行,还需要有一定的“必视性”。对于传媒来讲,这是一个根本性问题。

胡:是的,电视传媒就是要做“必视”,而不是仅仅做“可视”。在相当长的一段时间里,我们会帮助一个所谓的作品做分析和评价,我们说它好看,或比较好看,然后给出在艺术层面或者创作层面若干好看的理由,这个叫作“可视性”,但是不是我坐在家里打开电视机就一定要看,这就涉及“必视性”的问题了。

刘:我举一个例子,是我个人的体会。我曾经好几次买过《普利策新闻获奖作品选》,买回来后只翻了几篇,就翻不去了。我们当初会以为它具有很高的文学价值或新闻价值,于是我们试图读解出里面的伟大意义与深刻内涵,然而它就是很普通的文章,并没有太多的意义与内涵在里边。那么,它们为什么能入选,是因为这篇文章在当时状况下,揭露了那个社会的某个问题,传递了社会的一种重要信息,而随着时间的推移、地点的变迁,它变得毫无价值。同样,我们不要期望我们今天所拍的片子,像电影史上爱森斯坦的电影作品一样经典永恒,与世长存,电视传媒就是要及时地传递某种信息,传递受众当下的需求。我再讲一个亲身经历,我在《新闻调查》的时候,我国驻南斯拉夫大使馆被炸,我带了一帮人迅速完成了一个片子，叫《硝烟中的霸权》，片子的收视率很高，但是很粗糙，所以就得不到什么奖，别人还以为我不懂什么叫电视语言，我就不服气。后来我跑到了河北一个偏僻的村庄，用接近纪录片的方式，做出了一个非常优美的片子，叫《山间的希望》，那年评奖的时候，很多人都说这个片子好，而对我来说，却是一个巨大的伤害。这种作品化的倾向在做电视尤其做新闻的过程中特别可怕。

胡：所以，传媒本体到底意味着什么？传媒要从“可视性”转向“必视性”的评价标准，就像你说的普利策作品一样，传媒关心的不是节目在未来作为一个作品的经典意义何在，而应该是节目在当时能够产生多大的影响。

刘：我觉得我们今天触及了纸媒体传播学老师经常遇到的一个非常困惑的问题。他经常给学生讲新闻作品解析，对于一篇新闻作品，他和他学生的理解有很大的差别，为什么？这其中的原因就是忽略了一个相当重要的时空背景，实际上，这个作品在当时的情况下已经传播了信息，发挥了作用。

胡：传媒本体的第一个要求就是要做“必视性”，第一时间哪怕是粗糙的，但它是可贵的。“9·11”的直播，画面是很粗糙的，但它的震撼力却是无与伦比的，摇摇晃晃的画面里有一个巨大的信息场，它引发了我们“必视”的欲望，然后才是“可视性”。我觉得，传媒本体的第二个要求，就是节目从作品到产品的演化。在传统意义上，传媒是从创作者的角度创作一个作品，而在今天，传媒则是从生产者的角度制造一个产品。创作作品是要求创作主体把自己的情感、艺术积累熔化在作品当中，张扬创作个性，用专业的电视艺术水准，完成一个电视作品。今天，我们要换一种说法，那就是要从创作作品转换到生产产品、制造产品，电视就是一个生产流程，用最快、最简捷、最省钱的方式制造观众所需要的产品，这个概念在今天可能更重要。

刘：当然这个产品也需要一定的技术规范，比如好莱坞电影作为文化产品，同样有着严格的技术上的要求。

胡：再延伸出来第三个问题，就是传媒视点和观众视点或者市场视点之间应该有种对应。具体而言，传媒是主体，受众是客体，主体和客体之间有一个互动的过程。从20世纪80年代以来，中国的主流哲学是主体论哲学，就是一种自上而下的、自我膨胀的哲学观，而中国主流传媒的哲学观是以传者为本位的，忽视客体、受众和市场的存在，而中间有一个阶段是湖南卫视，一切讲媚俗，或者娱乐化，它又走向了另外一个极端。

刘：我插你一句话，湖南卫视的这种做法其实是中国电视的一个误区。举个例子，我极不喜欢看湖南卫视的晚间新闻，我不是说新闻不好，而是它的播报语态存在很大问题。新闻归根到底是看电视传递了怎样的信息，而不是在于采用了多少花里胡哨的技巧。

胡：所以，我认为它只是一个阶段，湖南卫视走向了另外一个极端，它从传媒主体走向了市场主体，而它对所谓的市场主体的判断是有误区的，它所想象中的观众设定在一个底线之上，这个底线就是娱乐，而娱乐又是他们认为的最大的市场卖点，所以，它从这个角度出发，完全走向了另外一个极端，它把自己作为传媒主体的立场、观点、视点给放弃了，剩下的只有像所谓"星气象"那样的挠某些观众的痒痒，通过搔首弄姿来迎合某些观众的格调不高的趣味。这样的做法，我觉得是一种问题。

无论凤凰也好，还是《南京零距离》也好，还是新闻频道也好，现在正在对这个问题进行纠偏，使新闻真正走向传媒本体，这个过程实际上也在寻找传者和受众真正意义上的互动。既从电视传媒自身出发，也从电视受众和市场出发，是在双重的角度下寻找一种对接。我认为，这是传媒意识在未来所不能放弃的东西，如果一味地迎合市场、迎合观众的趣味，可能就会失去传媒自己的东西。

收视率迷信与贵族化误区

▲ 收视率是一个没有办法的办法，它是一个现实的选择，但不是理想的选择。

▲ 一种节目特别危险，这种节目认为自己非常贵族化，有着非常高深的文化品位。

胡：我想我们应该多谈些问题了。现在还有一个关键词，就是"收视率"，这是与"内容为王"相关的一个概念。这个问题，我在很多场合听到过。收视率在内地获取的主渠道是有限的，不是央视一索福瑞，就是 AC 尼尔森，现在大家都以它们的统计数据作为参照。我觉得，第一，收视率数据不可避免地存在主观性；第二，即使数据是客观准确的，但它不是绝对的。我始终对电视业界的"收视率迷信"持怀疑态度。当然，主流媒体的管理者有其难言之隐，他总要有一个评价的杠杆，然后依据评价来分配资金，安排人力，配置物力，而最简单、最省事的评价就是收视率。

刘:要知道,中国是一个利益格局非常复杂的社会。凤凰台可以不要收视率,我们可以凭着广告,还有凭着我们几个人多年来的经验和感觉。但是,在中央台、各个省台和地方台,你说哪个栏目好看,哪个节目不好看,它都代表了一部分人的利益:一个是这个制作群体的利益,二是这个制作群体背后的利益,三是这个节目传播区域里的电视受众的利益。在这样的格局下,管理者要进行革新、要进行平衡,就存在非常大的困难,在这个时候就得找一个解决的方案,这个办法就是收视率。这是没有办法的办法。现在炒得很厉害的《读书时间》,你不能说你这个节目读了书了,书很高雅,你的节目就很高雅,其实这是两码事。《读书时间》的问题在于,它很大程度上脱离了现实生活,今天讲《红楼梦》,明天讲莎士比亚,后天讲金庸,这些内容对于观众没有收视的必然性。况且,谁也没说《读书时间》就是经典读书,读精品书,你是教材,你去教育频道好了。

胡:找一个更好的办法也很难,要么成本很昂贵,要么实践中没法操作。另外,收视率并不意味着电视节目的市场价值。

刘:单纯依靠收视率来判断节目的市场价值,在凤凰这样的体制里是通不过的。其实真正做得好的节目,哪怕收视率稍低,我相信各个电视台的台长和制作人,都会有一个基本的判断。我们现在对收视率的指责是正常的,我以为,第一,收视率不科学、不精确,第二,收视率确实与广告不挂钩。尤其是在凤凰,广告文化是品牌文化,不是产品文化,往往与一个栏目的品质有关系,和收视率没有直接关系。但是,在目前情况下,我赞成内地用收视率的方式推进电视改革,相对来说它现在的影响比较大,以后收视率可以不妨弱化一点,但还是要保留它。我觉得现在屏幕上倒有一种节目特别危险,这种节目认为自己非常贵族化,有着非常高深的文化品位,我在陕西台的《开坛》上讲过,我一看见“人文”两个字就头疼,什么叫“人文”,人文就是对人的关怀,人文无处不在,你可以用人文谈话,但是一用这两个字,就把自己推到了一个预设的先天性的贵族立场,即使收视率低,别人也不能动你。同样问题也存在于纪录片,我热爱纪录片,但是我们不常播出纪录片,因为它不仅没有收视率,更没有经济效益。

胡:节目选题和制作的贵族化,至少不符合大众媒介的传播规律,同“收视率迷信”一样,这也是一个误区。而收视率是一个没有办法的办法,它是一个现实的选择,但不是理想的选择。

刘:收视率往往使我想起中国人对学历的态度,现在大家都认识到对人才的认识要破除“唯学历”的判断误区,但是我们不可否认学历在一个相当长的时间里,仍是我们判断人才的依据。比如高考制度,比如应试教育,它有很多毛病,但是如果没有中国在长期的科举制度以来形成的应试教育制度和体制,像农家子弟、弱势群体根本就没有出人头地的机会,社会阶层之间的正常流动也不可能实现。我想,如果没有收视率这个杠杆的话,某些栏目将会永远存留下去,某些节目也没有改革的动力。在撤掉一个大家几乎很少听说过、更很少看过的栏目时,管理者都会收到来自于四面八方的各级领导的条子,你说这个怎么办? 这时,收视率就起到了“挡箭牌”的作用。

电视改革的体制困局

▲ 相对于报纸来说,电视机构还有几个根本性问题没有解决。

▲ 一切症结都在于电视改革没有按照现代市场经济的结构、机制和方式的要求来运行。

胡:2000年以来的电视业界和学界,有几个最热的关键词,一个是产业化,一个是体制改革,还有一个是集团化。这几个敏感的字眼,我认为在实际上很难推动深入。

刘:我想应该多谈一些体制问题,或者制度性的问题了。我觉得1993年的改革,就像经济改革中的国企改革一样,实际上是完成了一种放权让利和承包制的问题,制片人就相当于一个承包人,赋予一定的权利,同时也承担了一定的义务。这样,微观单位放活了,宏观上也带来了整体性的突破。但电视改革到今天为止,相对于报纸来说,电视机构还有几个根本性问题没有解决:第一,在产权结构上清一色的国有独资,导致了电视属性的事业和产业不分。这个问题报纸领域已经逐步放开了,比如《新京报》《21世纪经济报道》,它们的产权构成不能说是私营资本,也不敢说是外资,但至少是国有多资,那么这就形成了一个利益均衡体,这样一个利益均衡体,势必逼着媒体按照市场的属性和规则进行运营,逼着它们去吸纳人才、理顺机制,逼着它们按照市场所需要的方向去设计内容、设计营销模式。反过来,所有电视机构,因其是国有独资的产权结构,缺乏利益追求的动力与市场竞争的压力,所以改革就非常难以推进。第二,相对于报纸来说,电视没有享受到公平的国民待遇。为什么呢? 报纸去年(2003年)已经取消了公费订阅,所有报纸都一视同仁地在市场上发行，而且除了两三家报纸以外，报纸的事业属性已经被取消，都成了需要在市场上打拼的媒体。这样的结果，大家也没发现报纸乱到哪去。

这两条在电视上都有问题。首先，电视现在清一色的国有独资，带来了诸多问题：第一是电视的干部体制问题。中央电视台在 1993 年出现了制片人制，使得中央电视台在许多微观单位里吸纳了很多优秀的节目制作人才，但是电视台不仅仅需要节目制作人才，一些高端人才比如经营人才、资本运作人才等就无法吸收进来。第二，由于这样一种产权结构，使得电视的进入和退出机制没有建立起来。比如说，西部的一个省级电视台已经资不抵债了，但它只能继续做下去，如果政策允许的话，国家一些部委、省内的大型国有企业就可以共同出资，打造这个品牌，既服务于当地党委政府和老百姓，又可以将内容做好，但现在情况是政策根本不允许退出。至于进入，则更不行了，比如说，北京电视台现在很有钱，想做自己的电视网，在政策上这也不行。进入和退出的机制都形成不了。第三，这样的产权结构，无法形成由于资本的多元化（跨行业资本、跨区域资本）所带来的合理的公司制治理结构。所以在很多电视台里，大家都很苦闷，人才不能流动，结构不能创新，所有的人都陷在这个体制里面。

同样，电视台和电视台之间的不公平国民待遇也非常明显。我不说凤凰作为所谓的境外媒体的遭遇了，光是省级卫视和中央电视台之间的关系就是很不公平的待遇：比如省级电视台要给中央电视台供应新闻稿；重大的新闻资源必须由中央电视台垄断；省级电视台还必须转播中央电视台的《新闻联播》，而且要求带广告转播，天底下有这样的道理吗？凤凰的资讯台成立三年了，还不让落地，而中央电视台新闻频道还未成立，就要求各个地方花钱配置相应的解码器。我是从中央电视台出来的，我认为这样的事情对中央电视台不好。假如有一张报纸，所有重大的新闻都只能这张报纸来报，这张报纸的头版其他报纸必须转载，这张报纸所有的单位必须订阅，那么，这张报纸会有多大的利润空间？70 亿？700 亿也应该做到！反过来，这样一张报纸对中国整个报纸行业却是摧毁性的。这样一种垄断的格局，以及电视事业和产业的不分，尤其是在产业上未能进行有效的改革，没能使它产业结构多元化、产业资本构成多元化，这都给中国电视的生存和发展带来了根本性的难题，使得我们现在所能看到的改革都会行而不远。这是我最担忧的一个地方。

胡：我认为一切症结都在于电视改革没有按照现代市场经济的结构、机制和方式的要求来运行。首先是产权问题，当然这个问题很敏感，在产权结构上，电视台应该是国有独资的,还是国有多资的;其次是属性问题,电视是事业的,还是产业的。有的单位可以保持事业的性质不变,那是一种政治要求,或者一种宣传要求。

刘:中国国际广播电台就应该是事业性质,美国的美国之音(VOA)、香港的香港电台都是全额拨款运营,或者财团捐款。

胡:在这种情况下,问题的焦点在哪里?无论是中央电视台,还是省级电视台,每一级电视台对下级电视台,或下下级电视台,都可能用事业的、行政的运行方式来赚市场的钱。如上一级电视台往下一级电视台覆盖时,在网络建设上,下级电视台投资了;在转播时,下级电视台人力、物力、财力投入了;但是广告的钱,却由上一级电视台挣了,这种利益关系显然不是按市场规律分配的,是不合理的。

刘:世界上很少有像我们国家的电视台这样的情形,既不是公共电视台,也不是商业电视台。美国和我国的台湾、香港地区的公共电视台就是公共电视台,没有商业广告,运营费用由财政支持,商业电视台就是商业电视台,完全通过市场解决。但是,我们这样的电视运行方式,会给整个产业系统下游带来巨大的压力。

胡:这是一个掣肘的大问题,由于产权不清、属性不定、事业产业不分,在这种情况下,我们一些电视台时常采用“双向开发”的策略和手段,既保护自己,又扩大市场份额,既采用事业的、行政的方式来保护它的地位,维持它的垄断,但当它按照事业单位和行政方式进行所谓宣传的时候,同时又赚取市场化的巨额利润。这样的策略对做大整个电视产业没有好处。

刘:这个问题想起来也很简单。电视是传播信息的,手机短信也是传播信息的,号称第五媒体,如果说手机短信是一种宣传,那么也可以用事业的方式将它向前推进。就这个问题,我和央视高层也谈过,他们承认中央电视台这样做下去,自己也很难受,现在中央电视台只能拼命地做自己的全国平台,而这样的平台做下去是很危险的。其实中央电视台应该怎么做,我觉得应该把它承担的公共事业的功能剥离,把剩下的内容按照产业化的方式运作;同时它还可以在全国范围内构建自己的地方电视网,如江苏电视网、青海电视网等,这样既可以传播中央电视台的节目,同时又可以整合本地化的内容;它还可以进行资本的有效运作,把自己做大做强。

现在这样下去,中央台很痛苦,而地方台就更痛苦了。我经常想西部的一些频道,经济规模好一点的日子还好过,而比如像宁夏台、甘肃台、青海台,这些台如果按照市场的规则,就差不多濒临破产的边缘了。我觉得,电视改革也别想一步就能做大做强，什么航空母舰了，什么集团化了，就像整个中国的改革是从凤阳小岗村开始的一样，电视的产业化改革不妨拿一个西部省区的频道做一下实验，把它一部分的宣传功能剥离，这很容易解决的。举一个我们凤凰的例子，作为一个上市的股份制形式的海外媒体，凤凰卫视在政治上一点也不反动，也很好地传达了中央要求的宣传效果，导致许多人批评凤凰是 CCTV—13 台。

我觉得，电视改革还可以像一些报纸一样，尝试让一些资本进入，比如说让一些有投资实力的实体进入，从事一些经营性活动。或者国家计委，或者首钢，等等，几家大部委、大公司组合在一起，成立一个股份制电视台，完全按照市场化的方式来运作，既完成当地党委政府所赋予的政治宣传功能，同时在其他内容上按照市场化的规则做大。想一想，如果有这样一个电视台的话，许多既对传媒很有研究，而且又有创作经验的人才，电视台就会出高薪来挖你了，这样人才就可以流动了；同时，你要对董事会负责，对股东的投资负责，就必须把机制、结构理顺，必须研究市场和受众，包括收视率、广告，包括我们前面所讲的传媒的属性、传受双向的互动，等等，这些东西都是“不待扬鞭自奋蹄”的。靠着职业电视人的道德良心，靠着改革的自觉，靠着一些人对业务的探索，这些东西都是好解决的。

中国电视的“冬天”还远吗？

▲ 各种利益关系的不明确，导致了真正意义上的产业化难以推进。

▲ 中国电视一定会遭遇“冬天”，可能就在这三五年内。

胡：这实际上就是一个利益关系的问题。现在问题是，每个台的台长都是行政任命，他不可能冒着自己前途的风险，做一些触动根本利益关系的改革。

刘：对，他做得好不好，由上边说了算，而往往下面的改革也牵扯到上边的利益，这就很难办。因为改革，台长的官位不保，那还不如不改，出这个头干吗！人都生活在这个世俗的社会里。

胡：利益关系问题是一个核心的根本性问题，只有解决了这个问题，才能解决其他一系列的改革问题。现在所谓的“集团化”，从中央到地方，国家级的集团、省级的集团和市级的集团都非常痛苦，这种痛苦就在于这种利益关系非常不明确。

刘：为什么呢？因为它们是行政组合！比如，将中央电视台、中央人民广播电台、中国国际广播电台三台按照行政手段合并在一起，利润是平分的，这对于中央电视台来讲就很不公平。如果，它们是按照资本构成来组合，就不存在什么问题了，谁是大股东谁说话，然后董事会首先招聘总经理，招聘各个部门、各个频道的总监，然后都到市场上打拼。

胡：这是一个根本问题！

刘：实际上，李长春同志对这个问题已经有非常深刻的认识了，他曾经过问，凤凰卫视作为上市公司是怎么保持导向的。而且，股份制在报纸领域走了这么长时间，也没出现所谓的导向问题；在我们看到的表现较为活跃的报纸当中，往往是由于它的资本结构合理和产权结构清晰，而充满了活力。

胡：所以，我想，这个问题可能是下一轮中国电视要真正意义上彻底改革的问题。

刘：其实我这个话是对主管部门讲的，主管部门往往认为这个资产如果不是我独家所有，可能我的声音就不能到达，可能就会出现一些反政府、反社会主义的声音。这个看法完全错误，因为没有比资本家更知道自己利益的所在。

胡：这个也很明确，主管部门认为宣传控制不到的地方就容易出事，而实际情况却不是这样，恰恰是他们管得越多的地方就越出事。

刘：可以把北京所有的报纸组织在一起，假如就叫京报集团，只做一张报纸肯定做不大，但是允许这些报纸各自存在，允许不同的资本注入，经营按照市场规则，互相竞争，彼此抢人才，这样会出现一批好报纸。北京的报纸现在不就是这样吗？而电视是怎样的呢？电视还在走一条大合并的路子，就是把所有的台合并在一起，做成一个“大台”，就像前几年高校大合并一样，现在不也备受争议吗？

我为什么老说报纸好，仔细想一想，报纸就是真的好！看一看报纸对一个信息的反应，对一个信息的整合，就会发现这一点。真是报纸人的素质比我们电视人高多少吗？其实，大家都受过同样的教育，不差上下，而且越是活跃的报纸期刊，从主编到记者都是一些年轻人，比如《南风窗》的主编秦朔，是1968年的，《21世纪经济报道》主编刘洲伟，是人大双学位毕业，也没几年。他们为什么做得好，不是说他们智商有多高，而是他们在一个合理的架构里面按照市场属性进行了资源的整合。

胡：现在我所担心，也就是你刚才谈到的担忧，所谓这种事业、产业不分，产权不清，以及带来的各种利益关系的不明确，导致了真正意义上的产业化难以推进，导致了现在所谓的广电集团往往成为了挂牌集团。

刘：由于制度上一直停滞不前，我现在对中国电视有很深的危机感。有这么几点，第一，技术正在日新月异，比如可视电话已经开始普及，比如微软最新研制技术，可以使每台电视都能变成一部电脑，通过电脑或者互联网进行新闻直播、信息传递已经易如反掌，而且还具有可选择性。同样，电视也正在力推收费频道、数字电视等，这些都会给传统的以公共传播为主体的电视带来一些新问题。当然每个媒体都有自己的生存理由，不会消亡，但这并不等于它不会遇到“冬天”。电台那是经过了一个漫长的“冬天”，直到交通台和音乐台的出现，特别是交通台，强调交流，强调互动，强调服务，才找到今天这样一条活路的。实际上，报纸也曾经历过短暂的“冬天”。按照这种情况，曾经辉煌的电视也会有自己的“冬天”，我不认为中央电视台会遭遇“冬天”，但我认为中国电视一定会遭遇“冬天”，可能就在这三五年内。

我们来看，目前电视台最大的“一根救命稻草”是什么，是电视剧，不是其他的。各省台的广告收入主要来自于电视剧，观众看电视的需求主要也是电视剧，晚会现在谁还看？新闻做得好的还有人看，但是做得好的也不多，专题做得越来越沉闷。与报纸的信息量相比，电视的信息量越来越稀薄。

胡：看来，中国电视的这个“冬天”恐怕是必然的啦！

刘：现在电视界还存在自己就是“老大”的感觉，实际上这个“老大”是虚的，因为中央电视台给人的感觉是“老大”，所以给世人的感觉电视还是“老大”。仔细比较一下，现在中央电视台普通员工的收入、省级电视台的工作人员的收入，比起当地活跃的报纸的社会影响和个人收入都要低一些，很多报纸的记者一个月拿到一万、一万五、两万，已经不新鲜了。只是因为中央电视台这座“金字塔”还在，所以大家还感觉不到，还以为电视是“老大”，其实，跟前十年感觉已经完全不一样了。举一个很简单的例子，当时 1993 年做《东方时空》的时候，中央电视台振臂一呼，许多电台、报纸的骨干都来了，这些人都是临时工，劳保、“三险”什么都没有，正是这些人直接带来了中央电视台的繁荣，现在电视再想挖这些人才，恐怕就挖不到了，人家报酬很好，来电视兼职做个策划还可以，专来做电视就难说了。

公共声音的诞生与电视的“失语”

▲ 冲在最前面的是网络，其次是报纸，而缺失的恰恰是电视，至少之后才是电视。

▲ 2003 年中国媒体的最大特点，就是公共声音的诞生。

胡:最近一段我非常关心网络对中国社会的影响。中国电视头几年以《焦点访谈》为代表的舆论监督对中国社会的影响已经翻过一页去了,最近我和一些网络公司的老总有过接触,也探讨这个问题,应该说在前年(2001 年),网络还只是资本运作的一个典范,存在大量的泡沫,而最近一两年网络的精彩表现,有一点是值得特别肯定的,那就是在若干重大事件上,在推进中国整体改革和关乎国计民生的大问题上,却扮演了其他媒体无法替代的重要角色,往往冲在最前面的是网络,其次是报纸,而缺失的恰恰是电视,至少之后才是电视。

刘:你讲这一点,也是我最想讲的一个问题。如果真正从中国社会和中国历史的进程来讲,2003 年中国媒体的最大特点,就是公共声音的诞生,或者是公共话语的诞生。这种公共话语不是指电视,电视表达的只是一个官方的声音和意志,现在像《焦点访谈》那种微服私访式的舆论监督已经走不下去了,甚至也不是报纸,报纸只是承担了一个二次传播,而是网络促进了中国当代公共话语的诞生。在一个传统的专制集权社会里,有一些社会问题的推进需要一些具有公共良心的公共知识分子,像法国的左拉、卢梭等,他们通过自己的特殊位置、凭借自己的公共良心来发表言论。实际上进入 90 年代以后,中国进入了市场经济时代,公共领域的声音在很长时间里处于一种失语状态。在这种失语状态里,中央电视台一部分地承担起了这个公共责任,像《焦点访谈》。而 2003 年网络——这个第四媒体的崛起,配合着中国政治形势的变化,尤其是以人为本的政治话语的出现,使得公共领域的公共话语成为社会的主流民意。确实,网络影响生活,一个是最近的宝马撞人事件,现在网上已经有了 22 万的跟帖,另外一个是孙志刚事件,还有木子美事件。

胡:我为什么专门谈这个问题呢?的确,网络对社会事件的影响力之大令人震惊。孙志刚事件由于网络的推动,带动了一部法律的修改,这样一种高效的状态,在中国历史上也是罕见的,发生于网络的这种现象也体现出了一种前所未有的政治生活与社会生活的宽容。这对于中国电视而言,说危机也好,说尴尬也好,如果再打舆论监督的旗子,无论技术上多么纯熟,擦边球打得多么漂亮,也都无法跟进网络上自由的公共声音的力度。

电视走进"竞合"时代

▲ 如果没有竞争,没有竞争中的合作,就不会有今天的局面。

▲ 当市场竞争格局比较清晰，当市场竞争水平比较成熟，自然会出现分化的局面。

胡：我现在特别欣赏一个词叫“竞合”。在中国电视经历的“逢三变革”中，有一个共同的情形，那就是中国电视在做大局面的同时，内部也产生了竞争，在竞争中又产生了合作。以当前的南京为例，地面上的新闻大战已经引起了双方（江苏省台和南京市台）的对立，我认为，这种竞争不是坏事，在竞争中双方都在做大，如果没有竞争，没有竞争中的合作，就不会有今天的局面。

刘：现在中国电视最缺乏的就是竞争。我对中央电视台领导说过，一个凤凰卫视出来，你们就成天地想着办法告状、打压，而如果没有凤凰卫视的直播，中央电视台新闻改革的速度能这么快吗？光一个新闻频道，多少栏目“克隆”我们。举一个例子，美伊战争的时候我在香港，我清楚地看到两个台互相竞争、互相推进的历程，我们做了一个感伤的 MTV，中央电视台跟着就出来了，我们巴格达连线阿布扎比，接着中央电视台就连线中国国际广播电台驻阿布扎比的记者，我们当时做了《海湾风云录》、《文涛拍案》，中央电视台后来就有了《社会记录》，我倒不是说央视“克隆”我们，而是说我们是在互相学习，互相推进，我们也跟中央电视台也学了很多。

胡：中央电视台这几年的成长，其实凤凰已经在介入了，凤凰一些大的动作刺激了中央电视台，也刺激了地方电视台。

刘：我们最主要的贡献在于语态！

胡：对，凤凰的这种刺激，我想从电视媒体改革的意义来看，它带来最大的影响就是你所说的整体语态的变化，并由此引起业界、学界对传媒本质、性质的认识的变化。当然这里面也有一些媒介环境变化的问题。

刘：过去我们在北京只看到《北京晚报》，现在有《北京青年报》《北京晨报》《京华时报》《信报》《华夏时报》，最近又出来了《新京报》，再加上外地在北京卖的报纸，各种各样的报纸都出现了，大家过得也都不错。

胡：所以一个良性的局面是在竞争中出现的，是在合作中实现的，如果没有对手，实际是没有意义的，只会萎缩，没有成长。

刘：《焦点访谈》这个节目越来越萎缩，就是因为全国只此一家，别无分店；没有竞争的动力，它就不可能从上层那里争取更多的话语空间。凤凰的“9·11”直播，对中央电视台形成了极大刺激，他们就借此争取了更多话语空间，这次伊拉克战争报道，中央电视台就走在前面了。

胡：所以，现在就要改变以前那种“不是鱼死，就是网破”的老观念，竞争对所有传媒和从业者都很重要。

刘：我想这个问题，根本还是一个市场问题。当每个市场竞争非常充分以后，就会出现一个多元化的格局。有的人只做高端产品，只服务于少数人，有的人只做大众产品，服务于大众。市场有一只无形之手来调控，每一个角落只要有利润空间，就会有人插手。凤凰不做平民化，广电总局规定凤凰只能入户三星级以上的酒店和一些高档社区，所以凤凰必须做以政治和文化关怀为核心的高档传播消费。当市场竞争格局比较清晰，当市场竞争水平比较成熟，自然会出现分化的局面。到了这种时候，行政配置资源的作用就小多了，一切由市场来推动。我觉得这个问题是根子问题。我最近越来越喜欢讲制度这两个字，制度确实不是万能的，但是没有制度确实是万万不能的。我从中央电视台出来之后，我和过去的同事有过很多接触，最大的感觉是我们有些地方不一样，尽管我们对电视的追求是一样的，我想了想，其中根本原因是因为我们的“屁股”不一样，“屁股”不一样，制度就不一样，选择就不一样，思考问题的角度也会不一样。

胡：每一个从业者都要改变观念，不要老把对手都看成敌人，而应该把他看作是激发自己，并把自己做大的一个合作者，他既是竞争者，又是合作者。

刘：我今天说这么多，说实话我还没上升到成天到晚忧患中国电视事业整体格局的地步。作为一个职业电视人，我经常感受到中国电视从业人看起来风光，其实无路可走的内在困境。这种“无路可走”来自于体制的格局，导致大家没有多少可以选择的空间。在一个没有选择空间的时代，在一个没有太多竞争的时代，人怎么会有什么出路呢？我经常看到一些很优秀的人才，困在体制里，没有出路，也没有办法。很简单，全国的电视人才不知道往哪里流动，只能是县级台往市级台，市级台往省级台，省级台往中央台，而中央台哪里有那么多干部岗位，所以就形成临时工一大堆，合同工一大堆，部聘、组聘一大堆的混乱状况。如果在一个那样的时代（“竞合”时代）里面就完全不一样了，我们所有的人都被激活焕发了第二青春，我们被挑选，我们也选择，人生就会产生新的格局，包括传媒的研究者、策划者，他们的命运也都会不一样。

传媒教育正面对市场的挑战

▲ 一方面大量过剩，另一方面又严重紧缺，这是一个相当大的矛盾。

▲ 现在淘汰起来往往不是一个两个，而是整个一代人。

胡：所有问题的后面都有一个“人的问题”。人都不是天生就这样的，人是在机制中产生的，是在竞争合作中产生的。这就又出现一个问题：中国的传媒教育，包括新闻传播教育、广播电视教育，据说现在已经发展到有数百家高校做传媒教育，从媒体的需要来说，尽管报纸、期刊、网络和其他媒体都在争相延揽人才，但是另一方面媒体真正需要的领军人物，或者骨干人才，或者专业化的人才，大家总觉得一方面大量过剩，另一方面又严重紧缺，这是一个相当大的矛盾。

刘：我刚才讲中国电视的“冬天”到了，为什么呢？因为现在几乎所有的中国电视人都定位在 20 世纪 90 年代那个电视的辉煌时期，仍还保留有一种文化的优越感和事业的优越感。其实在今天无论电视人的个人收入，还是电视事业的重要性，已经远远不是 90 年代那样了，但是由于电视的体制问题没有解决，这些人也没有更多的选择机会；由于体制没有改革，使得他们提升自己、面向市场、适应竞争的意识也不是很强。实际上，我最近见到这样的人特别多，我经常感觉到这一天到来的时候，这些人将会很痛苦。他们很像国有企业的技术工人，论技术，论质量，这些人比民营企业的工人好多了，但是在市场这个大熔炉里面，最痛苦的就是这批人，因为市场不需要他们，因为他们不适应市场。你会发现，现在淘汰起来往往不是一个两个，而是整个一代人，我就担心我们这一整代的电视人“啪”的一下就被淘汰掉了。在报纸里，除了几十家大的以外，其他报纸中老一代大多被淘汰了，现在上来的全是 90 年代后期培养出来的，这批年轻人脑子非常活跃，下面的骨干全是二十几岁，他们适应市场，非常灵活，能够忍受各种压力，迅速成长。现在淘汰往往是一代人的淘汰。

胡：你从市场的角度对人才做了分析，那么从传媒机构、教育机构来讲，如何适应这个市场，对人才进行有针对性的培养，现在我感受到了一种压力。因为传媒教育的更新似乎更难，传媒教育的机制、体制是一个相对封闭的状态，教学计划也相对滞后，然后将这种理念渗透下去的时候，实际上跟这个时代已经脱节了，已经落伍了，似乎市场需要和教育培养永远是一种矛盾，这种矛盾在短期内解决起来也不是很乐观。正如你刚才说的，最大的问题还是在于事业本身正进行着剧烈的更新换代，这种巨大的变革，已经使 20 世纪 80 年代受教育的那批人进入了人生的“冬天”，那么新一代的这些人，尽管他们当中有一些优秀者会寻找到自己的位置，但实际上大多数人面临的却是一个“冬天”，现在不会将来也会。我期待着我们的传媒教育与我们的中国电视一样，即使是必然要走入“冬天”，也要在市场挑战的面前，顽强地打拼下去，以培育出未来传媒的优秀人才，迎接自己下一个灿烂美好的“春天”。

结束语：未雨绸缪，在深化改革中开拓进取

我们今天从中国电视的“逢三变革”，谈到了中国电视目前正在发生的、令人惊喜的许多新迹象，也谈到了许多现实存在的、令人困惑的问题。既然是会诊，就必须直面现实，正视问题，而不是回避矛盾，只有这样，才能找到问题的症结所在。当然找问题，找症结，也需要开药方，由于中国电视这一领域、这一对象实在太过于庞大、太过于复杂，这个药方是不太容易开出来的，只能是具体问题具体分析。如果一定要开出一个对中国电视方方面面都起作用的大药方，那就只好是笼而统之的，有益无害的，我们把它概括为：未雨绸缪，在深化改革中开拓进取。这个笼而统之的大药方包括以下三层意思：第一，未雨绸缪。这意味着中国电视每一种理念的推行，每一个行动的付诸实践，都不要匆忙、简单和盲目地拍脑袋，而应当把周密的调研、反复的论证和前瞻性的预测结合在一起，做出较为客观的、科学的和可行的判断。只有调研、论证、预测走在前边，才有可能避免理念与行为误入歧途。第二，深化改革。这不仅指的是宏观层面大的体制、机制改革，也包括中观、微观层面的对策、策略的变革。深化改革既要遵循传媒市场的普遍规律，又要尊重电视传媒的特殊传播规律，一切从实际出发，激活生产力，提高凝聚力，满足传媒自身方方面面的利益需求，并以此为评价标准展开改革的方略与措施。第三，开拓进取。中国电视面临的上述问题，有些是中国社会整体转型所带来的普遍问题，有些是传媒大格局中此消彼长、此起彼伏的变动带来的问题，有些则是电视传媒自身或历史性积累或正在发生的问题。面对如此复杂的各种问题，只有直面现实，用热情、主动、积极、创新的姿态，大胆地开拓进取，才能扫清改革道路上的各种障碍，才能赢得令人满意的中国电视整体发展与进步的新局面。

（注：全文约两万五千字，整理时有删节）

注释：

① “盛世危言”和“航空母舰”分别指刘春在《现代传播》2002 年第 1 期、第 3 期发表的《中国电视的盛世危言》和《CCTV，中国电视的航空母舰朝哪里开》。

2004:中国电视关键词

◆ 胡智锋 汪文斌

时 间:2005 年 1 月 13 日

地 点:北京

对 话 人:胡智锋 中国传媒大学教授、博士生导师,《现代传播》主编

汪文斌 中国广播电影电视集团大型活动办公室主任、高级编辑

文字整理:郑世明 中国传媒大学电视学院讲师

【关键词】广电改革;内容产业;剥离;整合;路径;媒介活动;付费电视;改版;创新

胡智锋(以下简称“胡”):一直以来我有一个想法,就是要把中国传媒理论界的一些新的理念和研究动态与业界的生动实践进行有效的碰撞、对接和沟通,这两年也一直在努力。在形态上,我比较推崇对话的方式,这样比较放松,也正如一句老话“与君一席话,胜读十年书”! 今天我们对话的中心议题叫“2004 年中国电视关键词”,希望这次对话能够继往开来,既总结 2004 年中国电视的主要特征,又能对 2005 年中国电视的可能状态作出一些判断。

我注意到,在相当长的一段时间里,你在中国电视的实务领域担当着一个方面的领军人物角色,现在又到了广电总局综合性的中国广播电影电视集团,你的视野从传媒事业的微观实务,扩展到了宏观管理,同时你又是中国传媒大学的在读博士生,在此之前也曾经主编过重要的著作,比如《世界电视前沿》《中国电视节目形态研究》等.应该说这几种身份,是最终选定你来展开这次对话的原因。

一、剥离与整合

▲ 由于方方面面的原因,中国电视目前处于“晕眩”状态。

▲ “同心多元”的开发就是要把品牌当作核心资源,进行互补的整合。

胡:总的来说,我感觉由于方方面面的原因,中国电视目前处于“晕眩”状态。这种“晕眩”状态的一个突出的表征就是政策出台的频率太快。这不但在广电行业的历史上,可能在各个行业横向的比较中也是比较罕见的。其中的一些矛盾,或者说一些政策明显不衔接的地方,不光给业界,也给传媒理论界带来比较大的困惑。另外一个表征是改版,在业界,电视改版最近几年已经热到一个让人无法接受的程度,一个节目、一个栏目,甚至一个频道还不到一年,甚至几个月就消失掉了。另外,在学界,一种浮躁的状态也或深或浅地存在着。大家更多地是在言说,指点江山,激扬文字,而且说得很多,开的药方也很多,但真正深思熟虑的,冷静的观察、体验和研究,或者比较严肃的表达,总感觉还是有所欠缺。因此,我想用“晕眩”这个词来描述和定位中国电视的这种状态。

汪文斌(以下简称“汪”):对,现在中国电视正处在一个转型时期,转型期间涌现出了种种让人眼花缭乱的东西。但是,我觉得无论是在转型时期,还是什么时候,有一点始终不会变,那就是电视观众永远需要好的电视节目。在过去的一年当中,新的概念、新的说法很多,但好的节目相对较少,这是我最强烈的一种感受。

让我们分别来谈谈这些问题。首先,关于广电改革的问题。现在改革目标已经很清晰,就是要把经营性的产业跟非经营性的、公营性的事业分开。然而,公营性事业怎样去发展,经营性的产业怎样去壮大?我觉得最大的问题不在于目标,而在于路径,广电改革的路径是什么?我们有时会发现一个改革的目标和路径往往会南辕北辙。比如关于经营性和非经营性的分开,到底什么是经营性的,什么是非经营性的?现在有一种说法,认为节目就是非经营性的,广告就是经营性的。按照这种说法,经营性和非经营性分开,就是说节目和广告分开,然后又是宣传和经营分开,这就是“两分开”。这样下去问题很严重:一个是只知道钱,不知道内容;一个是只知道内容,不知道钱。本来电视台经营的主要是节目,广告只是实现电视节目经营收入来源的实现方式。它既可以是广告经营的实现方式,又可以通过发行取得版权收入,或者通过其他一些衍生产品,从而实现多种收入。但是,很多人认为节目就是非经营的，广告才是经营的，节目部门就搞节目，广告部门就结合起来成立一个广告总公司，这样的操作整个有点南辕北辙，适得其反，最后的结果肯定是相互掣肘，效益下滑，最后出现收视率下降，广告收益下降，结果双方相互指责。电广传媒就是一个例子。

胡：电广传媒的探索属于改革，作为一个先行者是有值得赞扬的地方，比如在娱乐方面做了很多的尝试，但有时候我觉得它有点蛮干的嫌疑，甚至已经到了一个不能控制的状态。比如说湖南电视节目的"媚俗"，相当大的一个原因是电广传媒带来的。还有其他很多问题，它经营的那些海底世界、世界公园之类的项目和主流的产业隔得很远，这两个之间就是在打架嘛。这些问题是很多公众包括把关人都未必看到的。这里也说了很长时间的"剥离"，但在实际上这个"剥离"并没有完成。

汪：电广传媒给了我们很好的经验和教训，它的探索应该是很有价值的。但是，很多人没有很好地去总结，就是从概念上进行简单的理解，分开即剥离，这导致一说"剥离"就意味着要把广告部门"剥离"出来。一种错误的分法必然导致一种错误的结果。

胡：就是现在，很多电视媒体把关人对这个"剥离"的认识也未必清楚，大多的理解经营就是经营，节目就是节目。

汪：现在宣传和经营"两分开"形成了一个新的概念，现实操作中形成了两个法人。这里的关键在于：是一个法人之下的不同部门的业务分工，还是两个法人的独立运作。如果两家独立运作，问题就出来了，彼此各有各的价值利益取向，如果两个法人无法协调的话，最后矛盾和冲突必然就会出来。以前山东的《大众日报》把宣传和经营分开，曾经也是一种经验被加以推广。我后来见过《大众日报》的领导，他说那些东西都是虚的，现在已经不那么做了，原来成立的广告总公司现在都不运作了。电广传媒的这种探索现在也变了，也和以前不一样了，事实证明这条路是行不通的。从最早的无论是报界的，还是现在电视的探索来看，这种"剥离"显然是不成功的。

胡：改革的关键，第一是认识，第二是措施。

汪：现在上海做了三个公司化的试点，一个是东方卫视，一个是《第一财经》，还有一个是《生活时尚》，它们是真正的分开，不是把节目和广告分开，而是把频道和节目实行分类管理，分为公益性的、非经营性的和经营性的、产业性的两个部分。有些节目是属于公益性的，有些是属于产业性的。比如说新闻等节目具有很强的公益性质，而娱乐具有很强的产业性质。我们的分类方式应该不是把节目和广告分开，而是节目本身要分类，频道本身要分类。

胡：这应该说是一个很大的“是非”问题。

汪：上海东方卫视频道改版后，把广告还给各个频道了，东方卫视拥有自己的广告经营权。我觉得现在中国电视用的很多的一个词就是“整合”，“整合”也是一个很大的问题。毫无疑问，整合就是要在特定的环境下对资源进行有效的配置和组合，以使效益最大化，这就是“整合”的目标。

胡：首先是资源配置。

汪：对。要弄清楚我们传媒的资源是什么。电视台的资源不是它的机构和固定资产，而是品牌。品牌是电视台的核心资产，还有版权、播出渠道、覆盖网络等。如果要对资源进行优化配置，一定是优势互补。上海《第一财经》的做法是非常对的，跨媒体运作，既有《第一财经》的电视频道，也有《第一财经》的广播频率，又有《财经日报》，还有一些网站等。利用《第一财经》一个品牌，“同心多元”全面开发，达到品牌的扩张、品牌效益的最大化，通过资源共享，达到成本最低化。“整合”的目的无非两种，一是降低成本，一是提升效益，而《第一财经》通过资源共享降低了成本，通过品牌扩张提升了效益，一举两得。“同心多元”的开发就是要把品牌当作核心资源，进行互补的整合。现在许多所谓的资源整合，就是简单地合并同类项，彼此之间不是互补性资源，而是竞争性资源，而且没有资源共享的基础。反过来说，同样的内容用电视、报纸、杂志等不同的方式加以传播则是共享的，是版权内容资源的共享。

胡：你刚才提的这一点很关键，就是电视台的资源是什么？是品牌，是版权，是播出渠道，是网络，只有明白这一点，资源才能进行真正的整合。现在很多人对电视本身的产业特性认识得不是很清楚，你刚才提到的品牌问题，其实就是注意力经济，这些资源一定是在对电视的产业特性充分认识的基础上进行整合的，如果不是站在这个基础上，那么所谓的“整合”只能产生各种各样的矛盾，而不能有效解决问题。

汪：任何一种传媒都属于文化产业，它比第一产业、第二产业更加突出的一点就是品牌的力量。通过品牌的扩张可以进行资源的优化配置，实现效益的最大化。

二、目标与路径

▲ 我们可能不需要一流的战略，但更需要一流的执行。

▲ 合并同类项也罢，简单的剥离、分开也罢，都是很强烈的路径依赖。

汪：我经常想这样一个问题，现实当中有时候目标很明确，但在实际操作中效果往往适得其反，这是为什么？我们可能不需要一流的战略，但更需要一流的执行。制定的一个目标，我们既要能把它操作到最佳，而且还要争取操作的结果比开始定的目标还要更好。

胡：对，一流的执行有时候比一流的战略还要重要。我们需要设计师，更需要工程师。

汪：我感觉我们在执行一些政策和目标的时候，不是政策和目标本身有问题，而是路径选错了。经济学有一种观点叫"路径依赖"，就像铁匠一样，他把所有问题当钉子，都一锤子下去。长期以来，我们已经习惯了一种简单的管理办法，当遇到市场经济或者新的改革的时候，我们依然采用过去那种老办法。刚才说到的合并同类项也罢，简单的剥离、分开也罢，都是很强烈的路径依赖。

胡：所以，我感到对于一些电视机构把关人来说，到底什么是资源，什么是核心资源，怎样围绕核心资源去整合是一个非常基本的、非常重要的问题。如果按照市场规律进行优势互补，通过市场的可能性资源来配置自己的有效资源，而不是进行简单的资源重复合并，或者简单的包打天下。从单独的一家媒体来说，有一个它自身资源的整合问题；从媒体之间比较的角度看，在不同层面也存在一个优势资源的互补问题。

汪：本来同一个信息资源，同心多元的开发手段是一种效益最大化的方式。像美国新闻集团下面的 TV guide，它三位一体，既有杂志，又有电视频道，还有一个互动网站，*TV guide* 是美国发行最大的杂志，每期的发行量过千万，每年的广告收益超过 10 亿美元。如果它来和我们合作，就会面临一个很大的难题：杂志要跟报刊集团去谈合作杂志；频道必须要和数字电视公司谈，网站必须要和央视国际谈。实际上这些不同的法人单位的资源都是一样的，就是广播影视信息资源，以及节目播出的信息资源。别人是一个东西同心多元地开发，可到我们本来可以开发的同一个资源，却被人为地切割成三块，而这种切割又是借着"整合"的名义来做的。

胡:所以,这就是一个路径选择问题,就像每次机构改革越改越多一样。

汪:目标与路径适得其反,南辕北辙。我们过去已经习惯了行政的管理办法,当遇到问题的时候,我们就拿最简单的行政手段去处理问题,依赖一种传统路径,所以就应付不了新的情况。尤其对于广播电视一个新生事物,它的改革就是要抛弃这些东西。

三、版权与经营

▲ 电视本身就是一个版权工业,版权工业实际上就意味着内容产业。

▲ 对于电视媒体来说,它拥有的最大财富就是它多年积累下来的电视节目。

胡:2003年有一个关键词叫"内容为王",2004年有一个很重要的调整,就是多个场合被大家多次提起的"内容产业"这样一个概念,也就是说,不要把内容和产业截然分开,内容本身就是产业,内容就是经营的主体,产业是离不开内容的,它不是游离于内容之外的独立经营。那么,"内容产业"这个概念的提出是不是比"内容为王"更推进了一步呢?

汪:对。我更喜欢用"版权"来表述,我认为广电所有的核心资源都是建立在版权基础之上的品牌。版权的概念已经不是节目的概念了,版权是经济的词汇,是一种发明、一种创造,也是一种权益、一种收益权,广播电视实际上可以说是版权工业。

胡:现在来看,很多从业人员并不珍惜这种版权,还没有意识到版权的价值,也没有理解到版权的独特性和不可替代性,以及它的稀缺性。版权和品牌有一种内在的关系。我认为品牌最主要有四个特征:一是独特性,二是稀缺性,三是优质性,四是不可替代性。如果品牌具备了这四个特征,节目就获得一个注意力的基础,在这样的条件下,我觉得版权才具有实质性的意义。

汪:电视本身就是一个版权工业,版权工业实际上就意味着内容产业。电视台提供的产品就是电视节目,观众消费的也是电视节目。电视节目不就是内容吗?内容不就是电视节目吗?从经济上来讲,这些电视节目都可以称为版权,因为版权就是所有权的价值体现,版权就意味着价值。

胡:从这个意义上说,版权和内容是合二为一的。从经济的角度来讲,节目经营就是版权经营。

汪:在未来的电视领域,拥有版权就意味着拥有了非常有价值的资源,电视台要通过经营这些版权来获利。现在版权已经在文化产业经营领域很普遍了,比如网络电视,现在广电总局已经发出了90多张网络视频的许可执照。那么,过去网络公司没有做过电视节目,当网上传输视频的时候,它马上想到的是从电视台获得这种版权资源,而不会另外建立一个机构自己去做节目。新浪网不久刚跟我谈过,它现在所做的一切工作就是,如何获得电视台做出来的节目的版权。在电视台,大家每天都在做节目,库里面有几十万个小时的节目,电视台运作了40多年,就剩下这些东西了,而现在网络就想获得这个东西。

胡:对于电视媒体来说,它拥有的最大财富就是它多年积累下来的电视节目。对于它未来的经营,这些几十万小时的内容或者版权,就是它最大的资源库。

汪:电影频道是个很好的例子,把全国电影胶片的版权集中起来,办了一个频道,几十个人6个多亿的广告收入,可见,这个版权的价值实在太大了。新影厂(注:中央新闻纪录电影制片厂)现在最宝贵的资源就是它过去拍的那些资料,完全可以做很好的资源开发,比如可以开历史频道,这样可以把库存资料的价值释放出来。

胡:新影厂的影像资料非常丰富,现在已经计划进行陆续的开发。但在实践第一线,拥有频道资源,拥有节目播出权,拥有版权工业的所有元素的众多主流媒体对此的认识并不是很深入,很多媒体的把关人,或者没有精力,或者重视不够。花费大量资金、人力、物力拍下来的东西,播出以后却束之高阁,那么丰富的版权,那么丰富的内容,缺少有头脑的人去开发。

四、媒介活动与"选秀"

▲ 消费群体的一种心理需求,成为构建媒介事件的依据。

▲ 媒体一定要变成一个大家都可以参与的公共平台,电视的民主化在这里可以得到充分体现。

郑世明(以下简称"郑"):2004年还有一个词大家经常看到,就是电视媒体的活动经济,如华山论剑、歌手大奖赛、选美比赛等,这些媒体活动在没有一些重大新闻事件的时候尤其显眼。媒体活动实际上就是媒体事件,是人为制造的一种热点,从中电视媒体不仅获得了巨大的社会效益，而且也得到了巨大的经济效益。

胡:我觉得这里有一个非常重要的问题，即对活动和内容的关系的理解。最近这十年媒介活动走过了三个阶段:第一个阶段活动和内容是相对的、游离的，比如说一个电视台搞一个活动，比如“三下乡”，反映到屏幕上是有限的，可能只是一条信息。第二个阶段就是活动和内容开始贴近，开始融合，一半内容，一半节目，比如各种大赛，像主持人大赛，有一半的活动变成了内容。最近几年，我觉得活动本身就是内容，在策划设计阶段，主办者就尽可能将活动的每一个环节变成节目的有机内容，甚至为配合内容的需要来设计活动，制造两者之间的相关性、悬念性。这样内容和活动就合二为一了。

汪:这方面我想重点谈一下“选秀”。电视是记录历史的，当发生一些历史事件的时候，我们把它作为对象记录下来，但是由于电视作为一个平台可以吸引众多观众的眼球，因此在记录历史方面，人们对电视产生了强烈的依赖性，所以电视就会产生一种效应，就是它能创造事件，这就是所谓的“媒介事件”。而制造媒介事件的所谓“议程设置”，完全是由媒体自己在设计，媒介完全掌控着主动权。

郑:完全是电视媒介发起的。

汪:为什么在中国现阶段会出现广泛的选秀呢？这是由当前中国的基础所决定的。我认为，经过20多年的改革开放，中国庞大的市民阶层形成了，人与人之间产生了非常激烈的竞争，因此必然出现社会选秀现象。即使媒体不去做“选秀”，社会上总会有人去做，况且电视在这方面的优势又是明显的。歌手大赛如此吸引眼球，以至于以前只播决赛，后来一下延伸到21场，规模越做越大，时间越做越长。为什么啊？因为钱啊！多演一天电视台高收视率就多保持一天，高收益也就多保持一天。所有大型活动的核心都是“选秀”，它跟现阶段经济发展水平和人们的普遍心态有关。

胡:对，消费群体的一种心理需求，成为构建媒介事件的依据。电视本身某种意义上说就是一个秀场，是制造媒介事件的一个载体。

汪:现在中国改革是使这个社会变得越来越民主，而民主在电视上的表现就是让观众从被动欣赏到主动参与。像《开心辞典》《幸运52》，它们都是一种象征，观众已经不是在欣赏明星，而是他们自己要上台了。刚开始，它还是常规性的运作，后来就发挥到了极致，大型活动就出来了，就必然会出现模特大赛，必然会出现环球小姐大赛等，当然针对女性的占据了很大一部分。

胡:像CCTV－2的“3·15”晚会、年度经济人物评选,等等,都带有相当强的“选秀”色彩。学理地说就是一种制造,用眼球注意力来制造媒体事件。

汪:运用电视来“选秀”,赢利模式也相应改变。如果是一个社会机构来办“选秀”,想参加的人是要交钱的。但电视一介入,规模不但变得如此庞大,而且任何人都不需要交钱。更多人参与进去意味着更多人看,更多的人看就意味着更高的收视率、更高的广告收益。

郑:由于电视选秀的出现,造成电视对于社会生活的渗透面和影响力要比以前大得多,所以现在我们正在进入一个媒体社会,媒体和政治联姻,和经济联姻,和文化联姻,这种联姻很大程度上成为这个社会的一个根本特征了。

汪:媒体一定要变成一个大家都可以参与的公共平台,电视的民主化在这里可以得到充分体现。这种进程是一种不断延续的进程,是没有止境的。

五、付费电视

▲ 实际上,现在中国付费电视面临的非常强劲的对手,就是免费电视。

▲ 电视本身就是大众的,争取受众规模的最大化是永恒的追求。

胡:谈谈付费电视,现在它的运营方式在悄悄地改变。

汪:付费电视面前横着一条河,任何一个免费频道的增加都使这条河变得更宽,任何一次免费电视质量的提升,都使这条河变得更深,结果是付费电视面对这条河的时候更加难以逾越。实际上,现在中国付费电视面临的非常强劲的对手,就是免费电视。

郑:数字电视和收费电视可能要面临人们一些文化消费习惯甚至是政策、各个层面的障碍。

汪:观念好转变,但是最重要的问题是面临着庞大的免费电视的时候,付费电视必须要拿出来比免费电视更独特的东西。我不同意现在有一种说法,说付费电视的节目比免费电视的节目要好,很多节目先在付费电视里播,然后放到免费电视里播。在中国这是不现实的,因为我们现在已经有了一个庞大的免费电视收视群体,而且主要电视台收入都来源于此。那么,让我们舍弃这块利益来谋取现在一块不确定的“蛋糕”,我觉得这是绝对不现实的。而我觉得付费电视应该生产一种现有的免费电视提供不了的东西。

这里面还有一个问题是究竟该做什么样的频道。现在付费电视领域有一个最大的问题,就是把专业和小众混为一谈。其实专业的东西也可以是大众的,比如天气预报,它绝对是专业的,同时它也绝对是大众的,在免费电视中,天气预报是收视率最高的,你能说它是小众的吗?现在那些频道,像钓鱼频道、高尔夫频道、围棋频道等,一说专业的就意味着是小众的,真的很可笑。这样的频道只能成为垃圾频道,当大量的垃圾频道充斥的时候,就会出现像台湾电视一样的状况,付费电视就是垃圾电视。

胡:这是误区,很大的误区,几年前我也说过,专业不等于小众,综合也不等于大众。

郑:那像您预期的付费电视一定要提供一种免费电视提供不了的东西,这种东西可能是什么呢?

汪:我们有大量的空间和领域啊,比如现在免费电视里面没有专业的食品频道,吃可是老百姓关心的一件大事。比如专业频道里面没有专门的天气频道,中央电视台目前也没有专业的购物频道。

胡:大众化的专业频道恰恰是我们忽略了的。付费电视也应该是大众的、专业的,而不是某一个品牌的精品专卖。现在的误区在于我们做了一个既不专业,或者显得很专业,同时又不大众的频道。

汪:我个人觉得电视本身就是大众的,争取受众规模的最大化是永恒的追求。所以在这种情况下,现在要做的如果是专业频道,大众一定是前提。现在认为专业的就是小众,这一点我永远也弄不懂,理论界不少研究传媒的同志在外面也总是说窄播和小众。

胡:这是一种误导。大众化的专业频道模式广播已经有成功的先例。比如交通台,电视现在还没有。

汪:现在从事付费电视的人力资源的状况,以及现在执照免费发放的这种政策都不容乐观。执照免费发放由于没有成本,它就不会被珍惜、批了以后,不赚钱就关了,就完了。所以,我觉得现在付费电视的执照发放和放开,要按照产业方向运作,一定不能搞“大跃进”,而你知道一年之中批准 100 个付费频道是什么感觉吗?

胡:晕眩。

汪:中国的免费电视干了这么多年,全国性的电视频道到目前为止也不过 50 来个。现在一年批付费频道,一下就批上百个,100 多家,后果真的令人担忧。

六、广电政策

▲ 怎样使政策决策的整个过程科学化，非常重要。

▲ 政府最核心的工作就是通过政策制定来维护公众利益。

汪：我觉得作为政府，最重要的方式就是要通过政策来影响和培育市场，规范市场，这就是所谓“政府引导市场，市场引导企业”。我非常赞赏广电总局对广告的管理，因为它维护的是公众利益，而不是行业利益。可是过去太多的政策都是在为行业的利益服务，把公众的利益摆在一边的。另外，我认为广电总局出台对“涉案剧”的限制政策，不会对市场有特别大的影响。涉案剧少了，情感剧、都市剧自然就到黄金时段了，这些市场没有什么变化，一部分人因为这个政策受伤，而绝对会有一部分人因为这个政策受益，这是均衡的。政府通过让一部分人受益，一部分人受伤，就是在引导符合公众利益、符合主流的价值取向。

胡：但我们也会看到诸多矛盾，特别是2004年总局以政府的法令、法规等政策形态发出的各种文件，其中行业的、部门的、小集团的利益和政府所维护的公众利益，产生了非常激烈的对峙冲突。当然从宏观、整体上看，是协调的，但在小集团的、地方的、局部的、行业的一些利益方面肯定会有反弹，所以我们在2004年听到了各种各样的声音，这些声音是不同的利益团体在较量。我同意你的看法，政府最核心的工作就是通过政策制定来维护公众利益，这样一切问题都好谈了，都可以解决。

汪：我觉得怎样使政策决策的整个过程科学化非常重要。这种科学化不仅仅包括听证会、论证会、恳谈会等形式，更重要的是，任何一项政策出台的时候，如果政策是代表公众利益的，那一定要尽可能多地得到公众的支持，否则就有可能会出现把好事办砸了的情况。我想如果广电总局2004年出台这些政策的时候，开一个三方恳谈会，把电视台代表、观众代表、企业代表找来一块儿大家恳谈一次，最后完全有可能达成共识。

七、网络电视

▲ 广电面临的一个很大的问题是，电视来整合网络还是网络来整合

电视?

▲ 加强广电行业对网络电视的操控力度,至少是参与的力度,是非常重要的。

汪:大家说 2004 年是有线付费电视年,那么从目前发展的情况来看,虽然已经启动,但是预想的目标都没有实现,原来我们说有三千万用户,根本就没达到。那么在新的一年里,网络电视可能要发展起来,我的总体感觉,网络电视不可小看。这涉及通信和网络,它跟市场是接轨的。像中国电信、中国移动,像新浪、搜狐,大量企业都属于上市企业,不光是境内上市,还有的是境外上市。它们的体制是现代的市场经济的体制,与现在整个资本市场是对接的。另外一个方面,它们在过去的十几年里发展极其迅速,很多基础设施条件比电视都要先进。它所有条件都具备了,说白了,就差政策了,我个人觉得,如果现在政策就允许在网络上做视频、视听,它马上就是电视台了,是未来的电视台,更新颖的电视台,升级换代的电视台。而且,收费权在它自己手里,这意味着什么呢?这意味着最后电视台反过来变成它们的制作公司了。

胡:这种情况下,广电面临的一个很大问题是,电视来整合网络还是网络来整合电视?角色有可能发生置换,变颠倒了。

汪:对啊,有可能会形成这样的格局,但不是说非要形成这样的格局,也完全可以不形成这样的格局。如果我牢牢地把握着内容产业然后做到极致,把版权做到极致,电视就可以牢牢掌握着核心的版权,这样网络仅仅只是一个传输手段、分销渠道。但如果说不这么去做,最后电视就真的成为网络的加工厂了。所以,现在广电应该牢牢地把握新媒体,包括网络,包括移动手机这样的新媒体,把播出的节目控制在自己手上,从制作到分销,告诉网络不要再做了,而电视可以通过发执照,向它们提供节目内容。如果从行业利益角度来看,这是完全可以做得到的。

胡:这个危险的迹象其实很多年前已经显露。但是老实讲,广电在相当长时间里,非常坚定地认为它们不可替代,也不把网络太当回事。但最近几年情况在变化,广电在做大,电信也在做大,网络、移动通讯等等都在做大。在这种情况下,怎样扬长补短,怎样充分利用政策背景、政策优势和行业的资源优势,抢占先机,事关行业全局发展。如果袖手旁观,或者孤芳自赏、画地为牢,前景则十分凶险。

汪:这个过程可能是这样:第一阶段根本看不起,觉得自己是主流,别的都是旁门左道、歪门邪道;第二阶段看不懂,一开始看不起,结果过不几年人家做成了,它就看不懂了,它怎么能做成呢?第三阶段很害怕,当人家再往前走一点,它发现对自己形成了一个巨大威胁,害怕了,就方寸大乱。到第四阶段,一泻千里。

胡:原来是关起门来谈广播电视,现在是现实逼得广电不得不考虑身处一个什么样的生存环境中。

汪:如果将行业利益和公众利益进行比较,一定要尊重公众利益;如果是行业利益与行业利益之间竞争,一定是要把本行业做大。所以我们有一个建议,要更多地建立一些非常庞大的、核心的广电内容整合提供商。比如成立几个新媒体公司,这些新媒体公司就是拿着节目做各种分销的:有专门为手机电视提供节目的,也有专门为网络电视提供节目的。

不能小看这些刚出现的新事物。楼宇电视,上海的两家大公司分众传媒和聚众传媒在做,据我所知,分众传媒前年收益只有500万广告收入,去年收益上升到两个多亿。短短的两年时间,增长速度可想而知!聚众传媒打出来的概念是"白天的电视""不在家的电视",就是说它把电视台定位于"在家看"的电视,它就是"不在家看"的电视。它从楼宇开始发展,现在已经发展到了候车厅、候诊室、厕所等地方。传统电视通过电视机深入到百姓家里去,现在网络电视通过计算机深入到老百姓家里去,这是两个平行的渠道,也就是说它们是具有相互替代性的,稍不注意就被对方替代了,而且要注意在未来多媒体终端上这两个是合而为一的。现在还是分开管理,但是未来它是大势所趋。

郑:那在美国,电视台是怎样面对网络电视的竞争呢?

汪:西方跟中国不一样,它们的电信跟网络本来就是合一的,根本不存在界限。美国最大的有线电视公司的背景是一家通信公司,而中国的网络电视和电视台是分开的,网络电视不在广电的操控之中,所以我觉得如何加强广电行业对网络电视的操控力度,至少是参与的力度,是非常重要的。

八、省级卫视

▲ 省级卫视夹在中央电视台和城市电视台中间,实际上这个中间的状态目前是不成立的。

▲ 省级卫视要走全国性的专业媒体的路子,但实际上现在正缺少一个全国性的专业媒体。

郑:中国现在还是“四级办电视”的一种格局,省级卫视未来的出路挺麻烦的,现在省级台正在尝试搞特色化的生存方式,都有一个自己的定位,名目还很多,这是一个方向吗?

汪:现在省级卫视夹在中央电视台和城市电视台中间,实际上这个中间的状态目前是不成立的。要么变成全国的,要么变成地方的,中央电视台肯定是走“全球化”的路子,城市电视台肯定是走“地方化”的路子。我觉得有实力的省级卫视,比如像上海可能会走中央台的路子,不能成为中央台第一,争取成为中央台第二,是有一定空间的。中国应该有几个类似中央电视台规模这样的卫视,才能形成一定的竞争格局。然后,其他卫视大量要走专业的路子,所谓的特色定位,中国当前缺少专业频道,而强大的卫视资源、已有的覆盖系统,在此基础上推出专业频道会有非常好的基础。

胡:现在矛盾也在这儿,因为省级卫视的特色化生存是建立在一种环境的压迫之下,它们各有各直接的老板——省级政府。所以省级台普遍存在着宣传使命的负载和全国性的市场占有的矛盾,以及地方性的政府职责和专业化的频道选择的矛盾。

汪:所以,它既有一种所属省区的功能性需求,还有一种它自己生存的应对策略,将这两者结合起来就会出现所谓“既要显示特色,又要完成政治功能”的复杂面貌,如湖南做娱乐特色,广东做财经特色。省级卫视要走全国性的专业媒体的路子,但实际上现在正缺少一个全国性的专业媒体,多的部分是两极,即全国性综合媒体——CCTV 和其他地方性专业媒体——大量的市级台。

胡:一个台湾岛就有那么多专业频道,内地有这么庞大的市场,所以现在彻底地走全国化、专业化的路子,认识是不是很清楚是一回事,但是从它“特色化生存”的努力上看,显然已经有了这方面的意识。

汪:走全国性的专业媒体路子,最能实现这一点的不是什么湖南、安徽等实力较强的卫视,而恰恰是处于弱势边缘状态的那些卫视台。一个中部省份,它的卫视台一年才收入 8000 万,而它的二套——经济生活频道则达 2.4 亿,一个是全国的,一个是省里面的,差距就这么大。

胡:包袱越小,哪怕是零起点的,反而它的负担就越轻,这就像旧城改造和新城开发一样。

九、民营电视

▲ 栏目在中国现在没有市场,只有买卖电视剧的市场。

▲ 电视台、频道跟制作公司之间一定是有资本作为纽带的。

胡:还有一块,现在民营电视还很脆弱。光线传媒的《娱乐现场》被北京电视台四套撤下以后,广告收入大幅度地下跌,日子很难过,这种情况你怎么看?

汪:对此,我从来就没有看好这一块,因为光线传媒现在做的是栏目,但栏目在中国现在没有市场,只有买卖电视剧的市场。第一,作为栏目,它不是一锤子买卖,它不可能依靠高超的市场营销,例如电影《手机》《天下无贼》《英雄》炒一把,赚到票房就行。栏目不是,必须要与一个机构保证长期的、稳定的合作关系。什么样的状况下才能保证长期稳定的合作关系呢?就是在共同利益的前提下,它们一个是事业单位,一个是企业单位,体制上就不对接,就难以有共同利益;没有任何共同利益,根本没有讨价还价的余地,所以就没有这个市场。

郑:如果还按照这种模式,那光线传媒的出路就麻烦了。

汪:它肯定要跟某个渠道捆绑,当新的网络电视起来后,跟网络电视捆绑是一个不错的选择。对于它来说,最大愿望就是被某个渠道收购,这是它最好的出路。至于说制播分离,国外的频道确实有制播分离,但是电视台、频道跟制作公司之间一定是有资本作为纽带的,所以电视的整个规模是集中而不是分散的。内容制作跟频道包括传输手段全都在逐渐地合一,更大范围地合一。

十、频道改造与栏目改版

▲ 电视内容的生产,就是一种模式化的生产,所有的创新都要遵循媒介的基本规律。

▲ 作为电视媒体的一个基本价值观,就是一切以屏幕为中心。

汪:我觉得如果一个栏目经常改版,只能说明这个栏目的定位有问题。因为现在所有的电视节目已经模式化、类型化了,而改版正说明节目是在颠覆自己的模式,颠覆自己的类型。那么结果造成栏目本身变了,这不是在改版,等于新创造了一个东西。

胡:现在一个节目没干几个月,就说进入了一种模式,包括春节晚会,我曾经写文章说,春节晚会的问题不在于"模式化",而在于它根本没有形成自己的核心模式,这是我的结论。

汪:或者说,它的模式已经过时了。

胡:电视内容的生产,就是一种模式化的生产,所有的创新都要遵循媒介的基本规律。

汪:现阶段,我觉得,有两种方式可以做:一种是把国外的模式跟中国的内容结合起来,这是第一层次的,这样克隆或者模仿的嫌疑会比较重一些。第二种还是拿国外的东西,但我一定把它的外形给去掉,拿它这个模式里面的精髓的东西,跟我的内容进行多重组合,这才是真正高超的！这种东西显得原创性很足,我能看出它是克隆的,但是一般观众看不出来。

郑:其实这样成功的例子挺多的,像《开心辞典》《幸运52》。

胡:这叫本土化改造,这已经很高明了。

汪:但是,我还是赞成这种克隆的。总体来说,克隆是创新的一种原始基础。

胡:可以说本土化的改造或者本土化的探求,不能叫原创,但没有哪个东西是随便能原创出来的。这里有两个误区:一个误区是闭门造车,孤芳自赏地关起门来打造一种所谓的原创模式;还有一个是根本不考虑受众的收视习惯,然后完完全全地搬用过来,可能就搞得非常好笑,包括"真人秀"的一部分探索。其实这里面非常成功的是《非常6+1》这种模式,相比之下,那种所谓"生存者"的模式拿过来是失败的。

汪:从创新角度来看,中国电视大部分通过"综合"这种方式去创新,还有一种很好的创新方式是"回归"。综合的创新方式是大家都适用的,全球都适用的。中国电视的例外就是回归,因为中国在过去有很多东西被异化了,太多的说教、宣教,所以在拉回电视本质的时候,大家发现这里似乎包含着很多新意。现在的"民生新闻",包括所谓的"Game Show",实际上都体现了电视的本质。有时我觉得电视应该是粗糙的,电视不一定全是精心铸造的东西,我们以前大量的直播是要精心准备的,必须要有提前演练,必须要有备播单。现在无论是海啸,还是别斯兰人质事件,这种粗糙的及时的直播,反而体现了电视本原的东西。电视首先是最快速的,通过直播把正在发生的东西告诉观众。而在我们精心的所谓铸造的过程中,实际上把它本原的东西给抛弃掉了。现在我发现从一些精心准备的直播退回到一些原始事件的直播的时候,就会觉得相当新鲜,以为是创新。

胡:其实“回归”无非是回到了本原的状态,它应该有的状态。

郑:现在有很多电视从业者对电视属性的发现,实际上不是一种真正的发现,而是电视本来就有的,其实就是回归。我觉得“回归”很准确,是对一种本质的再发现。我记得一位老师写过一篇文章,关于《南京零距离》的,他提到的就是一种回归,一种对新闻属性的回归,所谓“民生新闻”,实际上是回到了新闻一些最核心的要素上了,只不过用一些新的方式张扬出来,而且做得比较极致。

胡:对于电视的评价还有几条,一个是改版与创新的关系,还有形式与模式的关系。一种模式的锻造一定有它稳定的市场依据和社会依据,现在更多人是在盲目地克隆最表象的形式,而抓不住那种模式的核心的东西。所以“东施效颦”这种情况是经常发生的。要注意表面的形式改造和核心的模式打造是两回事,关键在于能不能形成自己一种稳定的模式,并靠这种模式的力量来形成生产力。

汪:我觉得作为电视媒体的一个基本价值观,就是一切以屏幕为中心。现在业界、学界都在争论太多的新概念,如赢利模式、分众、窄播、付费、移动电视,等等,这些东西都很重要,但是大家一定要回到这个核心的问题上,并充分认识到这个核心价值观的重要性,这才是最重要的。

结束语:大胆假设,小心求证

从《会诊中国电视》到《2004:中国电视关键词》,两篇对话的共同对象都是中国电视,探求的核心都是中国电视的“问题”与“主义”。“问题”是永远存在的,旧的问题解决了,总会出现新的问题,对于中国电视每个年度、每个时段所面临的每个问题,我们都不必惊慌失措、大惊小怪,而应当坦然地、诚实地、勇敢地面对;而“主义”或者是在解决处理各种问题基础上的经验的理性提升,或者人们对于对象的高屋建瓴的认识与把握,“主义”尽管在形式上是理性的乃至抽象的,但它与各种各样的具体问题是紧密关联的,“主义”可以高度概括,但不可以故步自封、一成不变。对于中国电视的“问题”与“主义”,道理也应该一样,脱离中国电视具体实际“问题”的各种“主义”是不被接受的,只见“问题”,不考虑“主义”的盲目实践本身就是一个很大的问题。

由于人们的岗位、角色、立场各有不同,所以对“问题”和“主义”的理解和处理方式也会各自不同,但只要是站在中国电视健康发展的立场上,站在不断满足百姓日益增长的物质、精神文化需求的立场上,站在推动中国社会不断进步、走向和谐的立场上,就应当对中国电视的“问题”与“主义”有一清醒与积极的判断。在我看来,对于“主义”,不妨取胡适老先生的“大胆假设”的态度,而对于“问题”,则不妨取“小心论证”的态度。也就是说,对于各种新的“主义”的出现,不妨在认识和把握上采取较为积极、大胆、勇敢的姿态,允许各种假设,如各种学术性的探讨,相对超前地前行一步,而面对各种各样的具体“问题”,则最好采用谨慎、慎重、周密的姿态,根据实际情况、实际环境,一点一滴地向前推进改革。把“主义”应用于“问题”,我持这样的态度;从“问题”抽取出“主义”,我也同样持这种态度。

总之,面对未来,如果我们在理念、认识和把握上能够更加前瞻性、积极、勇敢乃至充满想象力地去推行,在学术层面展开宽容的、多元的对话,即所谓的“大胆假设”,而在处理各种具体问题的过程中,能够因地制宜、实事求是、稳打稳扎、慎重周密地执行,即所谓的“小心求证”,那么中国电视的战略目标与战术对策也会得到较为有机的结合与执行,这是中国电视健康发展的重要保证。

2005:中国电视备忘录

◆ 王 甫 吴 涛 胡智锋

时　间:2006 年 1 月 5 日

地　点:中国传媒大学

对话人:王　甫　中央电视台研究室主任、《电视研究》副主编

　　　　吴　涛　克顿顾问公司董事长兼首席执行官

　　　　胡智锋　中国传媒大学教授、博士生导师,《现代传播》主编

整理者:顾亚奇　中国传媒大学广播电视艺术学 2003 级硕士研究生

关键词:央视;省级卫视;频道制;份额时代;"超女";电视剧市场;民生新闻;直播;新媒体

胡智锋(以下简称"胡"):今年是《现代传播》第三次做年度对话。第一次是 2004 年年初和刘春先生就当时的中国电视现状及问题而做的《会诊中国电视》,第二次是 2005 年年初和汪文斌先生进行的对话《2004:中国电视关键词》。两次对话,在学界和业界引起了较大反响,文章被许多媒体转载,"逢三变革""收视率迷信""路径依赖""整合与剥离"等新鲜的话语表达,因为较强的阐释力被广泛引用,对话的影响力目前还在延续,被读者视为《现代传播》每年第 1 期的"招牌菜"。对于扩版后的《现代传播》2006 年第 1 期的第 1 篇文章"谁来说""说什么",大家都很期待。为此,我们邀请到你们两位,以往年类似的方式,来为我们的读者存留一份厚重的"2005:中国电视备忘录"。

王甫先生现在是中央电视台研究室主任、《电视研究》副主编,曾就读于中国人民大学并获得博士学位,身居主流媒体并长期致力于媒介研究,很多观点、思想在

电视学界、业界影响较大。吴涛先生曾担任安徽电视台副台长、广告部主任,主管媒介经营多年,创办克顿顾问之后,以一系列大动作、大手笔,成为当下中国电视业界炙手可热的人物。克顿顾问的名字与国内十几个省级卫视的特色定位联系在一起,例如安徽卫视凭借"电视剧大卖场"从一个不太知名的电视媒体,跨进省级卫视第一方阵,再如湖南卫视"锁定全国、锁定娱乐、锁定年轻"的提出,都是他及其团队的代表作。

央视改革:无缝链接,稳步推进

▲ 改版频率越来越快,逐渐呈现出常态化、规范化的态势。

▲ 平稳、渐进、无缝链接式的跨越越来越明显。

胡:"人无远虑,必有近忧",尽管中央电视台家大业大,龙头地位没有变化,但如今这艘"航空母舰"不仅要"远虑",而且有"近忧",多年积淀的问题和历史遗留的包袱注定它必须进行改革。我个人认为,1993年的那一轮改革比较重要,影响深远,而近年来改革的特点较前有很多不同,尽管动作频繁,但是调子较低,没有太多张扬。尽管如此,无论是二套、三套、八套、十套改版,还是频道制、全员聘用制、处级干部轮岗等,都被业内和社会广为关注。王甫先生亲身参与了改革的过程,从中国电视改革的角度怎么来评价?

王甫(以下简称"王"):央视改革,在2005年年初的时候明确要完成"两硬、两软"的指标。所谓"两硬",第一,全年中央电视台15个频道的收视份额要达到30%;第二,全年中央电视台经营收入总额要超过110亿。所谓"两软",第一,要加快从中心制向频道制的转变;第二,加快从频道专业化向专业频道品牌化的转型。年终盘点,两个硬指标都顺利实现,两个软指标推进的速度也很快。就频道改版看,一套、二套、三套、五套、八套等频道去年都实行了改版,特别是年底前十套的全面改版,改版幅度非常大,更为业界所关注,虽然目前改版时间并不长,但是收视率有了明显的上涨,观众和各界普遍比较认同。

胡:我想请你重点谈谈央视频道的改版,因为这与观众直接相关并且能够充分体现在屏幕上,去年央视的改版有什么显著的特点?

王:第一个特点就是频率越来越快,逐渐呈现出常态化、规范化的态势。观众不断地看到新频道、新栏目,已经成为一种日常情况,业界和观众对改版越来越习以为常。第二,改版的方式较前有诸多不同,平稳、渐进、无缝链接式的跨越越来越明显。以前频道改版喜欢大张旗鼓地造势宣传、推介,如今频道改版和栏目调整大多是悄然而至,稳中求变。有的节目表面上没有明确说要改版,但这个节目形态实际上却悄悄地发生了很大变化。第三,改版追求实效,成果显著。改版之后栏目的数量减少,节目质量普遍提高,呈现精品化的趋势。有统计数据显示,86%的观众认为央视是他们首选的新闻来源。另外,对央视节目的真实性和可靠性比较认同,88.8%的观众相信央视的节目是真实可靠的,可见改版收到实效,目前大家对中央电视台的节目比较满意。

胡:以前的改版,似乎总希望观众和业界能觉得有很大变动,而现在则显得非常务实,这说明中国的电视改革,几经磨砺,正在走向成熟。

王:的确,在上面三个特点中,"稳步推进"的特点最为明显,这跟构建和谐社会的整个大环境是相一致的。要"和谐",很重要的一点体现在稳中求变、稳步推进。去年,无论是一些重大题材报道活动、一些重要政策的出台,甚至国家"十一五"规划的出台,都是很平稳的。最明显的例子,广电集团 300 多亿资产,涉及全国的这么一个大集团,问题非常的敏感,去年就静悄悄地平稳解决了。再说全员聘任制问题,中央电视台 2004 年 4 月 6 日第一次实行签约制,之后实行了劳务公司派遣制,现在已经有 4000 多人正式签约,同时大概有 1700 多人用各种形式解除了劳务关系,这么多人离开岗位而没有发生纷乱。再如像中国有线电视网络公司由央视全面接管,数字电视的大力推进、管理政策的变化,都是了无痕迹地完成的。我们身在其中好像没有感觉有大的变化,但是一年过去了,回首再看,"好雨知时节","润物细无声",各种指标都有了明显的增长、提升。

频道制:走向"绿色收视率"

▲ "绿色收视率"是指重视收视率、收视份额,但不是绝对化。

▲ 频道制是未来构建更好的电视景观的一个很重要的基础。

胡:尽管省级卫视、地面媒体、民营电视,还有国外的媒体对央视的冲击目前还很小,但是"山雨欲来风满楼",未来的竞争不可避免,央视对此还是非常敏感的,收视率一着不让,尤其是饱受争议的末位淘汰制,给央视内部的从业人员造成巨大压力。毕竟,作为国家主流媒体,央视必须承担社会责任,不能唯收视率是论,如何处理媒介自身利益以及国家台的责任之间的矛盾,这个话题虽不新鲜,却是一个必须正视的问题。

王:2005年,赵化勇台长一直提倡“绿色收视率”的概念。“绿色收视率”是指我们重视收视率、收视份额,但对收视率、收视份额不是绝对化,不是单一、片面追求收视率,更不是所谓的“收视率为王”。央视作为国家台承担社会导向义不容辞,在去年一年的改革中,在“绿色收视率”的指导原则下,倡导先进文化、构建和谐社会,是央视上上下下都认可的一个指导原则。举个比较典型的例子,2005年年末播出的纪录片《故宫》,叫好又叫座,它在真实和娱乐之间找到了一个结合点,观众轻松愉悦地了解历史,欣赏文化,收视率和美誉度都很高,是真正意义上的“绿色”“收视率”双丰收。而且其市场开发做得很好,《故宫》光盘的销售量,目前已经突破7万套,在海外和Discovery签了协议,他们要负责制作海外版,商业运作上也很成功。

吴涛(以下简称“吴”):既要有美好的蓝图,又要正视现实的处境;既要社会效益,又要经济效益;既要“绿色”,又要“收视率”——这不仅是台长们面临的矛盾,其实也是编导以及其他员工感到犹豫、徘徊、困惑之处。解决这个矛盾,我觉得“频道制”应该是2005年最有价值的一个关键词。拿纪念抗日战争胜利60周年的宣传来说,这时“绿色”是第一位的,必须保证一定的宣传量,但这就可能与“收视率”有冲突。在中心制的管理体制下,不管哪个频道承担什么任务,一开编委会,往往所有频道都要“围绕当前中心工作”,事实上央视16个频道不可能同样承担一个任务。因此,实现频道制的改革有助于厘清各频道承担的主要责任,让不同的频道承担不同的任务,用不同的指标去考核。

王:频道制是作为一个节目的播出单元和收视单元出现的,从节目的形态出发,它很快影响到了节目生产和管理体制,再下一步可能会成为电视走向市场化、经营化的一个节点,频道最后会成为一个经营的独立单位,甚至会带动一个经营的系统。2000年中央电视台在英语频道开始试行频道制,到现在二套已经实行了“扁平化”管理,所谓“扁平化”管理就是由频道直接管理栏目,其他频道也正在积极试行这种方式。但是,央视实现频道制的转换,需要三五年甚至更长的时间逐步来实现。

胡:央视比较早地建构了频道的战略框架,但事实上双轨制一直延续至今。一方面提出了频道专业化的理想诉求,一方面在现实的推行过程当中,各个中心作为台的分支机构并不是相对独立的运营单位。在中心制的管理体制下,“绿色”和“收视率”,成为不可兼得的“鱼”和“熊掌”。

吴:在我看来,频道制是一个基础的东西,有了频道制才能在体制上、组织上做一些改变,才能在管理、评估和激励机制上做一些改变。否则,一会儿讲收视率为主,一会儿讲社会效益为主,或者这样的栏目以收视率为主,那样的栏目以社会效益为主,就会左右摇摆,难以决策。作为国家电视台,对中央电视台理想主义的要求应该像 BBC、NHK 一样,由国家拨款,不靠广告挣钱。中国有 8 亿农民,农村的富裕是中国社会进步最重要的问题。向农村传播,教育农民,唯有央视一套能做到这一点,而央视一套恰恰在农村节目上是极为薄弱的,为什么?很重要的原因在于它是靠广告收入养活的。中国去年的税收超过 3 万多亿,央视一年所有的收入是 110 亿——国家能不能拿很少的一些财政拨款来解决国家电视的问题?如果不做频道制还是一个台的概念,整个补贴给中央电视台,当然不行。但是如果实行频道制,只补贴给央视一套,并且给予政策的支持,无条件地转播和覆盖,就能起作用。做不到这一点,我们的绿色节目、绿色文化,往往因为收视率导致在最重要的媒介平台上无法生存和放大。所以,频道制是未来构建更好的电视景观的一个很重要的基础。

胡:如果能成功实现从中心制到频道制的转轨,就可能为未来设立公共频道铺平道路,这个频道和商业化的频道分开,不靠收视率和市场支撑,由纳税人的资金实现它的社会责任。有了频道制的前提,公共频道和商业频道才能各司其职,有的以“绿色”为指导,有的以“收视率”为指导,谋“鱼”的谋“鱼”,求“熊掌”的求“熊掌”,从大的方面看,可以实现“鱼”和“熊掌”兼得。

吴:这个比喻十分形象。从现状看,频道责任不清,诉求不明,就会无所适从。因此,频道制改革在央视,在中国电视业界,将引起巨大的变革。央视的改革其实是先做战略布局,各个频道要占领什么,把相应的内容归拢,然后在频道制基础上实施品牌化。品牌不是自己认为自己是什么,而是在要传播的对象心中是什么,品牌是受众心中的一个概念。如果不能让特定频道针对特定受众,满足相应的需求,还是什么内容都有,就不可能真正实现品牌化。所以,频道制对能不能形成品牌化也起着关键的作用。

省级卫视:定位求突围

▲ 省级卫视定位不是“专业频道”,而是有“特色”定位的综合频道,体现在黄金时段主打的几个特色栏目、品牌栏目。

▲ “定位”确实是省级卫视的生存和发展之道,这一热潮还会延续,定位成功的最大价值在于,它让我们“相信电视的力量”。

胡:省级卫视经过几年的积淀,从过去的跃跃欲试、蠢蠢欲动,到 2005 年终于形成“喷薄而出”之势,其定位热潮迅速蔓延成为一个汹涌澎湃的景观,这应该说不是偶然的。

吴:去年省级卫视的表现,是市场竞争日趋激烈的一个反应。从大环境来看,平面媒体、户外媒体以及其他多种新媒体,都对电视媒体构成了新的压力。再一个,就是学界、专家所说的“上挤下压”的问题:“上无天时”,国家的政策是限制性发展,不论节目内容、主持人、节目形态、编排方式、广告监管等等都有很多限制;“下无地利”,缺乏贴近性,没有和地面频道竞争的优势。第三个背景,就是中国媒体长期的无战略状态,或者说传统战略状态。媒体的领导人通常受到的都是宣传管理的训练,做事情靠红头文件。但是 1979 年之后的改革,实际上已经把媒体逐步推向市场。进入新世纪以来,一些媒介的领导借鉴企业和国际媒介的经验,进行战略思考和实践,开始了自身由传统的媒介管理者向新时代的媒介领导者的转变,并且迅速从市场得到更多回报。

王:尽管危机感很强,但是省内独此一家的垄断资源足以维持省级卫视的生存,因此在全国“突围”不是生存问题,而是发展问题。去年广电总局许多政策的出台,实际上是在抑制和平衡某些省级卫视的各种不规范的“突围”,比如禁止播送角标、游动字幕广告,禁止播出短信和声讯服务类广告,以及关于外资进入节目领域的限制等。地方卫视多方突围,而且在一些大的节目形态上取得了突破,比如《超级女声》的火爆,但是“突围”投入的成本也相当大,只不过分摊到各个台不太明显。

胡:省级卫视多方突围,多方受到支持,多方受到打压,然后再行突围,这对激活整个中国电视的格局有很多好处。

吴:“突围”较为成功的是湖南卫视和安徽卫视,两个省都不是经济发达地区,但是为什么它们能超过其他卫视?穷则思变,湖南、安徽比较早地进入了战略性的管理阶段,而且逐步执行到位。刚开始,富裕的省级台不重视,觉得本省的市场潜力就有几十个亿,向全国扩展有些不屑一顾。后来它发现本省这么一个富裕的市场才做到一两个多亿,而别人做五六个亿,甚至明年就做到8个亿,自己再好的频道也做不到这个数字,这时才发现卫视的全国价值真是很大,才感觉到富裕的区域并不代表你一定能得到更好的市场回报,它们才开始醒悟过来。

王:我要强调的是,省级卫视定位不是"专业频道",而是"特色"定位的综合频道,如何理解?比如,湖南卫视口号叫"快乐中国",但这并不意味着它是专业娱乐频道,湖南新闻联播也变成娱乐新闻,那是不可能的。所谓特色频道的"特色",主要体现在黄金时段主打的几个特色、品牌栏目,如果这几个栏目在全国能够和中央电视台这一类的栏目并驾齐驱,甚至超过中央电视台,就赢得了这个频道的特色定位。曾经也有台试探过,是不是可以办成青年频道、女性频道、司法频道?事实上,做专业频道目前还存在一个难以突破的行业管辖、行政管辖的门槛,在全国妇联没有点头之前想办一个女性频道,在司法部门没有同意的时候想办一个司法频道,在劳动部门没有点头之前办一个就业频道,这都是不可能的。行政归属的地域性与电视信号全国覆盖无法匹配,管理平台和技术平台无法对接,省级卫视只能在特色打造上找到一个接入点,办成一个以地域为基地的、有鲜明特色的综合频道,很难脱离自己的行政归属地而办一个纯粹的专业频道。

胡:省级卫视目前也分好几个集团:第一是走在前沿的,打战略牌,逐渐定位全国,不考虑或者较少地考虑本地;第二类属于上下徘徊,到底是立足本地还是放眼全国,还在游移,但比较倾向于全国市场,逐渐脱离本地;再下一级可能还是比较倾向于立足本地,能扩一点就扩一点,更多地瞄准本地媒体,如省会台。

吴:在中国来讲小众也是大众,因为中国人口数量巨大,当然最好还是大众。所以,"定位"确实是省级卫视的生存之道和发展之道。湖南卫视的成功凸显了定位的价值,很多卫视仍在寻找定位,这一热潮还会进一步延续。定位成功的最大价值在于,它让我们恢复了对于电视的信心。一些做电视的人曾经怀疑,好像电视如今已是人到中年了,过一段时间就是明日黄花了,电视是不是还有前途?省级卫视的成功突围,让我们看到了电视巨大的潜力,我们应该"相信电视的力量"。

份额时代:不是PK,是竞合

▲ 央视的份额并不一定是从省级卫视拿的,二者既有竞争也有合作。

▲ 特色频道在收入上还没有因为定位而实现突破,但在观众认同上品牌出现了,这个品牌很快会转化为物质收益。

胡:2005 年我参加过许多省级卫视的发展研讨会,其中一个普遍的观点,认为省级卫视定位也好,其他举措也好,是与其他省级卫视以及中央电视台的争夺与对抗,“强者越强,弱者越弱”,是你死我活的 PK 大战。二位怎么看待这种说法?

王:从收视份额来讲,中央台、省级卫视和地方台三分天下由来已久,大概都在 30%上下变化。前几年有线和无线没有合并以前,城市电视台上升得很快,中央台很稳定,这两头从省级卫视里边往外抽百分点。现在中央台上升得很快,省级卫视也稳中有升,现在都是从地方台抽,这个趋势能够看出来。

吴:我觉得,省级卫视和中央电视台有竞争,但绝不是对抗,也不是 PK。从收视份额可以看到,央视今年获得很大的提升,但省级卫视整体也在提升,并没有削弱。这说明央视的份额并不一定是从省级卫视拿的,省级卫视的份额也不一定是从央视拿的。比如广西卫视定位“女性”,完全可以从几百种女性杂志中拿份额,抢夺受众。四川卫视定位“故事”,可以从四五百万份《故事会》的读者中获得观众。在很多细分领域,电视跟平面媒体,跟其他媒体相比有很多可以做得更好的地方,但是我们没有做。《孙子兵法》讲战略,“行千里而不劳者,行于无人之地”。“行于无人之地”,就是说卫视现在的核心是寻找没有人做过的,所以不是绝对意义上的竞争,而是扩大电视的整体内涵。

胡:在省级媒体捍卫自己生存空间的竞争中,省级卫视是如何评估自身价值和竞争力的?

吴:这就带来评估标准的问题。到底是用省会城市考察卫视的收视率,还是用一个省的收视率来考察卫视的节目,还是用全国的数据来考察?很多省级卫视到目前为止,想的是全国影响力,但实际上还用省会数据来考核,这是不科学的。湖南卫视 2005 年那么火,在长沙的市场份额是下降的,你能想象吗?我给湖南卫视提出三个“锁定”,“锁定全国,锁定娱乐,锁定年轻”,其中“锁定全国”就是强调要用全国的标准评估。现在省级卫视已经进入排名考核,许多卫视力争进入全国前五名,这和中央电视台的收视率考核和收视份额考核是截然不同的。

胡:从收视份额进而到全国排名,这是一种战略提升。

吴:许多卫视频道,已经由过去我要做省里的第一变成了我要做全国省级卫视里面的第几。在全国做就要有全国的标准,有了“女性”定位,那么栏目有没有体现

“女性”？然后再是收视的指标，收视份额的排名。定性和定量的考核会使战略进一步得到细化、实施。我们可以看到，一些发达地区的省级卫视已经看到战略的价值，正在进一步实施它的战略，打造它的品牌。实施战略中领先的媒体会进一步运用排名考核，不断地增强它的竞争力。

胡：市场份额竞争的实质是卫视之间或者是卫视和地面频道、卫视和央视之间媒体利益的调配。客观上看，社会各个领域和企业已经市场化到一定程度，电视媒体也必须适应这个需求。主观上看，各个卫视也有占领市场的强烈愿望，省级卫视取得的实际效果如何？

王：目前，在频道入户、广告投放上大的比例还没有变化，特色频道在广告收入上还没有因为特色定位而实现突破。但是，在节目特色上，特别是在观众认同上，品牌出现了。广西女性特色频道，还有海南旅游卫视，这些特色都被大家认可，这个品牌会很快转化为广告收益。如果经营得好，会迅速把某一品类的广告商聚集到自己的平台上来，而且可能拿到接近于中央电视台的广告价位，退一步，即使拿到中央电视台一半的价钱，收益也非常可观。现在省级卫视定位的特点是抢品牌，抢品牌就是抢广告资源。目前浙江卫视打出“4＋2”的广告模式，对各台都有影响。各台都明白，我不可能作为一个独立单位赢得广告，又不可能成为全国的一个单位，但成立一个经营联合体，不是华东、华南这样的地域联合，而是按消费领域在广告上与龙头企业的销售目标重组和联合，比如“4＋1”汽车模式、“3＋1”化妆品模式、“5＋2”饮料模式、“9＋4”酒类模式，这种“n＋n”广告形式将会出现，而且影响巨大。

“超女”：本土化的“真人秀”

▲ “超女”给我们一个很大的启发，即参与性应成为电视节目的一个评价标准。

▲ 如何才能实现 1＋1＞2？同样一个节目，应该放在最合适的平台上。

胡：“超女”尽管争议很大，但是作为 2005 年的一个重磅炸弹，在电视媒体中绝对是一个超级事件。王甫先生这几年一直关注综艺节目的发展研究，对“真人秀”节目提出了若干理念。“超女”这一媒介事件，对整个中国电视娱乐有什么影响？

王：从节目形态上讲，《超级女声》是真人秀节目的一种最新形态。欧洲《流行偶像》版权卖到美国，美国搞了一个《美国偶像》。真人秀节目的两种典型形态：《阁楼故事》一类的室内真人秀和《幸存者》一类的野外真人秀，在中国都没有火爆起来，但是“超女”在中国反而一下子火爆了，值得我们分析。

“超女”给我们一个很大的启发，即参与性应成为电视节目的一个评价标准。过去我们评价电视节目有三个标准，一直被奉为金科玉律：思想性、艺术性、观赏性。但现在看起来，如果一个电视节目思想性很好、艺术性很高、观赏性很强，但是参与性很弱，它就很难和现在的观众需求相匹配。因此，在策划节目的时候就要想办法使它的参与性变强，包括热线电话、网络和手机短信，以前我们不会认为它是节目的一个成分，但现在它不仅成为一个成分，而且是一种重要的支柱。

吴：我更多的是从战略的角度解读“超女”。《梦想中国》《我型我秀》都是这种形式，许多元素在这些节目中差不多都有，但为什么它们没有火到湖南卫视的地步？如何才能实现 1＋1＞2？同样一个节目，应该放在最合适的平台上。湖南卫视已经围绕战略定位，建立了一个系统，做出了众多娱乐节目支撑的一个娱乐平台，在年轻观众里形成了频道品牌号召力。把《超级女声》放在湖南卫视的平台上，年轻人觉得这个娱乐活动不是拿着遥控器“碰巧”看到，而是在“我的频道”为我做的一个活动，所以乐于参与。节目形态、平台、目标受众达到完美一致，再加上手机和网络形成的互动，最终形成了一个爆发力量；包括时间的选择上，是在学生的假期和周末形成收视高潮。因此，《超级女声》可以理解为在正确的时间、正确的地点面对正确的受众，运用正确的手段，在一个正确的平台上进行了一个创新的重点战略行动。

胡：从综艺娱乐潮流的角度和电视节目大的趋势分析，“超女”牵连了电视几乎所有的功能和元素。无论是从国际视野还是本土视野来讲，“超女”都达到了领潮的位置，真正实现了本土化，特别是真人秀当中的参与和互动达到了一个高点。

王：从杂耍秀到脱口秀，到游戏秀，到益智秀，如王小丫的《开心辞典》，一直到现在的真人秀，应该说电视节目（TV Program）转向电视秀（TV Show），这种节目形态的转变趋势，在中国已经迅速地被业界和观众所认可。这种平民选秀将带动同类节目在国内的兴起，同时还会带来和百姓生活有关、生活常态相似的真人秀在中国的兴盛。这又给我们一种启示：节目改版，“版”是什么？绝不能忽视“电视秀”这种新的形态。

胡：还有一点不能忽视，“超女”引发“蒙牛”深度介入。企业的行为已不仅仅是贴片广告，二者完全水乳交融地捆绑在一起，形成了共同的利益集团，是唇亡齿寒、相依为命的关系，“蒙牛”和“超女”的合作体现了整体营销的概念，这是之前的中国电视很少有的一种情况，这方面也可以给今后“媒介行动”的策划提供一些启示。

电视剧市场：火爆有余，火候不足

▲ 独播剧投入大、利益大、挑选难度大、承担的风险大；重播剧有良好的投入产出比，但是也有副作用，可能带来品牌的伤害。

▲ 中国电视剧制作者需要加强对受众的研究，中介组织不存在，对中国电视剧市场的发育也是不健康的。

胡：目前，电视剧市场的蛋糕在做大，一方面电视剧作为核心竞争力使媒体得到好的回报；另一方面也有人提出质疑，主打电视剧会不会弱化电视媒体的宣传功能，甚至削弱电视媒体的公信力？

王：电视剧市场的规模的确提升很快，2005 年主旋律电视剧占的比重很高，中央电视台收视率最高的是《亮剑》，这和去年抗战胜利 60 周年的大环境有关系。电视剧不同于电影，老百姓是在家里，在日常的生活环境里收看，有些长篇剧要收看一个月，因此它和整个大的社会环境很有关系，这一点应该成为电视剧制作者认真考虑的问题。电视剧要适时而作，适时而播。

吴：另一个就是韩剧的热播，这也是值得关注的现象。电视剧是否会产生负面的导向？我认为，优秀的电视剧往往都有好的导向作用。拿韩剧来说，《大长今》对和谐家庭的建设，没有正面的导向作用吗？《亮剑》很好地宣扬了抗日战争胜利 60 周年之际中国人民的爱国情怀，引起了共鸣。谈导向也要谈收视率，没有收视率，你导谁？电视剧符合老百姓的审美习惯，能够规模化地满足老百姓的娱乐需求，电视剧不应被看作是纯娱乐的东西，它其实在娱乐中可以实现审美的提升、导向的贯彻。

胡：业界都知道，吴涛先生是安徽卫视“电视剧大卖场”的幕后主导者，也一直是卫视主打电视剧的推动者，去年“独播剧”风暴搅动了电视剧市场，对此你如何看待？

吴：在我们构建品牌的时候通常都要提到差异化，没有差异化怎么构建品牌呢？独播剧是差异化最显著的。比如《还珠格格 3》和《大长今》只能湖南卫视播，别人播不了,这就是差异化。如果再结合媒介的定位,差异化就更明显了,《大长今》湖南卫视播很好,如果广西卫视播,差异化就更加显著,因为它整个频道定位"女性"。但是独播剧投入大、利益大、挑选难度大、承担的风险大。《大长今》花了800万,这不是一个小数字,但是如果800万赚了4000万、5000万,产出也大。风险大,在于挑选难度大,投入以后能不能有回报?大制作未必有好的收视率,我们用专家的形式、观众评分的形式,用各种模型来预测,但是仍然很难规避风险。如果买国外已经播出了的优秀剧独播,尽管可以参照国外的收视情况,就像《大长今》,难度系数降低了,但是仍有风险。中央电视台播的《疯狂主妇》在美国收视率非常好,但为什么在中国就不理想?因此国外的参照,有时未必适合中国国情。

胡:除了独播剧,还有一个就是重播剧。2005年由过去规定三个月以后再重播,到现在今天播完第二天就重播,这个频道播完那个频道播,一个月播出三到五次,中国的电视媒体大量的电视剧事实上都是靠重播支撑的,这个现象过去没有引起足够的重视,研究较少。

吴:重播剧有很多值得讲究的地方。有的越播越高,而且每一次播都那么好;有些重播一次下降一次,越播越烂;有一些是跳跃式的,在合适的频道、合适的时间播出就好,反之则不行。不同题材的电视剧,重播效果也不一样,如破案剧播完收视率就下降,但是给人永久启示的,像《西游记》,播一遍好一遍。重播剧有良好的投入产出比,但是也有副作用,可能带来品牌的伤害。只要是重播,理论上就是"炒剩饭",会削弱差异性,观众觉得前段时间在哪个频道看过,广告客户也会有一些质疑,从而对品牌造成伤害。湖南卫视2005年播了十几年前的一个老片子《乌龙山剿匪记》,收视率在播的电视剧里超过前面除《还珠格格》之外的所有电视剧。但不看数据的客户抱怨,花那么多钱给剧场冠名,却播一个老掉牙的《乌龙山剿匪记》。另外,对老剧的选择需要跟专业公司合作才能充分掌握,不能只依靠自己简单的判断。

需要指出的是,中国电视剧的市场化,是一个初级的、农民"卖菜式"的、"赶大集式"的市场化,缺少很强的中介组织。几千家制作公司成规模的很少,往往一年生产一两部,到电视台挨家挨户地敲门叫卖,或利用一两次电视节到那里"赶大集",包括中介对制片和播出平台的指导都不具备。因此,电视剧制作的盲目性是很大的,某类剧好,政策一好,大家就一窝蜂地上,对电视剧缺少扎扎实实的研究。美国创作电视剧,要先了解社会形态和观众心理再写电视剧本,我们往往看一部小说畅销就改编成电视剧,碰上就成功,碰不上就失败。中国电视剧制作者需要加强对受众的研究,中介组织不存在,对中国电视剧市场的发育也是不健康的。

直播·民生新闻·新媒体

▲ “连宋”来访、“神六”发射,实现了重大题材、敏感题材的直播突破。

▲ 民生新闻全国开花,成为地面频道的立身之本,广告商开始加大投放力度。

▲ 新媒体方兴未艾,虽然还不为百姓所知,但媒介格局很快将可能因此发生显性变化。

胡:任何时候主流媒体都应高举新闻的大旗。这两年民生新闻持续升温,时政新闻、主流电视新闻的改革也出现很多新的情况。

王:直播,是2005年大家很关注的事件,中央电视台在重要的新闻事件里都采取了直播,像“连宋”来访、“神六”发射,这些大型直播具有相当大的突破意义。对外宣传向来是敏感区域,涉台宣传更敏感,但台湾“三党”来访实现了直播,而且收视率非常高。再如,“神六”发射的直播也是一次重大突破。突破了一些禁区,取得了明显的成效。虽然有风险,直播仍然把最新最快的新闻送到了观众面前。这些重大题材、敏感题材的直播,使电视新闻的优势越来越显现出来。

吴:2005年,很多地面频道慢慢把民生新闻上升到频道立身之本的战略高度。特别是中部以南省份的地面频道,基本都有支柱性、贴近性的本地新闻。地面频道在综艺节目和电视剧的竞争上基本没什么优势,民生新闻成为别人很难跟它竞争的一个领域。一些优秀的地方台把民生新闻这个因素放大,30分钟、50分钟、60分钟、120分钟,甚至扩展成频道。民生新闻的收视率,不像电视剧那样忽高忽低,非常稳定而且稳步上升。《南京零距离》已经连续三年在南京收视率第一,而且有一个亿的广告支撑。

胡:民生新闻全国开花,娱乐性、故事性、互动性进一步得到加强。贴近性主要体现在平民化的内容、平民化的视角、平民化的解读上,最典型的就是方言新闻的成功,如杭州电视台的《阿六头说新闻》等。另外,新闻改革除了政策空间的扩大,媒体传播艺术水平的提高以外,还有非常重要的技术因素,比如2005年12月在济南召开了首次SNG研讨会,成立了SNG协作体,这都将对以后的新闻实践带来重要的影响。

王:SNG 成本并不高,省级卫视或者地方台都负担得起,技术操作也不复杂,肯定会给社会新闻、市井新闻、民生新闻带来积极的变化。像国外一样,发生一个新闻,呼啸而至的先是警车,接着就是转播车,警察找线索,记者搞直播,这种现象正向我们走来。从重大会议的直播,到重大建设工程的直播,再到重大文化活动的直播,接着是重大新闻事件的直播,最后会慢慢介入到一些民生新闻和常态新闻事件的直播。

吴:过去大家认为晚上 6 点多钟的时间,真正有消费能力的人还没回家,收视率高是不是有效收视率?去年这一方面的争论基本解决,一些大的广告公司对全国的民生新闻进行了全面研究,其结果都是正面的,广告商开始加大对这些栏目的投放和关注。

胡:业界持续关注的新媒体,2005 年出现了很多新情况,如 4 月份上海电视台获准 IP 电视、手机电视的许可证;7 月份央视接管中广网络,现在叫央视有线;9 月份高清频道在杭州开播,反映很好;10 月份青岛有线电视实现数字整体转换等。对此,二位如何看待?

王:过去的一年大家观望最多、思考最多、寄予希望最多的一个领域就是数字电视,因为这完全是一个崭新的领域。数字电视目前影响比较小,因为大规模电视观众接触不到。数字电视发展以后,网络电视竞争可能更厉害,网民现在已经超过两个亿,而且网络电视目前技术条件成熟,许多电视网站都是免费的,网络电视已经冲到第一线。

吴:2005 年新媒体对传统媒体并没有构成多大的冲击,目前要关注的,第一是传统媒体和新媒体的结合,主要是借助新媒体实现互动,比如湖南“超女”借助网络、短信实现互动。第二,传统媒体如何向新媒体学习,如何借鉴、使用新媒体体制、资本、技术上的优势做大自己的规模。传统媒体,如时代华纳、新闻集团、默多克,都不抵市值 1500 亿美元的 Google,这启发我们:传统媒体应该怎么做?

王:付费电视技术发展也越来越快,越来越和市场对接,内容是当务之急。对付费电视或者网络电视,节目上要加强导向、管理、审查,同时更要给它实行一些较为宽松的政策,比如电视剧的分级制,如果审查标准完全和开路电视等同,付费电视发展起来可能会比较困难。另外,如果可能应给予一些政策扶持,允许搞大的商业运作和资本运作,完全靠政府承担则压力很大。2006 年直播卫星就要进入商业化运作,这又是前进的动力,同时也是新挑战。

胡:2005年新媒体方兴未艾,而且已经形成高潮迭起的状态,但百姓还没有直接感受到这个巨大的变化,也许2006年媒介格局可能因此会有更显性的变化。

结束语:态度·细节·诗意·智慧

年度盘点,我们用对话的方式真实记录对于当下中国电视的思考,给未来存留一份可以追踪和反刍的"口述史"。"温故"意在"知新",反观近几年来的中国电视,很多方面处于困顿、迷茫甚至慌乱的状态。产业化、媒介经营、营销推广、"娱乐风""电视剧"牌、"定位"潮……尽管概念和说法花样翻新、层出不穷,大多数媒体的现实表现却无法令人满意。在纷纷攘攘的各种潮流面前,电视媒体莫衷一是,虽有"突围"和"超越"的梦想,往往因为底气不足、功力不够、缺乏"章法"而自乱阵脚。从行业内部看,抢地盘、争份额的恶性竞争此起彼伏;从受众角度看,电视节目日益低端、琐碎、软化,越来越缺乏吸引力,最终导致全行业广告份额下滑,媒介公信力、权威性、关注度和影响力整体下降。在网络媒体、平面媒体的冲击下,电视业风光不再,一时难以适应甚至手足无措的电视人,也开始让人怀疑是否已经"失掉自信力"。

稍感欣慰的是,2005年的中国电视以现实的表现给予我们积极的回答。无论是央视大刀阔斧的改革,省级卫视突围的勇气和策略,地面频道强化民生新闻的举措,还是节目形态的创新突破,以及新媒体卓有成效的推进,都使我们感觉到了一丝生动的气息:中国电视初露僵局破冰的端倪,虽然我们还没有足够的理由和足够的成绩表示乐观。因此,在这样一个重要的"关口",我们更需要超越功利的、短浅的眼前利益,从宏观上进一步梳理我们面临的问题,并提出我们的解决之道。

第一,价值观问题:"态度决定一切"。以怎样的姿态,即怎样的核心价值观,引领自己的发展方向是电视媒体在市场化语境中必须首先正视的问题。中国电视在构建和谐社会、弘扬民族文化、塑造国家形象、满足人民群众不断增长的精神文化需求方面担当着重大责任,如果偏离了这一核心价值,不论做得怎么花哨,其权威性、公信力和影响力迟早都会衰竭。在激烈的竞争中,我们应树立这样的核心价值观:形象就是金钱,声誉就是财富。

第二,执行力问题:"细节影响成败"。概念好炒,落实困难,一流的执行才能保证一流的战略。“目标”是前提，“实现”是根本，成功的关键取决于媒体管理者、从业者的执行力。而具体到节目层面，保证其品质、水准和质量，需在“细节”上着着不让，否则差之毫厘，谬以千里。

第三，审美观问题：“诗意提升现实”。电视媒体应建构统一的、稳定的审美标准，形成自己的独特风格，不“唯利是图”，不“低俗”媚众，既满足观众的收视需求，又要予以提升和引领，既“时尚”又“高尚”。在具体的内容生产上，如何将生活原生态的信息和素材经过艺术的加工和提升，使之富于诗意而脱离原始和粗鄙，给广大观众留下更多的情感与想象空间，是决定内容是否具有可持续性增长潜力的关键所在。

第四，创造力问题：“智慧改变世界”。电视的一切离不开鲜活的社会生活实践，离不开悠远的历史文化传统，离不开理想与现实的交融，也离不开本土和国际的汇合。在特殊的国情条件下，在种种对峙与冲突中，要学会辩证地、历史地、中肯地协调各种矛盾和问题，化腐朽为神奇，化危机为转机，离不开创造性思维这把钥匙。中国电视不仅要用智慧改变自身，还要通过智慧改变世界，这更是电视媒体的社会责任和历史使命。

2006:中国电视忧思录

◆ 梁晓涛 靳智伟 胡智锋

时 间:2007年1月13日

地 点:中国传媒大学

对话人:**梁晓涛** 中央电视台新闻节目中心主任

靳智伟 央视市场研究媒介顾问

胡智锋 中国传媒大学教授、博士生导师、文科科研处处长兼《现代传播》主编

整理者:**顾亚奇** 中国传媒大学广播电视艺术学专业2006级博士研究生

关键词:收视率;收视份额;频道运营;电视市场化;行业安全;内容生产;新媒体

胡智锋(以下简称"胡"):今年是《现代传播》第四次做年度对话,很高兴邀请到你们两位来做客。梁晓涛主任先后在中央电视台总编室、《东方时空》、动画部、文艺中心、青少中心、广告经济信息中心工作过,去年调到新闻中心,对电视的许多领域均有涉猎。靳智伟先生早先在河北电视台工作,做过编导、策划、主持人,是个多面手,熟悉电视内容生产的各个层面,后转入电视市场研究领域。两位的共同点在于均从电视一线做起,对中国电视有着长期的观察和思考,但侧重点稍有差异,梁主任长期身居电视管理层,而靳总致力于市场调研,因此我们今年的对话稍作调整,即不局限于盘点2006年的中国电视,而是在时间跨度上大一些,把近几年来中国电视行业的整个动态作为观察对象,不求面面俱到,也不设条条框框,就你们关注的问题做一些描述或点评,和我们的读者一起来交流、探讨。

收视率·收视份额·专业频道品牌化

▲ 收视率不是万恶之源，它解决的是市场有效到达的问题。

▲ 收视份额本质上是市场地位。

▲ 频道专业化是频道品牌化的基础，也是避免无序竞争的前提。

胡：我们从收视率这个永恒的话题说起，去年有个广为流传的说法"收视率是万恶之源"，但是我个人认为，在中国电视格局比较复杂的现实情境下，收视率作为一种评价标准，某种程度上也是没有办法的办法。当然，收视率不能代表一切，影响力、满意度、美誉度等也很重要，你们怎么看待这个问题？

靳智伟（以下简称"靳"）：收视率指的是在一定时间范围之内，有机会接触到电视媒体的人以及收看这个节目和频道的人的比例。因此，收视率只是一种猜想，它解决的是市场大趋势的问题，不能由此简单地推及多少人口。

有的收视率是有效收视率，比如设定一个时间基数，假设连续两分钟以上收看电视节目，我们定义为收视率，不足这个时间我们称为到达率。到达率有时候很高，比如春晚经常用这一概念，收看也许只是一眼，也算"看"。如果一周收看三次五次，或每次收看时间长短，我们称为卷入程度，卷入程度代表忠诚度，而忠诚度就含有满意度的成分在里面了。所以，有的学者说收视率是个量的概念，满意度是质的概念，这种提法不正确。收视率既包含量的概念也包含质的概念，它是个综合概念。满意度、美誉度属于受众的心理指标，更倾向于代表收视心理动因、心理偏好度和心理潜在市场。衡量频道市场表现、市场特征和市场价值，收视率指标不可替代。当然，今后实现三网合一了，节目收视率会部分被节目点击率所取代，但这是另外一个问题。

梁晓涛（以下简称"梁"）：收视率不是万恶之源，关键是如何看待和利用。我国电视界对收视率的认识为什么走入一个误区？因为每个频道对自身的受众定位不是很清晰，也就是说不完全清楚电视频道究竟是办给谁看的。为什么会这样？因为频道并不是从市场来的，而是先有"台"，然后再有这个频道那个频道。对于综合频道而言，目前同质化竞争很惨烈，同质化竞争最直接的后果就是比拼收视率，因此带来了许多问题。比如独播剧，就是因为各台同质化之后的一种竞争策略，市场经营到这个程度，也是各个台迫不得已的办法。

靳:收视率指标是静态的,但它表达的是受众收视行为的动态过程。收视率是一个复杂的数据体系。去年我研究上海的一个电视频道,两个定位、形态完全不同的节目,但是收视人群的结构比例完全一样,光看收视率感觉是同一个节目,由此我发现一个新指标:分众重叠关系或叫作分众重叠度。也就是说,两个节目的受众构成虽然一样,但是各类构成并不完全重叠。我们会发现同样是老年观众,李嘉诚和普通的老年人,其社会影响力、持有社会资源、收视选择偏好不同。

梁:也就是说,收视率不仅要看高低,还要看什么时段高,什么时段低;不能只重视有多少人看节目,还要重视是什么人在收看,比如城乡、年龄、学历分布等的数据。收视率给谁看?第一给电视制作者看,第二给广告客户看。其他一些新指标,比如满意度等等,为什么加进去?满意度表明的是一个潜在的市场,这个栏目收视率现在很低,但是满意度不断增长,收视率也会随之上升;反之,这个栏目虽然当下收视率很高,但是满意度逐步下滑,那么,今后的收视率可能越来越低。

靳:"分众重叠关系"的存在要求我们进行市场细分,但是如何细分?题材、受众细分有时往往是编导或电视台运作者的一厢情愿,我觉得应该按照主题传播和主题爱好者进行市场对位。比如,中央电视台最大的老年节目《夕阳红》,这一节目的收视率,男女比例相当,老年人比例偏高,40 岁以上中老年人占 60%,但 14~20 多岁的年轻人的收视率也不低,实际上观众是老年主题的爱好者。2006 年中国收视率增长最快的频道是上海生活时尚频道,其成功的一个秘诀就是主题化和主题爱好者之间的对应关系,它解决了一个核心问题:什么叫时尚,谁在追求时尚。以前我们认为,时尚是 20~30 多岁的人群,其实不然,和新闻消费一样,时尚是所有人的共同追求,和地位、收入、学历无关,对大众的基本时尚追求给予关怀使这个频道获得了成功。

梁:研究细分市场,研究目标受众,首要的就是要先搞明白频道给谁看,这就延伸到一个问题:频道专业化。如果这一点不明确,收视率高也没有用,可能是叫好不叫座。中央电视台提出"专业频道品牌化"战略,首先要求频道要专业化,没有实现专业化的频道,受众就无法清晰地感知你的面目,频道品牌化也就无从谈起。就收视份额来说,追求品牌建设的频道,不应该单纯追求高收视份额,而是应该追求有效收视份额,从而使品牌产生溢价。在美国,CNN 的品牌溢价效益就非常明显,其一个收视点的收入相当于综合频道四个收视点的收入。之所以能够做到这一点,原因之一就是其专业化的频道品牌建设,再进一步说,就是其目标受众的购买能力超过其他综合频道。

中央电视台每年的11月18日都进行广告招标,广告招标靠什么?一个企业凭什么今年11月份投明年12个月的钱?最根本的判断是明年中央电视台的标的物——节目能够满足广告投放预期。从这个意义上说,广告招标是期货买卖行为。而期货的基础就是品牌价值,广告商购买的实际上是频道和节目品牌的预期效果。如果频道和节目没有品牌价值,广告商就不敢如此投放。因此,频道必须坚持品牌化建设,而对于专业频道的品牌化建设而言,频道品牌溢价尤为重要。实现品牌溢价的方法之一,就是要追求有效收视份额。

那么,对于一个频道来说,应该如何考核栏目?我在管理(中央电视台)二套时做了一个栏目目标管理体系,不做排名,而是研究2001年到2004年的所有收视率数据,再加上播出时段、播出日期、收视增减趋势、播出时间前后变化趋势、品牌周期等变量,做了一个目标体系:达到这个目标就是好的,否则即便是收视率排名靠前也还是没有完成指标。也就是说,栏目不是跟其他频道、上下栏目比收视率,而是和自己定的目标相比,这就避免了恶性竞争。根据这个目标体系,很多收视率低的栏目得到极大肯定,而许多收视率高的栏目也会面临极大压力。

靳:收视份额本质上体现电视台、频道或节目的市场地位。市场份额可以横向比较,不同频道相同时段;也可以纵向比较,我们也把它叫作占有率,即某时段在本频道一天中的收视贡献。一般来说,收视份额代表着频道、时段和节目在市场中的综合影响力。收视份额高,其市场地位一定高。一个频道没有人看或看的人很少,很难说影响力大。但是我们的运营模式决不是单一的,权威性也是一大卖点,这和品牌建设密切相关。

梁:收视份额高一定好吗?中央电视台第二套节目收视份额全年不到15,但是收入是8个亿。省级卫视频道份额比较高的是4%左右,但是收入很多不及它的一半。当收视份额增加时,我们首先应该问自己,是什么原因带来的增加,是品牌价值提升带来的增加吗,是目标受众和核心受众带来的增加吗,是可以持续增长的增加吗?还是因为增加投入带来的增加,因为游动观众带来的增加,因为偏移定位带来的增加?因此,频道品牌化的前提还是频道专业化。按照现在的情形"血拼",带来的最大问题就是媒体责任降低。为什么?媒体责任需要踏踏实实,静下心来做,有可能当时不会有收益,比如新闻频道,它需要人力、财力、资源的大投入,它不像娱乐节目那样易模仿、成本低、收益快。

靳:收视率和权威性双高就成了大众权威媒体，其市场综合议价能力就会增强。小众权威媒体也可以收到比较好的广告效能，但议价能力不如第一类大众权威媒体。因为电视本质上属于大众媒体，这就是中央电视台一套黄金段广告份额、广告价格、广告价值处于国内最高平台的原因，它的收视率、权威性双高，广告投放既解决品牌提升问题，又解决促销问题。

频道品牌化建设是频道市场竞争的唯一出路，其市场收益是频道影响力的增强和获得广告及整合传播营销的市场溢价。但是品牌建设不简单等同于名牌建设，品牌是长期经营形成市场沉积，名牌靠短期促销便可以实现；电视或频道品牌本质上属于电视台或频道、节目经过长期运营在受众市场形成的精神认同，它是知识资本的一种外化。我十分赞同梁主任关于节目和市场的判断，过度的娱乐化是传播的堕落。

梁:我们谈媒体经营和频道品牌化的时候，频道是电视市场的竞争主体，而不是"台"，更不是"集团"。所以，频道作为竞争主体、管理主体的时候，一方面要解决自身的生存发展问题，还要为整个行业的持续发展贡献一份力量。如果不是以这个方式看待这个频道，必然出现盲目追求，比如节目类别倒向某一类，最明显的就是当下的"泛娱乐"倾向。所以，我觉得频道专业化，不在于你和别人相比是什么样，而是你是否恪守了这个频道的定位，能否力避浮躁，踏踏实实把这个定位贯彻下去，这是最关键的问题。

举个例子，如果说综合频道是大超市，那么专业化频道就是专卖店，而且是品牌专卖店。有些栏目卖的就是品牌，虽然收视率低，但走的是精品路线，收益会很高。新闻频道也是专卖店，你想买娱乐节目，对不起我不卖，但是你要新闻资讯，必须到我这来，这样竞争策略就不一样了。这也就是三星电子从大卖场撤到专营店的原因，用了十年，三星有了品牌，有了现在的发展规模。

电视市场化·行业安全

▲ 电视行业的体制和机制，现在连国企改革初期也比不了。

▲ 走出去是一个方面，如果境外媒体进来，我们能够守得住吗?

▲ 当并购发生，相当一部分电视人会失业，因为没有做好，而你原本可以做好。

胡:理性看待收视率、收视份额是建立在科学地理解收视率和收视份额的基础之上的。但是,不管怎么说,关注这些数据一个潜在的背景是电视媒体之间激烈的竞争格局。有人将这一切归罪于1983年的“四级办电视”,但是没有当时的这一决策,电视行业会如此受人关注吗?在已经形成了的如此庞大的格局下,今天的电视媒体,到底谁是责任主体,谁为它的未来负责?

靳:我觉得这是机制和体制的问题。国家广电总局对中国广播电视的正式表述是“事业产业”,就是具有意识形态色彩的事业产业,既有事业功能同时又具产业性质,我觉得这是一种“中国特色”的表述。事业公益属性,产业可以自主经营,但是现在又不是完全的产业,它连最基本的成本核算都没有。一些学者说,电视行业特别像国企改革初期,我觉得现在连国企改革初期也比不了,国企体系很清晰,现在媒体是收支两条线,走的是事业和经营路子。因此,现阶段要想再往前迈出一步,走完全市场化的路子,我觉得很难,因为体制的制约性很强。

从产业角度来看,广播电视属于娱乐经济、传媒经济板块,应该按照市场经济规律办事。电视经营在体制上与国家其他行业比是滞后的,没有市场化,经济效益就无法计算,比如成本、利润都无法计算。但是媒体的市场化又不同于其他行业,传媒本质上属于战略部门,属于国家软力量的范畴。我坚持认为现阶段电视媒体应当国有,否则各类资本的角逐会切割国家利益。但是,市场化进程又是行业发展的必由之路。

梁:我举个例子,家电企业十年以前有很多,现在不超过十家,大的有海尔、长虹、海信等等,还有一些国外品牌,利润已经很微薄了。家电业是打拼出来的,谁的成本低,谁的营销能力强,谁的产品具有创新性,谁就赢得市场。在中国市场上,长虹、海尔、海信不惧怕国外企业,它们历经磨炼,有这种能力了。

那么,电视有这个能力吗?现在,电视市场的秩序很混乱,且不谈历史原因,只谈目前电视市场、电视行业的状况,我们应该改变什么,才能发展得更好?如果我们聚焦一个台内部、一个频道,电视界管理水平之低,会让所有人吃惊。现在谈管理,都是就管理谈管理,而不是从一个频道和台发展的角度进行管理设计。电视在延续行政架构的管理体系,电视人的出路似乎只有一条:做管理者。但是,任何一个比较成熟的行业或企业,肯定是管理和业务两条渠道并行。原来,电视台作为国家事业单位,大多数人有编制,但现在有很多人是企聘身份。那么,在这个台工作十年,和新来的有什么不同?不走管理体系,走业务序列,我最好的状态能到什么程度？目前是看不见的。我 1985 年到中央电视台时全台一千多人，现在达到八九千人。这部分人未来的发展问题如何解决？解决不了发展问题，就会产生一系列新的问题：谁进来？谁留下来？留下来的是否全力干？再说薪酬，公务员有很完整的薪酬体系，但我们这儿没有，更没有激励薪酬设计。

靳：我对电视市场化进程是这样理解的：它是一个循序渐进的过程，它一定会到来。比如“韩流”，2005 年韩国《大长今》热播后，我们的受众处于心理开放的状况，这个时候韩剧的美誉度和韩国产品进行品牌置换，把韩国许多产品带动了起来。1997 年之后，韩国产品销售能够迅速恢复和崛起，主要依赖于娱乐经济。这个经验可以用到中国，向海外输出，但是我们的电视节目总是单一宣传，教训海外观众。如果我们能把中国丰厚的文化遗产，盘点成现代的传播娱乐题材，然后交流到国际传播市场，让外国观众用我们的方式思考问题，我们才能真正发挥电视的文化影响力。

但是，如果没有真正实现市场化，没有搭建这个娱乐经济板块，海外娱乐经济或迟或早进来之后，即使它进来的方式不在你控制的领域，比如办广告公司，比如用你的节目资源进行动画设计和拍摄，用你的资源进行国际化运营，事实上都是在切割你的市场。

梁：这也正是我对目前中国电视市场的忧虑所在。

我的第一个担忧是国家媒体安全，这个状况必须解决。现在全国在国家广电总局备案的频道大概是 1100 多个。电视广告大概 300 亿人民币，不到 40 亿美元，1100 多个频道分 40 亿美元，而美国一个综合频道一年就是 50 亿美元。这种状况，先别说“走出去”，如果国外媒体进来，我们能守得住吗？中央电视台 2007 年 1 月 1 日把四套一拆为三，即中文国际北美频道、中文国际欧洲频道、中文国际亚洲频道。中央电视台广告收入 2006 年差不多 90 亿人民币，大约 10 亿多美元，把成本扣除，还有多少钱用于“走出去”？一个大国，媒体安全很重要。全行业 300 亿人民币，这个门槛很低，如果这个行业开放，外资可以进来，那么如何保证国家的媒体安全？一旦机制变化之后，一旦打开大门，按照目前中国电视的发展状况，能够打赢这场战争吗？这是非常大的问题。

靳：意识形态的根本属性，当然涉及国家安全，这是很重要的思考。但是另外一方面，比如广播电视这个行业，外来进入能否取代自身的东西？我觉得现阶段的这种体制和机制，制约了电视的多种运营模式。单一的赢利模式，使电视不能进入别的领域,别的领域也无门可入。

胡:把中国电视置于国家和世界大的趋势当中,我们才能从宏观层面,从战略高度考察中国电视。关起门来,中国电视曾经很骄傲,90 年代增长速度很快,但这毕竟是上个世纪的事了。最近几年,我们面临很多问题,体制、机制、管理水准、市场化运作的各个环节,令人担忧。如果以前我们是“居安思危”,今天已经是“居危思安”了,在比较危险的境况下必须寻找获得安全的对策。

梁:我的第二个担忧是行业安全。刚才谈的 300 亿的电视收入,还不是利润,中国移动一家 2005 年营业额收入是 2500 多个亿,利润将近 500 个亿,移动、联通、网通、电信正在进入电视,而且中国移动已经花十几亿港币买了凤凰卫视的股份。他们为什么买凤凰卫视的股份?因为旅游卫视也好,青海卫视也好,股权扯不清楚,无从下手购买。

靳:中国移动要进入中国电视行业,我觉得这是分久必合的事情,合完之后没有关系,还是电视事业。中国移动资本入股电视,电视还是电视,只是我们股权结构发生了变化而已。

梁:其实,我们并不在乎中国移动是不是进来,我们在意的是因为你没有把这个行业做好而导致别人进来,你就没有地位、没有荣誉、没有尊严、没有实现职业理想的途径了,这将是电视从业者的悲哀。谈到行业安全,我想要表达的是,在这个行业变革的时候扪心自问一下:你做到这个行业应该做到的程度了吗?

靳:资本的本质就是权利,如果说我们这个行业做大了,也可以投资别的行业,民商法法律基础是这样的。

梁:电视是可以投资别的行业,但是你如何盘点目前的资源?这和每个人在这个行业的地位密切相关。假如并购开始,我并购县级台和市级台成本不一样,因为整个管理价值不一样,同样都是一拨人,换一个管理方式,价值就不一样了。但是,电视行业以目前的管理模式和经营水准、业务水准,一旦产生并购,卖不出那么多钱。比如,电视这个行业目前 300 亿,做到 3000 亿,每个人的价值是多少?现在做 30 亿,你是什么价值?

我所说的行业安全和行业尊严就在这儿,其本质并不是谁并购谁。当电视并购电信的时候,肯定是电视行业的一种新的爆发,反之就是人家电信行业的一种爆发。虽然对于行业的发展可能结果都一样,但是对于在各自行业的从业人员来说,其结果就判若云泥了。由此带来的人员安全也是一个问题,相当一部分电视人会失业,因为没有做好,而你原本可以做好。

胡:电视行业目前没有退出机制,办成什么样也不退出。进不去,出不来,这么多频道,市场又如此混乱,必然导致恶性竞争,一旦恶性竞争,收视率唯一、克隆、低俗化等问题就都来了。

梁:媒体有责任,要和国家发展同步,如何实现国家的战略目标? 现在这个状况,行业怎么能做大? 有限的资金全部分散,恶性竞争导致行业内耗。现在中国的电视改革五花八门,从称呼就可见一斑,见面有叫老总的,有叫董事长、台长、道长的,很混乱。

电视行业的问题还在于,对于破坏行业规则、扰乱行业秩序者,想"清理门户"也清理不了。中国特色的社会主义市场经济,就是要将政府疏导和市场力量结合起来,但是一到现实中执行就困难了。由于法律法规不健全,政府疏导的作用有限,而市场规则又很难通过拆分、并购、破产等力量清理电视门户,因此简单克隆、恶性竞争、透支运作等手段一哄而上。电视剧,你播一集,我播两集,他播三集,但是电视剧多集连播既不会增加频道品牌价值,也不会带来广告效益,因为广告投放有一个频次问题,比如本应两个月播完的电视剧,你一天播完了,怎么投广告? 电视剧一天三集的编排方式是恶性竞争,基本上是份额崇拜,份额起来了,但对频道品质没有任何效果,为什么? 电视剧不具备影响力,播完就完了,它不是核心竞争力所在。

靳:电视行业受体制和机制的双重制约。出现这些市场弊端的本质原因是电视行业建设一直是与行政建制同步的,在前些年出现那么多不同级别的台而且市场定位一刀切,属于行业行政行为,现在电视台的生存与发展却越来越多地依靠市场,这就会产生许多体制和机制方面的制约。我不认为行业外资金会在短期内进入电视行业并控制中国的电视行业,如果有一天这样的事情发生了,电视行业还是电视行业,不同的是电视行业和资本联系更加紧密,电视行业不再孤立,电视行业可以与其他行业进行资源置换。问题是,目前我们没有这样的机制,对于外来资本来说,它们觊觎中国电视行业已久,由于中国电视行业运营的单一性使得海外资本进入相当困难,在客观上中国电视行业依然没有外资的直接介入。海外电视机构擅长的不仅仅是节目制作和广告运营,它们更擅长我们的电视行业不了解的事情,如资产运营、资本运营等。目前的体制和机制制约着中国电视市场的发育,在现阶段可能是件好事,但从长远利益来看,市场规则的确立意义重大且势不可当。我们要采取稳妥而积极的态度，在对传播内容进行有效控制的基础上推动市场化进程，这样我们才可以逐步成长，使我们的电视行业与国家迅速提升的综合国力相匹配。

电视新闻·动画·纪录片

▲ 新闻最重要的是责任，新闻不谈责任，中国电视还有前途吗？

▲ 中国整体的新闻传播是滞后的，新闻的“新鲜度”很重要，和时间因素没有必然的联系。

▲ 民生新闻不仅仅是卖资讯、知情权，其核心价值是态度。

▲ 动画与纪录片，需要国家政策扶持，不能简单地把收视率体系套用过去，它们有不同的赢利模式。

胡：刚才我们涉及的电视行业安全问题，是电视生存和发展的大问题，2006 年许多问题暴露得比较明显了，实际上这是由行业无序竞争延伸出来的，所以 2006 年关注电视发展的业界和学界都在探究管理之道，但目前似乎都没有明确的或者公认的解决之道，也就是说“目标虽有，途径却无”。我们还是关注一下电视内容生产方面的动态。新闻改革，永远是电视媒体关注的话题，我们到底应该做什么样的新闻？看起来这是个最基本的问题，好像已经不需要论证，但事实上每一次追问都能促使我们的从业者进行新的思考。

梁：首先，新闻配置必须合理，不能缺失，新闻要把社会和时代同步报道出来。我一直说：当一个人到中国来，他看中国新闻一个月，他应该能够了解中国是什么样，因为新闻和现实是最贴近的。他看一个月，看不出中国是什么样，新闻就出了问题。再就是新闻传播方式问题，我提了一个口号：有效传播策略。电视要用电视的方式进行传播，比如电视新闻中出现统计数据，有什么用？数字是给专家和研究人员看的，对观众没有太大意义。再就是品牌传播，比如主持人播报，把品牌主持人放那儿和把一般主持人放那儿就是不一样。

胡：2005 年有许多重大事件发生，比如连宋大陆行、神舟飞天等等，但是 2006 年相对比较平稳，重大事件较少，常态新闻多，这个时候新闻如何报道的问题更明显地摆到了我们面前。

梁：2006 年所有从事新闻类节目制作的人员都在影响力和收视率之间探求新路。影响力和收视率不是一回事，影响力是主打。影响谁？《中国新闻周刊》的广告词很好——“影响有影响力的人”。有些新闻收视率低也要做，因为有影响力，比如《直通“两会”》，中央电视台不做谁做？我说，“两会”不是“两会”代表的“两会”，而是全国人民的“两会”。“两会”代表是带着民意来的，所以我们请一些省委书记、省长和普通百姓做对话，崔永元做主持人，没有姿态，效果很好。小崔《我的长征》收视率低，做吗？做，因为这是中国主旋律宣传的一个创意方式，别人是在书本里、电视上看长征，我们是触摸长征，无数感人的故事发生在《我的长征》里。当地老百姓像欢迎红军一样欢迎《我的长征》剧组，这些东西给观众看，可能收视率没有那么高，但是能够以实际行动影响一部分人。

在影响力的基础上，努力把收视率做高。这就要忍得住寂寞，中国电视经过多年的风光，浴火重生的日子到了。向上，你如何对接好党和国家的方针政策，比如和谐社会、科学发展、自主创新等；向下如何和老百姓真正贴合在一起，报道老百姓真正感兴趣的事情？新闻最重要的是责任，新闻不谈责任，中国电视还有前途吗？

靳：我认为，目前中国新闻传播的整体水平是滞后的，表现在什么地方？传统新闻观把新闻的核心价值定位在“新近发生”，其实新发现、新感受、新理解、新角度全部都是新闻的核心传播价值。当我们只强调“新近发生”的时候，我们只会抢着报道新闻，但是现在真正的新闻价值在于“延宕性”，在于新闻发生以后，能够在多长时间内吸引受众持续关注。所以，我认为新闻的“新鲜度”很重要，“新近发生”不重要，所以我把新闻定义为：大众关注和能引起大众关注的事件的报道。新闻和事件发生的时间因素没有必然的联系。知情权的满足、对一个事件的理解、传播的情绪都可以作为新闻的传播范畴，我们的新闻理念要更新，才能和国际强势传媒机构接轨与对话。

梁：什么是新闻？我认为有价值的就是新闻，尼克松“水门事件”，什么时候出来什么时候就是新闻，为什么？它有价值。所以，事件类新闻必须做，但是趋势性新闻更要做。没有重大新闻事件，更可以督促我们让新闻节目向本性回归。目前的一个问题是，记者观察较多，思考较少。事件性新闻可以通过观察拿下，但是趋势性新闻需要思考才能发现。比如流氓软件，我们做了六七期，这是一个有巨大价值的新闻，每个人都身受其害、身受其苦。后来我们说不是一味打流氓软件，而是要有建设性的报道：为什么流氓软件盛行？因为午餐不是免费的，“流氓”是免费软件的赢利模式问题，这样一来就成为一个思考性的新闻。

胡：二位对民生新闻怎么看待？

梁:什么是民生新闻?目前没有一致的定义,你的"民生"和我的理解不一样,但是民生视角是可以的。因此,我觉得"民生"范围不好定义,比如说买房子是民生新闻吗?但是房子涉及多少"国计"的东西?关键看如何做、如何看。去年,我们做"节约在你我身边",比如节能灯只要开不到四个小时,就不要关闭,因为一个小时之内一开一关,电比开四个小时还要浪费——这些东西都是"民生",但和国家大政方针结合,就是节约型社会。

靳:在时政新闻为主体的中国,民生新闻为什么有新卖点?因为它有民生态度、百姓态度、市场态度,电视新闻节目的核心价值不仅仅是资讯传播和知情权的获得,而是态度,央视《新闻联播》的核心卖点是中国国家态度,地方台不具备这方面的权威性。但是,地方台找到了自己的生存空间,就是亲民的态度、题材、视角、语态等等。民生新闻目前很粗糙但市场能量却很大,为什么?其核心卖点是百姓视点和百姓态度。

胡:从2006年起,文化创意产业成为一个热点,其中关于动画的讨论也备受关注,业界都觉得这是一个新的增长点,但是中国的动画究竟怎么走出困境,究竟应该如何发展,仁者见仁,智者见智,想听听二位的意见。

靳:我们对动画的理解一个最大的误区就是把它"青少化",动画就是视听语汇,它的传播对象是社会各个阶层的人群,我们目前把动画限制在青少年,这是一个很大的误区。在市场机制方面,国家扶持固然重要,但更为重要的是寻找到产业发展模式、赢利模式、国际运营模式。

梁:说到动画,可以把它和电视剧、电影联系在一起,电影遇到的所有问题,动画都有,而且更为严重,因为动画创作没有专业人员,多半是从美术转过来的。第一对市场了解不够,对动画艺术表现本身挖掘不够,专业化程度低。所以,从大的方面来说,中国动画产业本身还不具备市场赢利能力。原来中国一个动画画好几年,国家投钱,如果现在国家愿意花足够的时间、足够的钱来做,不见得做不出好的动画,关键是有没有这个体制。加拿大有电影局专门投钱,法国做动画有补贴,我们没有这方面的倾斜。听说最近财政要给两个亿发展动画,这是一件非常好的事情。

从动画联系到纪录片,也是这样,都和国家政策相关联。纪录片不是今年拍,明年就能收回投资的,它有一个很长的回收链条。纪录片挣钱不挣钱,不仅仅是看能否换来广告,更要看它对这个频道的品牌价值有没有贡献。也就是说,这个频道到底需要不需要这个节目,需要它,就应该做,怎么赢利再谈。2006 年,中央电视台经济频道播出的 12 集大型纪录片《大国崛起》,前后创作了三年时间,播出后反响强烈,且不谈它自身创造的经济效益,它对提升经济频道的品牌很有好处。

靳:现在是纪录片创作的尴尬时期,我觉得纪录片拍摄者有一个不好的创作倾向,不自觉地以高于别人自居,这是第一;第二,媒体把收视率体系简单地套在纪录片上,很不公平地挤压了纪录片的生存空间;第三,纪录片的赢利模式不同于我们的日播节目,美国一些电视机构的纪录片都是全球穿透市场边界的销售方式,而不是简单播出、赢利、覆盖的模式,它靠行业细分在全世界市场中赢利。

梁:现在,很多东西用很简单的方式就被扼杀了,没有人肯沉下心来做那种可能是几年以后产生效应的节目,真正好的纪录片越来越少,因为做这个东西压力很大。前一段时间开会,日本一个纪录片很好很有震撼力,但是因为我们是广谱频道,不适合播出,但是如果有专门的国家地理频道、历史频道就有合适的播出平台了。说回来,还是媒体定位的问题,目标受众不清晰,很多节目类别就没有出路,也就阻碍了一部分电视节目的发展。

胡:我觉得这是由于目前电视内容产业生态格局不够合理所致,很多时候可以说是走"两极",好比电影,要么是商业化的"大片",张艺谋、陈凯歌模式,要么就是艺术小片的路子,艺术家凭个人兴趣搞点小制作,玩点小情感、小感受,这些东西一定不会有市场。其实,在我们的产业格局当中缺一个中间层次的东西,中等规模,但要强调艺术含量,因为纯商业化的"大片",总是偏向于把中餐做成华人餐馆,以便适应欧美市场,难以顾及民族文化的精细部分,这样中国文化的含量体现不出来。从内容产业格局来说中等规模的作品,最值得提倡和推广,而且尤其需要国家政策扶持。

点评 2006·展望 2007

胡:作为年度对话,接下来我们先用较短的篇幅对 2006 年的中国电视进行一个简要的宏观描述,最后展望一下 2007 年的中国电视。你们认为 2006 年中国电视在内容生产中有哪些比较重要的景观?

靳:首先说说行业性份额的竞争情况。根据我掌握的数据,中国人看电视的热情持续攀升,新媒体竞争电视目前还只是一种猜想。电视市场份额日到达率接近

95%,有小幅攀升。报业广告近几年每年以两个百分点的速度下滑,而电视行业广告增长率正好是两个百分点,整个广告盘子这两个百分点被电视争夺了。可见,2006年最凸显的是行业竞争,过去我们关注的是节目和节目竞争等等,没有注意到2006年不同媒体份额竞争起着非常重要的主导作用。

还有一个值得重视的现象。观众精力预算竞争凸显,受众精力成为紧缺资源。比如说,看电视的时间,如果我们排除2006年度因为世界杯的放大效应,观众看电视时间每天平均萎缩5分钟左右,由原来的170分钟萎缩到165分钟左右。由于GDP增长状况使所有人焦虑、劳顿,白领特别是精英阶层只能将看电视的时间减少。与此相关,益智类节目和娱乐类节目受到追捧,特别是受到白领的追捧,因为人们每天精神绷得很紧,回去之后需要放松,而不是通过电视受教育、学习,所以通过电视改变心态、改变心理环境,这个功能2006年在增强。

梁:我总的感觉,2006年中国电视整体缺乏亮点,但也有一些不错的节目,最突出的是《百家讲坛》。《百家讲坛》的成功除了栏目组的创新以外,在我看来还有两个:第一,中国教育失败导致《百家讲坛》成功,这是学校的事情,怎么到电视上了?那么我们的学校在讲什么?第二,是央视十套常年恪守"科学品质、教育品格、文化品位"的理念和追求带来的。所以,《百家讲坛》的成功是以频道的成功定位为前提的,这说明电视行业把频道作为市场定位主体进行研究,中国电视才可能走上一条正确的道路。

靳:我觉得《百家讲坛》的成功还在于其实现了深层次传播的理念。比如电视剧《三国演义》《红楼梦》播出后,其人物关系不是专家很难懂,《百家讲坛》选择有中学教学经历的学者完成大众传播转换,比较容易被观众接受。这样一档节目能够火爆,也反证了我们节目形态方面,前些年过度追求形式而忽视了内容,内容为王我们尽管说了很久,但仍是重视不够。

胡:这个话题我们不展开。电视媒体必须重视新媒介,我个人认为,目前移动电视、数字电视、手机电视等大都还停留在概念阶段,但是新媒体全天候收视、自由检索和下载,显然代表着"先进生产力",市场前景比较广阔。

靳:对于新媒体,我是现阶段的悲观主义者和长期乐观主义者。我认为,不必过高地估计新媒体的影响力,对受众和市场来说,新媒体目前还处于碎片型补充的状况,受众的卷入程度依然很低,它不像电视那样是大段的、整状的、成规模地影响受众。新媒体的影响力目前在于行业风险投资,这是一种市场预期的角逐,新媒体广告的成长性由原来的迅速提高，到 2006 年迅速回落，说明它一方面发展较快，另一方面也说明新媒体的社会功能、传播功能、广告承载功能还存在严重缺陷。

我把现在的数字化进程定位在改变人们生活方式或生存方式的层面。在没有其他赢利模式的情况之下，现阶段数字电视的发展模式还没有很好的市场出路。我忧虑的是，目前我们还在用模拟电视的体制、机制，去思考未来家庭数字化生存的事情，这是非常危险的。为什么？中国是最大的发展中国家，如果一刹那间全面实现数字化，产业何在？如果把模拟产业全部废除了，一刹那间置换数字接受设备，所有东西都买日本的吗？目前的模式制约着中国的产业发展，非常令人忧虑。

胡：2007 年已经来到，两位对今年中国电视的走势如何描述？身处转型期社会形态媒介板块中的中国电视，比以往任何时候都更为活跃，因此，我们与其说是“预测”今年中国电视的趋势，不如说是对它的一种“期待”。

梁：2007 年选秀类综艺节目渐显疲态，在国家广电总局的强力监管下，荧屏“低俗化”的问题将得到有效遏制。因为，这种自杀式或者掠夺式的资源利用方式，已经惹烦了观众。门槛过低、品牌透支，使得娱乐节目丧失成为频道核心竞争力的可能。文化类、益智类电视节目会出现新的商机，但整体市场份额不会过大。

电视剧的抢购、独播依然会持续，短期效应依然能维持。一些多年恪守定位的频道，将进一步释放其潜在的能量。但是，目前中国电视的自主研发缺乏体系性支撑，原创性优秀栏目很难有新的亮点，电视栏目形态整体老化的趋势将更为明显，克隆海外节目也将风光不再。对于新闻而言，2007 年有三个国家大事：十七大召开、香港回归 10 周年和建军 80 周年。我认为，2007 年新闻人对新闻理念和实践的探索会进一步推进。

靳：2007 年体制资本与机制资本的双重制约将使媒体市场的发育进程呈现放缓趋势。电视行业外延式增长已接近尾声，巨大的广告能量呼唤价格体系的整体优化，特别是强势电视台黄金段广告容量已经处于超饱和状态，迫切呼唤价格增收。

电视市场管理体制在不同区域市场的差异继续存在。湖南卫视等发展较快的地方电视台，其根本的发展动力在于体制资本与机制资本优于其他竞争伙伴，如低成本热播节目的推出、机动灵活的市场模式、相对合理的人才策略等等。但是，在管理体制没有改变的情况下，机制优化尽管可以部分弥补体制的制约，但从长远利益来看，体制改革势在必行。

随着中国受众资源国际化分配的加速,中国电视市场化进程直接关系到整个传媒经济板块的发育,直接关系到与世界强势媒体的对话能力。中国媒体体制改革的方向应当是坚持权威媒体事业属性的同时,优化其产业属性,使得媒介经济板块具有普遍的资本运作、资产运作和节目市场化运营的能力。2007 年新媒体与传统媒体的竞争会更加激烈。但是,从综合影响力的角度来看,新媒体依然处于补充型竞争地位,新媒体的赢利模式远未真正形成。

胡:我个人认为,2007 年中国主流电视媒体将对构建和谐社会负起更大的责任,"文化自觉"意识的唤醒将推动中国电视履行其应尽的媒介责任。由此,公共电视庸俗化的现象将明显改观,权威性、公信力、影响力将有所回升。"收视率""收视份额"依然被追逐,但是理性的电视从业者和智慧的广告商将共同寻找更为科学的评价体系。

民生新闻将继续升温,并在形态上更加多元和丰富,新闻专业主义的理念也将继续为缓慢的电视新闻改革推波助澜。央视"专业频道品牌化"战略获得的效益成为省级频道响应的理由。省级地面频道除了"四小龙"(浙江教育科技频道、湖南经视频道、江苏城市频道、山东齐鲁频道)外,"黑马"会继续涌现,"本地"特色和区域传播力依然是其生存之道和制胜法宝。纪录片的"大片"创作不会停止,传统品牌栏目,如《新闻调查》《实话实说》等的困境也必须面对,若不及时调整,出局也许只是时间问题。电视媒体的新宠——栏目剧将继续受到观众的青睐,新一轮的克隆和模仿风生水起,观众的审美疲劳也指日可待。

"三网合一"将继续在体制壁垒和行业利益的角逐中步履蹒跚。电视内容的生产者和经营者固然要不断创新,迎接挑战,但 2007 年的中国电视,把最大的考验留给了政策制定者和媒介管理部门。

综上,2007 年中国电视将步入一个重要的调整期,传播内容和舆论环境对健康度的需求明显增强,行业格局在体制与机制的双重制约下不可能获得跨越式的突破,尽管广告总量和增长率仍将提升,但内容生产的格局不会获得显著改善,新媒体将继续扮演"追赶者"的角色。2007 年的行业调整可能积聚一定的智慧能量、资金能量并为探究新的市场模式提供机会与可能,但是中国电视的症结难解而且许多问题会暴露得更为明显。

十字路口的中国电视

◆ 夏 骏 胡智锋

时　间：2007年1月17日

地　点：中国传媒大学

对话人：夏　骏　资深电视制作人、华人文化集团董事局执行主席、《中华遗产》杂志社主编

　　　　胡智锋　中国传媒大学教授、博士生导师、文科科研处处长兼《现代传播》主编

整理者：顾亚奇　中国传媒大学广播电视艺术学专业2006级博士研究生

关键词：电视产业改革；民营资本；文化战略

胡智锋（以下简称"胡"）：在2006年5月17日《新闻调查》十周年研讨会上，作为栏目的创办者夏骏先生受邀即席发言时感慨地说："人生经不起浓缩。"拍摄《河殇》、创办《新闻调查》以及运营银汉传播，使夏骏备受中国电视界关注。《新闻调查》奠定的电视深度报道的标杆地位以及入主银汉对中国民营电视的探索，更是浓缩其电视人生的精彩华章。夏骏曾长期居于电视实践一线，主持编导过百余部、集电视片，在主流媒体和民营机构从事过管理和经营，精于创作，熟悉市场，而且富于理论思辨，最近刚刚推出新著《十字路口的中国电视》，对中国电视产业的现状和未来作了独到、深刻的思考。今天，我们邀请夏骏先生一起对中国电视产业的问题进行探讨。

夏骏（以下简称"夏"）：我现在已经算不上是纯粹的职业电视人了，尽管仍然有一部分与电视制作经营相关的业务工作，但毕竟还有平面媒体主编的角色和一个

文化产业集团非电视领域的相关业务。然而,人生总有些情结,情结来自于一个人生命历程中最重要的经历和价值观。从内心来说,多年来我最关心的还是与电视相关的事,所以经过几年的积累和思考写了《十字路口的中国电视》一书。从某种意义上来说,这是电视学界的人应该做的事,我想从个人角度表达对中国电视的焦虑。

中国是一个人口大国,因为观众多,因为文明久远,可以说也是一个电视资源大国,但中国远不是一个电视产业大国。中国电视观众数量世界第一,中国电视台数量世界第一,中国电视频道数量世界第一,但是全中国3000多家电视台的年广告总产出还不到美国时代华纳一家公司电视领域年收入的60%。年产出百亿人民币的中央电视台被誉为中国传媒产业的超强"航母",且不拿大国和强国的电视公司来比,就说欧洲小国卢森堡的卢森堡电视台,其年产出早已近30亿美元。在国际市场上,我们至今还是电视产业小国,这与中国经济总量已居世界第四的地位极不相称。

胡:在国内其他产业市场化、国际化的背景下,理性地看待中国电视产业在世界产业中的地位,才能发现我们的差距,才能发现我们自身的短处从而感受到压力。不仅与中国经济总量的世界位次不相称,电视产业的贫弱与我国丰厚的文化资源也不相对应。

夏:产业的落后与我国电视业长期处于准行政化封闭状况有关,许多从业者并不知道甚至并不关心世界电视到底是什么样的、我们的电视产品每年出口多少、我们与世界的距离究竟表现在哪些方面。我们这一代电视人忙忙碌碌,却连自己在世界格局中的位置都不清楚,这种状态怎么和世界竞争?

胡:整个中国电视的改革滞后,这几年看不到那些操作性很强的举措,其实我们完全可以在不伤害国家安全、不影响国家安定的前提之下改革,从而更好地提高传播效率。能否结合你在银汉传播的情况谈谈这种改革的可行性?

夏:我在北京电视台所作的尝试,某种程度上验证了这一点的可行性。银汉传播公司接手北京电视台七频道时,这个频道纯收入很少,毛收入只有两千万左右,赢利四五百万。我们的民营资本进入之后,承担了它的制作责任、制作成本以及经营风险。即使在这样一个很边缘的、远离政治的、纯服务型的,既没有电视剧也没有新闻的频道,后来竟做到了一个多亿。2007年,这个频道中民营份额已经从我进入时的90%降低为30%,即便是这个30%,在2007年元旦之前就获得签约收入一亿一千万。也就是说,北京电视台在毫不增加投资成本的情况之下,由于民营的经营性因素的介入,把一个频道从2000年的两千万收入提升到2007年的3个亿左右。

胡:如果我们说银汉的实践表明了中国电视产业改革的方向尚有些武断的话,至少它用实证的方式表明了中国电视产业改革的另一种可能性。对民营公司来说,需要的首先是一个参与权。在中国和世界大踏步接轨的今天,中国电视需要变革已经不存在异议,问题是民营资本的进入,会不会对电视媒体的舆论导向带来影响?

夏:按照我自己经营电视频道的体会,民营资本进入电视领域是高度自律的,在政治上对社会稳定、意识形态的风险是高度警觉的。资本是最理性的,没有人会用自己在其他领域积累的血汗钱来玩火,因为在这个高度敏感的领域,别说玩火,就是偶然不慎走火,后果必然是倾家荡产。我们当时刚刚做这个频道的时候,在北京电视台审查节目之外,还专门聘请了一位《人民日报》的退休编辑进行二次审查。我们唯恐北京电视台审查得不够细致。可见民营资本的高度自律性,因为知道这是高压线,你拉我去碰我都不可能去。打个比方更形象,如果说北京电视台的节目审查是给我们做了一套防护网,以免我们碰上高压线,那么我们还担心这个防护网不够结实,所以自己还要再砌一道防护墙。

从我的实践来说,民营资本进入电视,对国家稳定毫无伤害,而且只能提高传播效率,更好地服务于公众。就一个国家的成长因素来说,电视产业不是一个小产业,曾经有人问:中国电视仅仅靠体制调整、经营机制调整能够成长多少倍?应该说如果进入资本市场就没法说了,你看电话通讯产业十多年来的增长何止百倍,仅仅从表层的经营成绩来说,我觉得中国电视的这种成长应该在8～10倍,举中央电视台为例,可以做到上千亿。

胡:看得出来,夏总运营民营电视,始终伴随着对中国电视产业的一种期待,但期待之中也有不少忧虑。这种忧虑可能来源于当下中国电视产业存在的不少现实问题。在以前的对话中,我常提"少谈些主义,多提些问题",认清问题所在是对症下药的前提。

夏:首先,中国电视的投入能力有限,但电视台的数量太多,频道的数量太多,导致精品生产的缺乏和优秀人才的引进无力。有足够的投入,才有可能招聘到社会优秀人才,他们才可以创造出好作品。现在,电视界人才流失已经开始了,包括往海外流失和往其他产业流失。高校最优秀的毕业生已不太把去电视台作为职业首选。对媒体来说,每个部门、每个系统、每个频道、每个栏目都需要核心人才。电视栏目的成长需要成本,优秀人才需要一定的待遇保障和发展空间,否则就留不住有创造力、有自己个人价值追求、有爆发力的尖端人才。没有像样的成本养育栏目,没有像样的成本留住有效人才,只能形成逆向流动。产业发展滞后进而导致这个产业人才成长滞后,于是,我们与世界的差距越来越远,这是一个让人焦虑的问题。

中国电视投入有限,但是社会资金却不能进来。仅靠中国电视微弱的300亿左右的广告收入,养活几千个电视台、数以万计的电视频道,注定它们不能有效成长。就是现在搞的一些边缘的数字频道,也不允许民营资本进入股权部分。因为没有频道参股的可能,资本无法规模投入,一些有意尝试者出小钱试水,仍摆脱不了低投入煎熬状态。可见政策设计者还是缺乏经济学观点,也看得出变革的预备动作比如必要的论证做得还远远不够。2007年,希望电视机构或者电视决策力量中间能够吸纳一些企业家和国际相关产业的力量,成为咨询顾问,认真设计现有政治要求之下有效的产业变革模式,其实可作为的空间并不小。前面提到的一个边缘频道从2000万到3个亿的迅速成长,就是在当下同样的环境中改革运营机制做到的。

胡:电视媒体的产业属性还和文化责任相关联,中国电视力量的薄弱,也会影响到中国文化的传播和成长。我们没有强势电视作品推出,就无法维持中华民族精神传播的竞争力。当我们被"韩流""欧流""日流"包围的时候,我们自己的精品在哪里?在大面积、高速度的工业产品营销全世界的时候,我们的影视产品如何赢得世界市场,让世界了解中华民族?这同样是中国电视产业需要做大做强的迫切性所在。

夏:所以我有一个观点:"中国威胁论"的出现,很大程度上在于我们影视作品传播力不够。在全世界消费你的工业品的时候,不知道有着如此强势销售能力和制造能力的民族是什么心态。世界对你不熟悉、不亲切,也就谈不上信任,因为他们没有感受到你的亲和力。当他们觉得你是个潜在的威胁时,"中国威胁论"就会有市场。要破除这个观点要靠中国文化,尤其是影视产品出口能力的增强,让中华民族和世界在精神文化层面直接交流,这是当代中国电视人和电影人不可推卸的责任。

《大长今》不仅在中国、在亚洲，在美国也很有市场。很多美国人都喜欢看，而且从中可以看到一个美好、坚韧的民族形象，但是我们的电视剧不太知道这样一个传播战略。我们的电视剧，比如许多历史剧，从宫廷到民间充斥着尔虞我诈，满篇呈现的都是凶险、血腥的政治。在这些方面，我们比韩国电视剧的文化传播战略差很多，文化传播的精神目标设计在哪里？

胡：说到电视的文化战略、文化责任，我们就回到了电视的一个永恒话题：我们需要什么样的电视节目？在2006年的电视荧屏上，除了继续铺天盖地的电视娱乐选秀之外，《百家讲坛》树立了另一面旗帜，被观众和专家普遍看好，而且市场效益也不错。夏总对此如何看待？

夏：现在电视娱乐节目传播量的增加和低层次的泛滥，很多原因在于我们缺乏更有深远责任感的传播策略，才让这些节目形态得以疯长。2006年中国电视的亮点是央视的《百家讲坛》，但我不认为这是电视台有意识的行为。《百家讲坛》设计出讲课形式，以超低成本运作，一开始并没有引起人们的重视。当这些从业者凭借自己的职业创造力，找到合适的嘉宾，发现了类似易中天等学者时，节目引爆了类似当年《河殇》那样的一种介于电视和学术之间的收视心理。中国老百姓对电视的接受依赖度比其他任何成长中国家都重。我进电视台后一直在实践一个理念：能否让思想文化通过电视来有效传播？因为在中国任何一个媒体都没有电视这样超常的传播力。《百家讲坛》的出现，某种意义来说实现了这一点。它让有学者素质的人通过电视传播自己的见解，通过娱乐方式、演讲方式传播思想，尽管我觉得思想的高度和深度目前还弱一些。于丹讲《论语》火了，说明观众需要什么？处于浮躁时代的中国人需要精神支柱，需要精神方向，需要精神武器。我们民族的精神世界需要思想，就像干旱的黄土地需要雨水一样迫切。偏激一点，我看甚至可以做一个"讲堂频道"，制作成本低，收视热情高，说不定会出现又一个产业奇迹。

我一直坚信，一个有五千年历史的文明古国，它本身内在的底气、它对文明的向往和忠诚仍然是内在的强大动力。中国人一旦焕发出文明活力和自由创造的潜质，它的时代就会到来，它的文明底蕴会使它真正成为世界巨人。这决不是美国能比的，因为五千年智慧积淀再与现代世界嫁接、整合和基因碰撞所能产出的成果是令人神往的。但是，当下的电视内容相对来说显得平庸而单调，我们有巨大的文化财富，可是我们传播的效率如何？《百家讲坛》小试牛刀即获成功，创造了奇迹，说明我们的电视节目在文明的宝库中大有可为，只是现在业界大多墨守成规，创新力不足,动力缺乏。电视现状最大的遗憾不在于我们没有做成什么,而是本来有许多可以做的事情没有做。

胡:现在有一个倾向,某些电视作品越来越精致了,但是越来越没有气势,没有了思想穿透力。电视和思想结合,才能产生影响力,2006年年底播出的《大国崛起》在电视表达历史方面取得了一些突破,当然这是节目创作层面的问题,我们不展开,接着刚才的"中国电视需要什么节目"的话题来说说《新闻调查》。去年是《新闻调查》十周年,它对中国电视新闻改革,甚至对中国电视整体生态的影响和意义无须多说,但是这样一个老栏目,目前收视下滑的现象值得我们关注。

夏:这个栏目有它的逻辑,它是一个45分钟的周播栏目,不像日播栏目每天有习惯性收视,它要靠观众的追逐度,就是说观众对这个栏目要有相当的忠诚度才能维护常规收视率。我任制片人的时候危机感很强,宁愿把一期50分钟的节目压缩成20分钟甚至毙掉,也不会饶恕一期很一般的节目,因为我饶恕一期平庸节目就等于伤害其他好节目。因为好节目积累了观众,逐渐培养了一批忠诚的观众,很不容易,不能因为某一期节目不行而流失观众。一个周播栏目的忠诚度需要不断追随,所以一年52个选题和52个节目的质量基本上都要追求精彩度,不遗余力榨干最后一滴血。此外,当时还有一个7秒容忍度的说法,有调查显示当时观众平均对不够精彩节目的忍耐时间只有7秒钟,我们就提出要消灭节目里每个不精彩的7秒钟,以持续精彩留住观众。

《新闻调查》的利器是"深度",深度并不是叙述篇幅的增加,需要比别人高一筹的见识,需要比别人获得更多信息量,这些东西要靠从业者的理论素质、观察问题的深入以及电视表达的精彩度。

胡:我注意到一个现象,十年前当你做《新闻调查》的时候,一期节目的成本可能是十多万,现在电视台广告收入大幅增加,但是制作成本却在逐年下降,投入与收入的这种"背离",有人认为是中国电视成本意识在增强,但也有人把它归结为电视节目质量滑坡的根源。

夏:经费下降和人才流失这两个问题,中国电视走到这一步是必然的,原因是垄断。垄断之后,一期《新闻调查》5000块也可以做,你不做,有人做。我从来没有听说过哪个栏目出现集体辞职,因为没有第二个中央电视台。有一种说法是"想来中央电视台的人都排队到通县了",谁离开都无所谓。长队之中有多少人才是能够有效提升央视水准的高级人才?缺少人才的紧迫感,是因为缺少因比较而构成的竞争压力。没有竞争，提升与下滑都不太要紧，因为自己与自己比较，睡觉也能拿冠军。这就是我所说的垄断反而容易“内伤”，人才的价值只有在竞争中才能显现。如果谁做都差不多，人才尤其是出色人才本身就必然会不断地贬值，因为长时间的无奈和随俗，人会钝化，何况岁月总在催人老！

胡：从《新闻调查》的历史来看，从业者是不是一支真正具有良好职业素养的专业队伍，是栏目成败的关键，这支队伍应该有超出常人的见识、眼光和水平，应该有相当强的自信力。扩展开来，对中国电视来说，一种比较良性的产业格局是需要国家战略去设计的。因此，中国电视的领军人物必须具备战略家的素质，同时还要有政治家的能力和素质，要有一定的国际背景和经济背景，才能构建一个良性的、合乎中国国情的产业格局。在现实的条件下，中国电视是不是更需要一种多元化的“入口”，让国家资本、民间资本，以及一直虎视眈眈的国外资本都有机会参与，才可能激发出更多利润空间和成长空间？

夏：一方面我们需要“入口”多元化，多种制作力量可以带来电视内容的巨大拓展，同时我们也要避免“出口”单一化。就是说，我们不能仅靠单一的收视率和广告赢利模式。我们应该把电视节目作为一种产品资源进行赢利模式多元化，以此拓展“出口”，文化产业是延伸利润很大的产业。

我们目前理解的电视产业是一个窄义的概念，其实电视产业远不止电视产品本身，比如动画片节目经营收入在成熟的产业链上连10%都不到，产业本身延伸力很强，《大长今》热播之后，韩国的“大长今”主题公园日游客流量数以千计，并且带动了旅游、餐饮、服饰、保健等许多行业。

让民营资本介入中国电视产业，带来的远不是资金，还包括其他产业领域锻炼成才的企业家，这个力量甚至比资金更重要。没有民营资本进入中国电视，就不可能在产业链层面上完成有效延伸。所以根本问题还是必须有市场力量介入，必须有来自市场而不是来自传统电视内部的力量。传统电视内部改革如果不是以吸纳社会有效资本介入、社会企业力量介入，就注定会换汤不换药。所有改革方案的出台必须真正从产业规律、企业经营逻辑、市场经济要素上去推敲、透视、解析，才有变革的实际价值。

胡：中国电视改革最大的障碍在于市场准入和宣传体制的矛盾，也就是说宣传与市场两种诉求处于一种紧张状态。当然，从产业的角度，你可以说不要担心，所有的企业家都是最守纪律的，是最不会破坏宣传体制的，但是万一民营企业家分量很重,失控了怎么办?

夏:我的电视经历,在主流和非主流之间都生存过,我觉得这个东西并不可怕,因为可以建立强有力的防护机制。在中国的社会转型期,舆论不能乱,社会价值观不能乱,这必须坚守。那么怎么让这个产业有效成长,把文化变成安全底线内的文化力量,可以把需要控制的宣传和一般社会化的内容截然分开。比如把中央电视台的几个核心频道作为一个电视台,把其他一些频道整合成立商业传播机构,独立成两个单位。公共频道可以像 BBC 一样,不播广告。公共频道不做广告,商业频道依法认真经营,才可能实现跨越性成长,把中国电视的蛋糕做大。此外,不要小看商业台的文化能力,有人戏言作为商业台的凤凰卫视是当下中国最具文化自觉的电视台。

其实现在最尴尬的是,除了广播电视自己的有限资本以外,不允许其他资本进入媒体股权,即使是其他产业领域的国有资本都进不了媒体股权,更谈不上立体资本能力,这就很难做大了。如此格局下,所谓竞争就很容易异化为一种自以为是的非商业化竞争。与此相对照的是,在韩国,文化与资本已携手飞驰,在 2007 年使韩国冲至世界第五大文化产业国的高位。要知道,中国的国土是韩国的 100 倍,人口是人家的几十倍,我们在世界文化产业格局中的位置在哪里?

胡:我记得当年夏总离开央视入主银汉传播公司时,有一种"风萧萧兮易水寒"的悲壮和豪情。当时你就意识到,时不我待,电视产业振兴别指望体制,必须自己想办法,趟出一条血路来,但现在你对民营电视的格局似乎并不太乐观。

夏:我觉得这两年中国民营电视没什么"大戏"。韩国电视崛起,背后有着清晰的政府推动的影子。为了民营企业制作能力的成长,国家制定法规限制电视台播出自己制作的节目量,为民营制作公司提供市场平台,而且规定电视台本台及其相关公司制作的电视剧不得在本台黄金时间播出,它用这种方式强制性地给民营电视制作机构提供公平竞争的机会,中国电视能做到吗?

中国电视转型未来的痛苦之一,将是中国电视从业人员从机关工作人员到市场职员的职业转型。正如你所说,中国传媒企业家是非常缺乏的,但这不是问题的关键。28 年的改革开放,造就了一代人,无论是"海归",还是这些年培养出来的工商人才、各种产业领域培养的市场人才,一旦电视这个产业开发了,这些人才就可能参与进来,电视产业格局将大为改观。因为这些人懂市场,知道营销管理。所以说,中国电视改革所面临的问题不是人才而是体制,体制问题一解决,其他问题就迎刃而解了。

胡:今天我们所谈的话题,主要针对的是当下中国电视的产业现状,或者说提出了很多问题。前进和成长中的问题,自然无法抹杀中国电视 20 多年持续发展的成就。最后,还想引用你在《十字路口的中国电视》一书中的一段表述,表达对于中国电视的忧虑:“从某种意义上说,中国电视产业的成长需要的是一场针对基因的改革。如果有朝一日国家真的把政府序列的公共电视台和商业电视台予以区分;如果有朝一日数以千计的电视台失却了政府和政策的庇护,在严酷的市场经济规律面前,在现代传媒规律的整合力量面前,将会出现一种什么样的局面?其中的大部分电视台将如何生存?”无论如何,居安思危、未雨绸缪总不啻为明智之举,更何况,今天的中国电视早已无“安”可居。

夏:谢谢胡老师,谢谢《现代传播》提供的交流机会。让我们为中国电视的未来祈福,因为这不仅是一个产业话题,而且关联着亿万观众的文化导向,关联着中国与世界的心灵沟通。

重塑中国电视的尊严

◆ 高 峰 胡智锋

时 间:2008 年 1 月 12 日
地 点:中央新闻纪录电影制片厂
对话人:高 峰 中央电视台副台长、中央新闻纪录电影制片厂厂长
胡智锋 中国传媒大学教授、博士生导师、文科科研处处长兼《现代传播》主编
整理者:顾亚奇 中国传媒大学广播电视艺术学专业 2006 级博士研究生
关键词:中国电视;尊严;纪录片;新影;电视改革

胡智锋(以下简称"胡"): 这是《现代传播》第五次做年度对话,今年正值中国电视 50 年,在这样一个重要的时间节点上,我觉得有必要对中国电视做一些反思。宏观考察中国电视的 50 年,可以以 1983 年"四级办电视"方针的提出为界划分为前后两个大的阶段。前 25 年主要是起步与积累,真正的起飞与繁荣应该是自 1983 年以来的这 25 年。在这 25 年当中,中国电视的媒体形象、社会职能、文化角色发生了很多变化,值得盘点的东西很多,但中国电视从业者和研究者更关注的则是当下中国电视面临的现实问题。今天,我们邀请高峰先生对话,缘于他既具有丰富的实践经验,创作过许多有影响的电视纪录片、专题片,又有丰厚的学术涵养,且在央视管理层任职多年,作为见证中国电视发展的职业电视人,他对中国电视有着独特的体验与认识。

中国电视失去尊严了吗?

▲ 早期的中国电视,给人的感觉是美好而神秘的。

▲ 电视经历了一个从有尊严到很傲慢再到需要维护尊严的过程。

▲ 尊严是双向的,你尊重观众,观众也尊重你,电视做到有尊严地生存是不容易的。

胡: 中国电视诞生于 1958 年,到现在已走过 50 年,怎么看待中国电视走过的历程? 在目前纷乱复杂的媒介环境当中,中国电视存在不少问题,电视荧屏低俗之风就是其中之一。中国电视的文化身份到底如何定位,它将来的格局会是什么样子? 回答这些问题,不妨追根溯源,重温电视曾经的"光辉岁月"。

高峰(以下简称"高"): 我这个年龄见证了中国电视大发展的时期,称得上是中国电视的见证者和亲历者。每个电视人都有浓厚的职业情结,总有许多关于电视的故事,有几件事我印象特别深刻。

在中国电视诞生的早期,对大众来说无所谓电视。当时,有一次我跟赵忠祥一起去南非出差。赵忠祥对我说,有一天他爷爷问他,电视播音员是干吗的? 当时赵忠祥已经当了十年播音员,他爷爷还不知道播音员具体是做什么的,原因在于早期电视机很少。我记得"文革"期间,在一个首长家里看见了电视机,此外很少看到电视。

十一届三中全会后中国实施改革开放,是电视发展的一个契机。以前像样的电视栏目不多,这跟科技的发展状况有关,不能完全归因于政治因素。我特别注意到,在中央电视台大事记里,1979 年有几件值得注意的事情。1979 年 1 月,中央电视台开办了一个栏目叫《外国文艺》,这不能不说是一种开放的需要,中国人需要看看外面的世界,以前就只是播报新闻。这一年的 10 月份又开办了一个栏目叫《为您服务》。可见,从 1979 年开始中央电视台有了"为您服务"的态度,电视能够说一声"为您服务"已经隐含着一些变化。电视怎么能是"为您服务"的呢? 以前它肯定不是,肯定是宣传机构,但是中央电视台却在 1979 年提出了"为您服务",而且办了这个周播的栏目。从那时起,一直到新中国成立 35 周年,中国电视尽管在制作手段上不如现在,但从制作理念、制作风格上看,并不比现在落后多少。现在回头看,上个世纪 70 年代末 80 年代初还是挺值得怀念的,有两件事我印象特别深刻。当时我还没有上大学,经常到院里一位老处长家看电视,有一天我去时正好在播日本故事片《望乡》,正看得起劲,突然出现日本兵逛妓院的镜头,老处长立刻把电视关了还把我们都哄出去了。另一件事是一次到一个老领导家看电视,那天播放的是缅怀周总理的诗歌朗诵会,老领导提议大家站起来看。老人一站,全屋人都站起来了,我姥姥当时 70 多岁了,也站起来从头看到尾,整个屋里充满庄严肃穆的气氛。

对比现在和那时的电视状态,我由此想到一个问题:电视究竟要给观众什么?不管怎么说,早期的中国电视,跟我的精神世界是有一种联系的,电视给人的感觉是美好而神秘的。那时候人们对电视有一种神圣感甚至敬畏感,但现在的电视很少有让人觉得神圣的内容,似乎离人们的精神世界越来越远,日益成为一个信息来源和娱乐手段。现在的电视,哪怕有一个频道让我重温这种神圣和美好也行,因此,我觉得现在的中国电视需要反思。

胡: 前一段时间我写了一篇文章《电视传媒人角色的三次转型》。上个世纪 50 年代到 80 年代,每一级电视媒体都代表一级党和政府,电视扮演的是宣教者的角色,那个时候是带着光环的。80 年代末中国电视开始了一次重大的转型,从宣传者、教化者的角色开始向职业化、专业化的方向转型,电视人创作了一大批优秀作品,包括电视剧、纪录片等。90 年代中后期我们又开始向市场化转型,电视的角色趋向大众甚至狂欢。老百姓对电视已经从过去的仰视到半仰视,变成现在的平视,有时甚至是俯视、鄙视,电视人的尊严感在下降,一个极端的例子就是"纸包子"事件。

高: 我在中央新闻纪录电影制片厂第一天的见面会上发言时提出了一个问题:我希望用几年,或者更长一点的时间重塑电影的尊严。今天,我想提出一个重塑电视尊严的问题。电视一旦丧失尊严,如何去代表国家主流文化的声音?为什么我要讲小时候看电视的那两个故事?那是一个电视有尊严的时代,我相信 80 年代初的中国电视人都有这种感觉:尊严,或者说职业荣誉感。但今天电视已经在逐步消沉,电视不得不陷入恶性竞争,其结果带来的是文化品位的降低,为的是获得投资商和广告商的关注。

电视现在的尴尬,二三十年前是不存在的。30 年前,电视是一个绝对的信息控制者,这些年来随着各种新媒体的发展,人们已经不必在某一个时间段通过电视节目获取信息了。电视控制不了信息资源,左右和控制信息的优势没有了,再去做降低自身文化品位的事,就会失去尊严。

我觉得，电视经历了一个从有尊严到很傲慢再到需要维护尊严的过程。过去有一个笑话，某电视台记者，到下面一个县里去报道一个会议，结果这个记者去晚了，会已经开完了。这个记者到了以后就说，谁让你们开的？重来。这不是尊严，而是傲慢。我觉得中国电视到今天这个需要维护尊严的地步，我们需要深刻地反思，需要有政策性的调整。

胡：尊严是什么？尊严是底线，尊严是严肃，尊严是被人尊敬，而且尊严还在于尊重别人。尊严是双向的，你尊重观众，观众也尊重你，电视做到有尊严地生存是不容易的。观众需要什么样的电视节目？什么时候电视获得尊严？当他们面对一个重大的事件或者现象，觉得应该打开电视看电视怎么说，也就是说在观众的心目中电视应该成为最权威的媒体。

高：但是，今天的中国观众打开电视，发现电视更多的是提供信息或娱乐，很少给观众提供思想。电视跟别人抢新闻已经没有优势，因为别的媒体可能比你更快，这个时候电视如何树立尊严？特别像中央电视台这样的国家大台，应该传递自己的思想与声音。央视目前开始重视培养新闻评论员，搭建传递自己声音的平台，这样有利于塑造一个国家媒体的尊严。电视的尊严还体现在节目的质量包括技术含量上，做其他媒体达不到的高品位、高品质的节目。如果拿出一两个频道做这样的尝试，打造成高端的节目平台，或许更有利于维护我们的尊严，电视将更显光彩。

电视的尊严从何而来？

▲ 让公共的更公共，商业的更商业，至少能够防止电视的社会美誉度继续下滑。

▲ 中国电视的宣传职能、文化教育职能和产业职能不剥离开来，就无法形成健康的竞争。

胡：电视怎么能有尊严，尊严从何而来？就电视内容生产而言，现在有一种看法，似乎凡是做公益性内容的或者有品位的节目，好像赚不到钱，大家总觉得低端的、偏娱乐化的节目可以赚钱。大家判断的标准在哪儿？很多时候就靠收视率这个唯一的标准，收视率意味着广告，意味着赚钱。

高：我主张在评价体系上进行调整，用不同的评价标准去对应不同的节目，将代表电视尊严的节目和其他节目剥离，才不至于陷到收视率这个怪圈里。几千个样本户就左右了中国电视收视率的状况，并影响到电视的内容生产，那么，我们的自信心在哪儿？我们自己的责任感、尊严感以及自我判断力又在哪儿？为此，我们把自己套在里面，不知道是在和谁较劲。重塑电视尊严，并不是说要把娱乐性的节目一棍子打死，而是应该让有尊严的更有尊严，让娱乐的更娱乐。

胡： 从内容层面看，电视只有提升节目品质，才能重塑尊严。何谓电视节目的品质？笼统地说，有品质的电视节目，应该包括三个要素，即可视性、创新性、提升性。所谓可视性，简言之就是“好看”。从节目生产的角度看，优质的电视节目首先要求制作技术精湛，制作技巧娴熟，运用视听手段制造出悦人耳目的声像效果，而不是粗制滥造，糊弄观众。所谓创新性，指的是电视节目既不“克隆”他人，也不自我拷贝，而是通过内容与形式的创新，推动电视节目样态的完善与发展，绝不一窝蜂地盲目跟风与模仿。而提升性，则是指电视节目在内容上应该具有文化内蕴与审美品格，好的电视节目应该陶冶人的情操，净化人的心灵，提升人的思想境界。

高： 现在电视荧屏的“低俗化”问题，是伤害电视尊严的一个主要原因。在我国，公共电视和商业电视一直未能分开，如果这个现象持续下去，电视很难保证不去降低文化品位以求得生存，现在某些少儿频道甚至播出许多“少儿不宜”的广告。如果我们有效地区分公共电视和商业电视，就能让这种状况得到改变，打造出绿色、健康的公共频道。这几年公共电视和商业电视分流的呼声一直比较高，如果能解决好，即使不能重塑电视的尊严，至少能够防止电视的社会美誉度继续下滑。因此，我觉得这个政策应尽快出台，让公共的更公共，商业的更商业，这不会影响电视的市场份额。一个频道品位提高了，广告门槛就高了，一般的广告还不要，怎么可能没有广告？何况电视经营手段并没有被我们用够。

胡： 大家觉得高品位、高端的节目老百姓不看，赚不了钱，低端的节目老百姓爱看，也容易赚钱，这本身就是一个误区。于丹、易中天的节目赚钱了，很多大片如《故宫》《大国崛起》等也赚钱了，许多主旋律电视剧也赚钱了。这些节目既保持了尊严，也赚了钱。从某种意义上讲，低端的节目就是快餐。快餐式的赚钱很容易丢掉尊严，在丢掉尊严的前提下去赚钱，是得不偿失的。

低投入、低产出、低端产品吸引大众化的、一般性的广告，现在看来是一个恶性循环。这种方式显然是一种自杀，走下去很危险。要重塑尊严，首先要从理念上厘清电视的角色，电视职能的剥离必不可少。国家应该考虑拿出较大的投入做保障，让电视去做一些有尊严、有品位的节目，但是目前还没有一个明确的说法，而且从政府到社会，都对电视形成了一个印象，就是电视能挣很多钱，电视人自觉或不自觉地给人留下“炫富”的印象，唯恐别人不知道自己能赚钱。也许，这反而让政府、社会形成了一个对电视行业的错误判断，就是电视不需要支持。

高：单说出版业就比电视挣的钱多，人员和成本还比电视少得多。《百家讲坛》与相关出版社合作的图书创造的价值应该是很高的。从这一点上说，出版社挣钱要比电视轻松，成本也低，一本书的责任编辑就是一两个人，书卖得好还可以重印。社会上总是说中央电视台很有钱，很少有人说某某出版社很有钱，电视是不是该深思？

从电视体制的角度看，上个世纪80年代初，中央电视台跟地方电视台尽管是一种非常简单的、线性的关系，但联系特别密切，我认为当时是一种比较好的结构关系。如果顺着那时的结构体系发展，可能中国电视不会是现在这个样子。现在，中国电视的利益关系有三个层级：一个是中央电视台自身，第二个是各省的上星卫视，第三个是地面频道，各就其位，没有相互联系，完全割裂而且互相竞争，这种竞争趋于白热化，电视的各种利益关系趋于恶化。

胡：在市场没有建立起来、市场主体本身还不明晰、还没有理清内部产权结构的情况下，搞集团化只能变成翻牌公司。在集团化的旗帜下，大家都想作为一个主体去搏击市场，结果没有形成中国电视的整体合力。大家的体制架构和运行机制基本相似，宣传职能、文化教育职能和产业职能不剥离开来，中国电视就无法形成健康的竞争。在混乱的体制下大家都想做大，盲目地抢夺市场，反映在内容层面就是电视内容的同质化。这些年无论是学习国外还是自己互相模仿，电视的形式和内容本身缺乏活力与创新力。从观众的角度看，不管电视是谁办的，他只看他需要的。他需要什么？我们不妨独辟蹊径，来看传统电视做不到的一些东西。我觉得可以做一些这个世界、这个社会所应该拥有的东西，比如灵魂净化的节目，比如帮助我们把握历史真相的节目，可以激励国民精神的节目，等等。

高：电视的尊严还体现在国家利益上，电视要考虑国家利益和国家需要。现在电视成为商业机器后，反而损害了国家利益。用国家利益的尺度考量，谁的影响力大，谁的公信力高，党和政府就会给它更大的支持。电视在国家利益的保障上，在国家的整体需求上，是不是最值得信任、最重要的媒体，要靠电视自己去作为。

纪录片创作应有战略规划和政策扶持

▲ 从纪录片创作倾向上看，娱乐化和技术崇拜正在走向一个极端。

▲ 中国纪录片应该有“大片”概念，在技术、艺术、思想上达到一定高度，内涵上做到“史诗情思”的统一。

胡： 接下来，我们一起谈谈近年来的纪录片创作。这有几方面的原因：一是纪录片乃是电视内容体系中文化含量很高的节目形态，这几年中国电视纪录片创作有可圈可点之处，出了不少叫好叫座的精品力作；二是高台一直是纪录片创作的实践者，新影厂又是纪录片制作的主力军；三是纪录片这一节目形态在塑造国家形象、提升媒体品格上都有重要地位。你觉得从国家文化战略的层面看，中国电视纪录片的发展策略应该有什么样的考虑？

高： 我一直非常冷静地思考这个问题。第一，我认为纪录片的发展不一定非得建立若干个纪录片频道。为纪录片办三至五个频道，但是播出的节目是不是都是纪录片？我估计这可能会出现问题。上海纪实频道播出的并不全是纪录片，仅强调内容的纪实性，其中包括一些新闻节目。我觉得办一个像国家地理频道这样的纪录片频道，的确很难，即使是国家地理频道也不是完全的纪录片频道。让一些好的纪录片进入更多的频道中去，这其实是一种较好的发展策略。

第二，中国电视纪录片的发展应该有战略规划。许多纪录片并不是事先规划的，有些甚至是个人行为。这几年中央电视台推出了一些影响较大的纪录片，比如《大国崛起》，这个片子是经济频道做的，但它的影响却是出乎自己意料的。纪录片在国际交往中对塑造国家形象起着特别重要的作用，中国纪录片的创作应该有一个国家整体规划，来宣传国家形象和文化。但是，有些纪录片一旦政府部门过多介入和干预之后，反而达不到预想的传播效果。

第三，从纪录片创作倾向上看，娱乐化和技术崇拜正在走向一个极端。《故宫》《圆明园》《再说长江》《大国崛起》《复兴之路》等，都是很优秀的纪录片，都花了大量的资金在技术上做文章。我觉得，纪录片真正震撼人心的不在影像层面，而在思想层面。

第四，现在民间的纪录片力量在成长，DV 的普及使许多人获得了用镜头记录当代中国社会变迁的机会，一些作品表现了主流媒体不太关注的题材，用影像见证了正在发生的历史，很重要也很有价值。民间的这股创作力量很可贵，但是也有很多问题，政府如何制定规则或者通过行业协会去引导，都是值得我们研究的问题。

胡：技术崇拜和娱乐化倾向就像麻醉药一样，可以暂缓你的痛苦和生存困境，但不能从根本上解决问题，根本的解决之道还是要在内容上下功夫。纪录片的价值在于内容。如何做到“内容为王”？这段时间我强调中国纪录片应该有“大片”观念，大片就是在技术、艺术、思想上达到一定高度的、厚重的纪录片。除了篇幅较长之外，主要是内涵上的深和厚，具体说就是“史诗情思”四个字：“史”就是片子放在历史长河中应该是有分量的，应该是见证历史和揭示历史本质的；“诗”应该是诗意的、超越的，达到一定的审美境界，给人带来充分的审美享受；“情”，以感染力和观众达成情感共鸣；最后要有“思”，即思想，应该有思想深度，启迪人的哲理思考。这是所有类型的电视纪录大片应该达到的标准，当然，真正创作出这类“大片”需要人员、资金、机制的保障。

高：我同意你说的，现在有些纪录片缺乏思想，走向媚俗和堕落，没有尊严了。但另一方面，有尊严的纪录片，却可能因为收视率而面临生存危机，是不是那几千个样本户不喜欢呢？这说明，现在纪录片的评价标准比较单一、片面、绝对，要求纪录片承担太多的价值和意义，可能遮蔽了纪录片自身的特点和功能。我们不能够要求一部纪录片同时具备史料价值、市场价值、社会认知价值，只要这三个方面占据其中两个就很有意义了。对纪录片的各种价值要有所分离，打个比方，同样是体育运动，田赛和径赛肯定是不一样的，我们对不同的纪录片也要有不同的要求，否则我们会一直困惑下去。

当前，我们过多地强化了纪录片的市场价值或史料价值，对社会认知价值强调得不够。第九届四川电视节的纪录片大奖给了一部反映阿富汗战争的纪录片《意大利医生》，这说明观照现实依然是纪录片的重心，国际评委们很公道。但现在我们的纪录片创作倾向于对历史题材进行一些故事化的演绎，离现实比较远，类似题材的纪录片比较多，老百姓自己的故事反而讲得比较少，这是很悲哀的。电视连自己所依靠的基本群众都忘记了，不去传递老百姓自己的声音，这是电视的悲哀，也是电视尊严的问题，是不利于纪录片健康发展的。

胡：现在电视批评几乎没有了，中国连一个电视批评的栏目也没有。建立电视批评的队伍是非常重要的，它可以使我们的电视更冷静一些。如果有很好的批评队伍和批评栏目，电视的发展可能会更好一些。

高:还有一点特别重要,很多国家设有资助纪录片创作的基金,但我们国家没有。目前国家资助文化创作的基金,用在纪录片上的不能说没有,但很少。《森林之歌》是财政部拨款的,但这只是个案。国家应该建立统一的纪录片发展专项基金,规范基金申请的招投标程序,促进纪录片创作的繁荣。

"新影"的新探索

▲ 老故事频道的开办,既为素材的重新加工、播出找到一个出口,也可以完成数字化转换和科学管理。

▲ 利用影视的所有相关资源去立体经营、立体开发,才是影视发展真正的产业模式。

胡:从电影和电视的互动来看,现在电影经常做一些探索。在影视合流这个大的产业背景下,新影厂的探索对电视行业有什么启发和影响?

高:比较而言,新影厂的资源不算丰富,如果像"新影"这么一个资源匮乏的单位能够在产业上发展起来,那就说明了一个道理:电视的产业发展应该比"新影"做得更好。如果"新影"成功了,那就对电视有启发和借鉴意义。

胡:"新影"最大的资源是历史素材,现在许多电视台都有一个资料库或者资料馆,资料馆是素材经营的初级阶段。新影厂的"宝贝"就是这些历史影像素材,如何把这些素材激活起来变成产业经营的一部分?你有什么考虑?

高:"新影"有一个特别好的传统,就是除了当初制作的成品之外,过去几十年拍摄的那些"边角料"性质的胶片全都在,过去不能用,现在用起来发现特别好。央视的素材大部分是栏目里已经播出的节目带,这么多年基本的无字幕版的节目带入库问题还没有解决好,这是素材经营的基础和前提。央视也有不少胶片,我们在代管。目前,我们正在将这些素材进行数字转换,数字化之后再建立一个和国外交流、经营的平台,也可以为老故事频道提供素材。

胡:2006 年 4 月 16 日,"新影"的两个数字频道——老故事频道和证券资讯频道正式开播。你一直在推行"经营历史"的概念,能否具体谈谈一些战略构想和具体的实施手段?

高:无论电影还是电视,都应该把自己的平台经营好。新影厂有非常丰富的历史资料,但是任何一个资源如果没有被开发利用,实际上还是没有产生价值。

以前新影厂的经营方式主要是出售资料，每年的基本收入也就在100多万元左右，对这样一个大厂来说，实际上是微不足道的，因为这么大一个厂，需要更多的钱去维系、去发展。老故事频道的开办，既为素材的重新加工、播出找到一个出口，也可以完成数字化转换和科学管理。有了老故事这个频道，我们就可以系统地把资料开发出来，并且形成金字塔式的不同层级的开发。这样，我们产生的效益就不是100多万的问题了，通过这个频道的开发、再利用，无论是社会效益还是经济效益都有了明显的飞跃。

胡： 立体开发对电视来说还处于初级阶段，目前基本上还主要是生产节目。利用影视的所有相关资源进行立体经营、立体开发，才是影视发展真正的产业模式。目前，"新影"正在盖大楼，从产业发展的角度有什么考虑？

高： 我们正在盖三个楼，一个做电影，一个做动漫，一个做老故事。大楼盖起来，我们经营的都是新影自身的东西，跟别人不一样。新影的动漫大厦盖好之后，要做成特色院线专门播放动漫大片。这些年来有很多动漫大片，比如《狮子王》等，我们购买它的播映权很便宜，还可以卖衍生产品。将来，也许再盖一个楼可能就是纪录片的专门院线。另外，现在的办公楼是五六十年代的楼，我们在规划利用这个老建筑，包装成一个历史主题纪念馆，参观者可以在此感受到几十年前的生活氛围，获得身临其境的历史体验。我们未来的目标就是尽快进入资本运作层面，以求获得更大发展。

胡： 靠广告赚钱这种单一的产业模式现在已经落伍了，付费电视刚刚起步尚处于摸索阶段，至于把电视整体的相关资源拿来立体经营，电视还有很长的路要走。我觉得，央视搬迁应该是一个机会，假如利用这个机会进行规划考虑，把两个大楼中的一个经营起来，把体育、文艺包括演出经营起来，就可能把产业链做起来。

高： 我们是中央电视台的一个下属企业，但跟中央电视台各个中心比，我们是相对落后的，甚至和地方电视台比也是落后的，因为我们没有开放的播出阵地，就是说我们不在一个共同的、平等的起跑线上。但是，数字电视为我们提供了一个机遇。现在，数字电视刚起步，我们做证券资讯频道，就是要在这个新领域占据一席之地。因为以前别人没有做过证券资讯频道，我们做了就可以和大家很平等地去探讨数字收费电视的发展问题了。当然，"新影"的这些措施也都在探索中，但是对于未来我们充满信心。

明天向何处去？

▲ 概念大于平台，平台大于内容，内容大于需求，这是新媒体目前的现状。

▲ 办电视应该以播出为主，而不是以制作节目为主。可以从内部先实现制播分离，整合内部资源。

胡：对中国电视的未来，你是乐观还是悲观？

高：我不悲观，但是也不乐观，因为现在我们不仅有其他传媒对我们的冲击，而且不得不面对新媒体的挑战。

胡：近年来，很多人认为新媒体将取代传统的电视，我并不这样认为。新媒体的发展前景是好的，但是现实的局限性同样存在，用三句话总结就是：概念大于平台，平台大于内容，内容大于需求，这是新媒体目前的现状。以数字电视为例，概念大家都在说，但是平台比概念少，专门为之生产的内容就更少了，很多内容都是对传统电视节目的集成，就是把传统电视做的节目搜罗、整合一下。

高：与世界上任何一个大的传媒机构相比，央视都是有优势的。比如说我们尚未详细规划体育赛事的经营，包括大型演出，这些是可以经营起来的。如果这些都经营起来，这些产业就很大了，我们就会发现，不必再完全受制于收视率。我觉得应该确立这样一个指标，就是什么时候广告收入只占央视整个收入的1/3以下，剩下2/3以上是其他收入，包括对经济频道和科教频道的经营等等，那时良性的产业链就形成了。

胡：近年来，好多人在呼吁允许民营资本进入电视行业，但是由于意识形态方面的考虑，目前还没有放开。另外，中国电视缺乏退出机制，没有说经营不下去了就退出的。对于低端频道，行政干预是一个方面，还有就是自生自灭，政府不再给它更多的支持。那么，如何做大整个电视行业，探寻一条建设性的道路，从而加强电视在国家文化战略里的地位，这是我们要考虑的。

高：首先，国家应该压缩电视频道的总量。现在许多地级市都有三四个频道，省里有七八个甚至十来个频道。从总量上予以控制，先压缩1/3的频道，然后再压缩1/3，应该会有一个明显改观。实际的广告投放量大体固定，不会因为频道压缩了投放就减少。但压缩频道数量，整个电视行业的运营成本就会减少，就可以把更多的资金用到更少的频道上，节目质量也可以得到提高。

其次，要呼吁国家的政策扶持。前几年大力推广数字电视，我认为是正确的，但是数字电视之所以没走下来，原因之一就是政策扶持的力度还不够。如果制定政策，把许多传统电视的频道平移到数字电视里，非数字电视主要传播主流文化，剩下的娱乐化或者其他一些节目全都放到数字电视里，我估计各省就会积极推进数字电视。在这几年当中，数字电视要大规模地继续推进，最主要的是要对地面频道有所控制，如果能够控制到卫星频道，就会出现一个良性竞争的局面。目前地面频道还是那么多，收费电视处境就很尴尬。顺便说一句，目前电视频道尽管多，但个性化服务却很差。

胡：减少总量，向数字电视平移，通过专业化和特色化使电视的内容和赢利模式实现多样化，而不单纯依靠广告，我觉得这是非常有创见的观点。也就是说，当下中国电视迫切需要加大改革力度。现在，无论是国家广电总局发出的一项通知、禁令，还是央视的一个动作，包括播什么电视剧，换什么主持人，小小变动都会吸引社会的关注。社会如此关注，你认为电视改革的难点在哪里？

高：现在电视改革主要还是一个机构调整的问题，这是制约电视发展的一个非常大的障碍。每一家电视台，实行的都是一种大而全或者小而全的结构方式，在人事管理已经到了困难重重、山穷水尽的时候仍然没有改变这种方式。

央视几百个栏目，每个栏目用人都特别难，因为既不能随便用人，人员也不能随便流动，资金发放也不像以前那么方便。这样的结构状态，制约了电视的发展，我们的机制应该更加灵活起来，只有更加灵活才能做大。目前央视有 1.5 万余人，人员管理比较复杂，现在正在向频道化管理过渡，毕竟频道管理是一种趋势。如果真正做到制作和播出分开，可能会使电视真正走到经营的轨道上。

办电视应该以播出为主，而不是以制作节目为主，这一点是我办老故事频道时认识到的。老故事频道一年十来个人就办下来了，因为没有必要用更多的人，大多数节目都是买来或者交换来的。我们办的证券资讯频道因为有现场直播，所以有七八十人，这是由频道的特殊属性所决定的。现在，如果我们要办动漫频道，也不会用太多的人，估计十来个人就能把频道经营好。

现在电视台的一个误区在于把制作电视节目作为主业，把播放电视节目作为副业，兴奋点大都放在制作上，我觉得如果把着力点放到播放和播放的效益上，人事结构就能够变活了。我把握好频道这一播出平台，节目制作商就会找上门来，我只做集成商。这是一种赚钱的方式,各个电视台似乎没有悟到这一点,他们把制作过程当作电视台的主要任务,而不是看播放产生的效益。虽然经济效益相同,但是省略了制作环节,成本就降低了,就能有更好的经济效益。央视去年广告收入105亿,如果换一个方式去经营,能够降低制作成本,岂不更好?

胡:制播分离现在面临着两个难题。一个是从业者的惯性观念,他原来依托央视的平台,在央视做节目,不能忍受从制作人变成一个经营者,这在观念上需要一个变化。还有一个问题就是从业者的成就感和尊严感,原先在电视台,他感觉自己是做节目的,他觉得有尊严,现在让这么多的从业者从电视台的员工变成习惯于干活的各种"八级工""瓦匠""工头",难免不适应。身份转变之后成就感从哪儿来?做"工头"成就感从哪儿来?他怎么获得尊严,这也是一个问题。长期在一线从事节目生产,突然有一天让他不跟节目打交道,改做采购节目、播出节目和销售节目的工作,这个转型并不是所有人都能适应,也不是所有人都能够认同的,这是一个问题。

高:我觉得可以先从内部尝试制播分离,整合内部资源。比如,对新闻资源的整合,一条新闻可以多种样式,供不同的栏目使用。原先大家为同一条新闻打架,而且还是自己和自己打。能不能建立一个内部的制作和播出机制,这就是频道化改革。

就电视台的制作环节来说,如果按照内容分布力量,将会无限度地扩大;如果按照节目形态来分,品种就那么几个:新闻节目、专题节目(包括纪录片)、文艺节目以及电视剧。我觉得电视台还是应该针对节目品种设立节目中心为好,也就是新闻类、专题类、文艺类以及电视剧类的,再由这几类的节目制作机构向若干频道输送节目。内部的制播分离,优点是方便管理,避免重复劳动,人员会减少很多,运行经费也会随之下降。中国电视的总体结构应该有所变化,如果在结构上没有变化,电视的发展就会比较缓慢。

胡:但是,现在央视基本上每一个中心都有自己掌控的频道,中心和频道是混杂的。观念的转变很重要,电视机构内部应该围绕播出的需要设计一套制度来调整结构,把生产节目的观念转化为播出节目的观念,把宣传观念转化为传播观念,在保持电视影响力的同时将精力更多地转向媒体的经营。电视媒体不能只靠本身的产品,关键还是要完成经营的多元化。传统的电视运营方式只是停留在节目制作播出和兜售时段获得广告收益上,这是目前电视最主要的赢利模式,现在应该尽快完成向多元化、立体化的赢利模式转换。

高：现在技术的发展是一年一个变化，我们没有把握住电视最根本的东西，就是从思想层面上树立媒体的尊严，不遗余力地宣传好主流文化，我觉得必须把握这一点。随着高清时代的到来，有一天电视也许会变成一个非常精致的媒体，16∶9的画幅和高清画面对我们的拍摄理念将产生巨大的冲击。若干年以后，我们进入高清时代，不仅仅是图像清晰，人们对电视的看法和要求也会不一样，不仅要求你有清晰的画面，有立体的声音，而且也会要求电视对思想有一定的提炼。很多年以后，电视也许会成为一个贵族化的艺术，走向有尊严、很高贵的状态。

结语：获得尊严要靠自身努力

五十而知天命，中国电视走过了50年的风风雨雨。追问“尊严”，彰显的是中国电视面临困境之时强烈的危机感与突围意识。电视重塑尊严，归根结底就是要体现国家利益与观众诉求，让电视传播真正做到以人为本，和观众建立一个平等的关系，既不傲慢，也不过分地迁就。电视真正做大做强，需要人才和资金的保障。以除旧革新的勇气改革机制弊病，才能激发行业从业者的活力，吸纳优秀人才的加盟；而经营方式和赢利模式的转变，才能从根本上解决电视发展壮大的资金问题。

不管怎样，重塑电视尊严最终必须落实到内容生产上。新媒体当前，电视内容生产的突破点在哪儿？归结起来至少有以下几点：第一，电视要更主流，在权威性方面下功夫。强化主流感和权威感，就是要求电视不仅提供信息，更提供观点，让观众信服和认同。第二，直播日常化，进一步提高传播的时效性和辐射能力。第三，高端化、大制作，让节目在声像、文化、思想层面拉开与其他媒体的距离。唯有如此，中国电视方能乘“文化大发展、大繁荣”的东风，获得新的活力与生机。

2009:中国电视创新对话

◆ 刘　春　徐舫州　胡智锋

时　间:2009 年 1 月 6 日
地　点:中国传媒大学
对话人:刘　春　凤凰卫视中文台执行台长
徐舫州　中国传媒大学电视与新闻学院教授、博士生导师
胡智锋　中国传媒大学教授、博士生导师、文科科研处处长兼《现代传播》主编
整理者:张国涛　中国传媒大学讲师、《现代传播》编辑
关键词:中国电视;中央电视台;电视创新;体制改革

胡智锋(以下简称“胡”):今年是《现代传播》年度对话的第六个年头,2004 年我跟刘春一起做的“会诊中国电视”算是一个开端,其间做的一系列年度对话在业界和学界都产生了比较广泛的影响。今年我们又把凤凰卫视执行台长刘春先生请回来,同时还邀请了中国传媒大学教授、博士生导师徐舫州先生。刘春先生身在一线,但对中国电视的发展有很深的理论性思考;徐舫州教授身为知名电视学者,对中国电视的前沿实践保持着敏锐的观察和体悟。本次对话一方面要对 2008 年中国电视取得的成绩和存在的问题作一简要的描述,另一方面还要对中国电视 2009 年新的发展作出前瞻性的预测,期待我们的对话能够对业界和学界提供有价值的观点与素材。

2008:“成就巨大,问题成灾”

▲ 机遇特别多,但也是一个非常尴尬的年头。

▲ 由单纯的意识形态宣传工具向具有公信力的新闻媒体转向。

胡:2008年,中国的大事、喜事甚多,如奥运会、“神七”成功发射等,但是突发性事件,特别是特大灾难也相当多,如年初的南方冰雪灾害、西藏“3·14”事件、“5·12”汶川大地震、三鹿“三聚氰胺”事件以及年底全球性的“金融危机”,等等。这对于国家来说有喜有悲,但对于媒体而言,却恰恰是大显身手的极佳时机。到底2008年中国电视媒体的表现怎样,有没有达到大家的期望,这是我们需要讨论的第一个重要话题。

刘春(以下简称“刘”):2008年,对于做媒体的尤其是做电视的人来说,感觉上是机遇特别多,但也是一个非常尴尬的年头。年底《南方周末》要评选年度的最佳栏目、电视剧、电视节目等等,大家好像想不出什么来。总体上,我认为2008年的中国电视有这样几个特点:第一,大事不断。由于中央政府的决心,电视在“5·12”地震报道当中,以及奥运会、南方冰雪灾害的报道中都获得了比较大的报道空间,在此过程中央视形成的多个常规栏目打通的“大板块”直播模式得到了领导的肯定,最近的经济频道的“直击华尔街”报道也采用了这种模式。

第二,栏目进入盘整期。整个2008年没有出现一种特别火爆的节目、栏目,并且成为学界或者业界所谈论的对象,比如2005～2006年的选秀类、2007年的情感类。可以说在2008年电视栏目创作进入了一个盘整期。对于情感类节目,我曾经在江西的一个会上说过,这种节目有很大的道德陷阱,涉及传播道德的界限,比如虚构的问题、隐私权的问题等等。情感类节目大多是类型单一的故事,基本上是出轨、杀人或者抛妻等等;故事中有1/3的人物是虚构的,大部分民众在电视面前处于弱势位置,甚至丑态百出,这就涉及被拍摄者人身权益、隐私权的保护问题。但这种在2007年曾经非常火爆的节目类型到了2008年遇到了瓶颈,年底时国家广电总局已经开始着手整顿了。

从舆论监督的角度来讲,2008年电视在所有媒体中的声音是比较微弱的,集中表现在舆论监督栏目的全军覆没。如果不是2008年那么多大事件的支撑,电视会变得非常难看。在舆论监督方面,电视基本上是跟在网络、新媒体的后面,没有独家报道,没有特别深度、尖锐性的东西。现在我们已经很少看到《焦点访谈》还有监督类的节目。2008 年中央电视台在舆论监督方面被人记住的只有两件:一个是对分众传媒垃圾短信的关注,第二个是对百度排行榜的揭露。而我们熟悉的山西溃坝事件、河北毒奶粉事件、山西记者封口费、贵州瓮安事件等等,基本上都是通过网络、博客或者其他新媒体捅出来的,并通过论坛发帖、人肉搜索达到调查目的的。值得注意的是,"人肉搜索"成为网络展开舆论监督的一种新方式,最近深圳某海事局局长和南京某区房产局局长事件都是"人肉搜索"完成的。现在老百姓获取信息已经很少通过电视而是改为网络了,至少我现在获取信息的渠道主要是通过互联网。除非一个事情惊动得比天还大,电视媒体好像才能获得一定的空间,反过来在普通的日常事件中和突发事件时,它的空间反倒比较小。

2006 年、2007 年我们还看到有几部纪录片很活跃,《大国崛起》《复兴之路》《森林之歌》等等,但是在改革开放 30 周年纪念过程中,我们没有看到特别有分量的、具有历史深度的、具有广泛影响力的纪录片。从媒体竞争角度来讲,我们还比较得意,凤凰虽然是一个小台,投入不大,也没有特殊力量,但仍然针对改革开放做了很多事情,尤其是 1998 年以前的大事方面做得相对多一些。

具体节目方面,2008 年还真想不到有什么特别突出的。有两个节目可以提一下,但基本上也是模仿的产物:一个是湖南卫视在奥运期间推出的《智勇大闯关》,群众性与竞技性相结合;另外一个也是湖南卫视拍的《丑女无敌》。至于一些老牌节目,或者处于维持状态,或者出现了衰落的痕迹,包括《百家讲坛》《走近科学》《新闻调查》《实话实说》,还有江西卫视的《传奇故事》、江苏卫视的《人间》,此外还有一些选秀类节目。

徐舫州(以下简称"徐"):看来刘春还是比较悲观的,但是我看到 2008 年还是有一些亮点和端倪的。2008 年作为电视大年,可以总结八个字:"成就巨大,问题成灾"。

成就和亮点是这样的:第一,2008 年电视开始出现一些向好的迹象。2008 年,电视媒体在南方冰雪灾害、"5·12"地震等等一系列报道中表现不错,尤其央视新闻频道的直播意识得到很大强化。直播期间我给新闻中心每星期写一篇专家述评,关注得比较多。在直播开始,他们迅速建立新闻快速反应机制,到了 12 月份还成立了一个全国电视直播联盟。这种变化预示着电视由单纯的意识形态宣传工具向具有公信力的新闻媒体转向,由一个原来纯粹的政府立场到向公共立场和政府立场兼顾、两头都负责的转向。

第二，整个舆论环境好像比过去更加宽松一些，特别是电视主流媒体对于网络民意、民营媒体意见的吸纳，关于山寨文化、网络民意、群体性事件的报道至少没有采取以往那种非常武断的禁止性方式。现在是双方进行博弈，最后达成妥协，这其中包括中央和地方的博弈、传统媒体和非传统媒体的博弈、体制内媒体和体制外媒体的博弈，这成为2008年显现出的一个主要趋势。之所以出现以上一些亮点是因为经过五六年所谓的"集团化"改革的大弯路之后，到2008年开始走向正轨了。

刚才说到"问题成灾"，我认为首先是目前中国电视改革的难点一直没有破解，主要是资源配置方面的市场准入体制问题没有解决。资源配置模式、利益分配格局基本上没有变化，由部门垄断、行政垄断造成的体制壁垒还没有打破。现在国家对电视机构的管理依然是政策管理，而不是法律管理，这是一个非常大的问题。

其次，电视节目的创新动力严重不足。以前的创新努力都在屡次尝试中遭遇挫折，搞得现在电视人都没有动力了。奥运过后，电视创新的动力就更不足了，再加上资源配置和体制方面的壁垒没有突破，内部的奖惩机制和创新机制没有得到有效建立，谁也不知道创新动力来自何方。还有一个遗憾是，纪念改革开放30周年的系列特别节目没有达到应有的高度，或者说与大家的期待相去较远。比如对30年间一些重大问题的故意回避，对2008年之后中国下一步改革开放展望的缺失，使得整体上缺乏深度、缺乏亮点。

胡：我非常赞同二位的上述观点，2008年对于中国电视是一个极佳的创新时机，奥运报道极大地提高了中国电视的传播能力和实力，汶川大地震的报道为中国电视赢得了尊严和荣誉。在这样一个前提下，中国电视做了技术、艺术、传播各个层面的创新尝试，当然除了这些特殊性事件带来的特殊的机会，中国电视日常性的创新的确显得动力不足，这也是我们面临的种种问题的集中反映。

体制机制改革的停滞不前导致媒体精神的丧失

▲ 制约中国电视创新的核心问题是体制改革的停滞不前。

▲ 把历史里面的蝇营狗苟讲得绘声绘色，这不是媒体人自己的精神追求。

胡：刚才刘春和徐教授讲得都很尖锐，我的感觉是现在电视人更多地要居安思危。尽管表面上看起来2008年还比较风光,但这种风光的背后原因不是电视自身的原因,而是因为电视把所拥有的媒介优势和事件本身的传播优势综合了起来,比如对于灾难性事件的大型直播,客观上这类事件本身就具有很大的传播影响力,另外还有奥运会的电视直播,央视依靠政策形成的政策垄断和资源优势,并最后转化为传播优势。

刘:这种垄断优势,当然与电视界同仁多年来的探索和努力分不开。2008年在新闻报道出现的亮色是基于两个原因:首先是取决于政府层面的开放,是政府力量的推动。其次还有着巨大的救援和通讯压力。冰雪灾害的宣传报道火了中央人民广播电台;"5·12"地震报道,是温总理到了现场后感觉这个事情必须向全世界报道,甚至要向海外记者开放;奥运会是要向国际社会展示中国的新形象,在报道上不需要许可。

徐:2008年还有一些亮点是值得探讨的,央视新闻频道原来是没有新闻评论节目的,而凤凰卫视就有五六档,央视显然压力比较大,2008年在这方面就做了一些尝试,比如新闻频道推出了《新闻1+1》,经济频道也推出了《今日观察》,尽管有种似是而非的感觉,但这种尝试至少是可喜的。省级台中选秀节目、娱乐节目也在妥协中做了一些尝试,如江西卫视的《红歌会》既承载主流的价值,又采用了一种新的方式进行表达,宣传效果和市场效果好像都还不错。2008年中电视节目的问题还体现在名牌栏目的昙花一现、后劲乏力上。这与缺少正常的媒介批评有关,2009年期待媒介批评有所进步。

刘:对于这种状况,我认为有三方面的原因:

第一方面是创新机制缺乏。但这不是主要原因,以湖南卫视为代表的省级卫视都有着强有力的创新奖励机制,比凤凰卫视都要好很多,但从总体来看,央视和省级卫视还相对比较缺乏这方面的体制和机制。

第二方面与现在的电视考评体系有关。现在电视基本上以收视率为核心进行考评,这一机制导致电视特别容易急功近利,容易被捆绑得很死。因为任何创新都需要成本和时间,观众有一个接受过程,栏目是需要进行精心培育的,但这种考评机制使得央视和地方电视台很难有从容的心态进行节目创新。

第三方面是我讲得最多的,制约中国电视创新的核心问题是体制改革的停滞不前。从上次对话到现在整整五年时间过去了,基本上没有看出中国电视有什么改革的迹象,中国电视的媒体意识、媒体精神真的是越来越衰落。随着电视媒体精神的一点点丧失,号称“内容为王”的电视也就越来越缺乏人文关怀、社会视野、新闻意识、社会公信力,一个栏目没有内在精神气质,长久做下去肯定是不行的。这些意识的衰微对栏目的后续发展是会产生伤害的,某些节目的内容和形式不是不好,但后边就越来越没有价值了。比如一些讲坛类的节目,我很早就说过它不能变成评书,把历史里面的蝇营狗苟讲得绘声绘色,这不是媒体人自己的精神追求!

电视的地位正在衰落,不仅中国如此,国外更是如此,比如美国现在也很糟糕,传统名牌电视节目收视人群老化非常厉害,比如《60 分钟》,平均收视年龄是 63 岁。这次美国大选,奥巴马为什么当选?其中很重要的是利用了新媒体。当中国以后再遇到灾难事件,随着互联网视频网站的崛起和发展,电视还是不是一枝独秀,我觉得就很难说了。

胡:中国电视确实需要辨别和把握让中国电视骄傲的原因及需要自身反省的理由。刚才老徐和刘春说的都很有道理。2008 年用直播的形式保持了媒体的开放度,体现了中国电视的进步,这些我们还得要肯定它,但是这些表面的繁荣真的不能遮掩其自身深层次的问题。那么,2009 年,中国电视还有什么可以预见的表现值得我们期待?

刘:2009 年肯定是更不乐观的。2009 年是新中国成立 60 周年,而且“逢九大事多”,舆论宣传的口径肯定不会比 2008 年宽松。我做电视很多年,其中从事调查类节目 12 年,但从来没有感觉到像现在这么大的压力。除了刚才提到的意识形态方面的压力,还有最主要的也是最现实的就是 2009 年经济形势的走势给社会带来的巨大压力。前几年讲到中国制造到中国创造再到中国品牌的时候,当时中国就业还不错,经济发展快速,号召要实现从高耗能、劳动密集型产业走向创造型、高附加值的产业的转型,但忽略了其中一个大问题——就业。现在就业最困难的几个群体,如大学生、返乡农民工、退伍军人,这些群体现在都变得非常敏感。一旦媒体有所冒进踏进雷区,地方部门很容易把一些“维稳”的责任推向媒体。2009 年的关键词就是“维稳”,在“维稳”面前,媒体能干什么?当然是服从命令听指挥。

中国电视体制改革势在必行

▲ 困境一方面来自于电视的体制,另一方面还来自于市场的竞争压力。

▲ 宁可让电视娱乐,也不会让电视触及更深层次的社会问题。

胡:中国电视目前面临的困境与整个外部的大环境是紧密相关的。整个世界经济形势和中国经济形势决定了这个行业、事业的管理环境,因为经济的压力带来就业的压力,带来社会稳定的压力,自然媒体的管理就要严格一些,媒体就要平静一点,舆论监督、新闻深度报道类节目可能没有空间了。

刘:电视目前的困境一方面是来自于意识形态的压力,另一方面是来自于市场的竞争压力。现在央视和省级卫视、各个省级卫视之间的竞争程度比以前激烈多了,但是最后这两种压力合而为一,使得所有地方电视台最后走到了同一条路上,那就是不约而同地选择电视剧、娱乐节目的内容策略,这样做一方面可以避免意识形态带来的管理限制,另一方面还可以保证一定的收视,并在广告市场上占据一定的份额。但这种节目内容策略带来的问题是,观众主体越发被"386199"所占据,即农村妇女、小孩、老年人这三个群体,而年轻一代、知识分子、新贵阶层都越来越远离电视,而更多依赖网络。现在的地方电视台真是没法看,这对未来的中国电视影响会很大。

胡:在管理层面,有时宁可让电视娱乐,也不会让电视触及更深层次的社会问题。中国电视面临的一个是政治压力,一个是市场压力,这样"带着镣铐跳舞"反映到节目内容层面就成现在这种状况了。

徐:面对这种困境,中国电视改革势在必行,但这是一个渐进的过程,想通过上面出台一个政策在短时间内把局面翻转过来是不可能的,必须基于现在的情况做渐进式的改革。

第一,电视改革最根本的是改革以资源配置和利益分配为核心的机制。为什么这个省 8 个频道,那个省 10 个频道,这是谁来决定,谁可以取得这些频道资源?这是电视改革的根本,涉及利益的最终分配。资源配置的改革,首先,要打破各种媒体之间的壁垒,报纸为什么不能办电视,电视也可以去办报纸啊;其次,还要打破行政区化和部门垄断的格局,比如说在一定条件下企业集团可以去收购频道资源;最后,对频道资源的功能做明确的划分,商业频道要在市场上竞争,专业频道才可以收费,必须进行明确的功能划分,而这些改革在现在是有可能进行的。在新闻出版领域,新闻出版总署已经启动了类似的改革,提出要在 2008 年年底推出 3～5 个跨区域的传媒集团,如果新闻出版总署能做这种改革,那么相信广电部门也能够做到这一点。

由于媒体之间定位与分工不明确,这就带来了两个直接恶果:一个是内耗,一个是克隆。"内耗"很典型,电视剧你播两集,我肯定播三集,现在央视一套、新闻频道的《朝闻天下》和二套的《第一时间》就形成了内耗。再一个必然导致"克隆",低水平重复。

刘:中国电视要发展,最核心的问题是体制改革。这几年新闻出版行业发展是很快的,原因是报业进入市场的门槛不高,还允许跨产业办报,市场进入退出机制也相对比较完善。中国电视曾经也有一些尝试,比如旅游卫视、青海卫视等等,但整体上的改革没有出现。

徐:第二,中国电视在管理方式上一直是政策管理,随意性比较大。每个星期电视台都开例会,通报哪些事情不许报,这种做法缺乏法律的支撑。现在立法问题又是很敏感的问题,但是法律肯定是双刃剑,既制约了制作方,又制约了管理方。

第三,电视台内部的创新动力不足。创新力量不是不存在,而是由于以前许多的创新努力都受到了来自各方面的阻挠,结果电视台从上到下对创新就再也没有动力了。众所周知,做创新的成本极高,而且电视台缺乏有力的奖励机制,其创新的努力得不到充分展示和拓展的空间。

第四,现在电视台发展仍然不能避免个人英雄主义的倾向。一个电视台、一个频道、一个栏目的生存与发展缺少一种体制的保证、机制的保证,往往碰到一个好的制片人或者好的频道总监,频道就有可能转危为安,反之也是如此。这种问题如果长期影响下去,中国电视的长远健康发展的确令人担忧。

用充分的市场竞争推动中国电视创新

▲ 中国电视现在有进步,但进步不够,进步来自于竞争。

▲ 中国电视应该建立充分、有效的市场竞争机制,同时也应该建立合理的收入分配机制。

胡:改革必然会有风险,所以我们需要探讨的是在"中国特色"大旗下,中国电视能否在理想的改革创新之路和现实的创新可能性之间选择一条成本和风险相对较低的道路,这是中国改革开放的一个经验,也是中国改革开放的一个特点。如果通过立法来维护电视的运作,显然还需要相当长的时间等待。

刘:这些年中国电视有进步,但进步不够,进步来自于竞争。中国电视真正的直播,实际上最初由于凤凰卫视直播了"9·11",然后到中央电视台开始主动直播

“美伊战争”。这次地震就经受住了考验。这说明竞争产生动力，包括徐老师刚才讲到新闻评论节目也是如此。因为没有充分的竞争，所以才会创新不足。我这里有两句话，第一句话是充分的市场竞争才会推动电视的进步。现在又到了讨论“春晚”的时候了，其实“春晚”根本没必要垄断，谁想办就办，谁能办就办，这样央视“春晚”也就不必承担那么大的责任了。今年的“山寨春晚”不知道会怎样，但对央视“春晚”肯定会有一定的促动。第二句话是充分竞争的市场中并不一定只有低俗的东西才能通吃。现在就全世界的互联网媒体来看，没有看到那一个专门搞黄色小说、八卦的网站会火，反过来看到新浪、搜狐、网易、天涯、凤凰等门户网站，大多数内容是严肃的，其影响力也越来越大，所以管理层所担心的完全是低俗的、是搞笑的才会通吃的问题其实是不存在的。

凡是在竞争充分的领域，都是进步最大的。从电视来说，最突出的就是电视剧，电视剧是电视所有节目类型里面唯一市场化运作的节目。无论早些年受到港台剧的冲击，还是前几年受到韩剧的冲击，中国电视剧都能很快地找到自己，利用自己丰富的历史空间，做出几个精品好戏，再把市场给撑起来、做大做强。2007年的《士兵突击》《金婚》，2008年的《闯关东》等都是很不错的戏。还有综艺节目，它跟意识形态关联不太紧密，也相对有竞争开放的空间，这些年发展都还不错。

徐：现在电视台，不但要对政府立场负责，还要对民众市场负责，是对上对下两方面负责的态度。要积极鼓励和提倡创新，所有的创新尝试，哪怕是似是而非的创新，包括新闻频道的直播体制的建立，包括新闻评论节目的建立，都应该积极地提倡。

刘：面对新媒体的崛起，面对创意产业的发展，电视目前不能说完全没有介入，但介入的方式和力度都还有一定的问题。一些电视台现在已经进入电视剧市场，不光作为播出机构，而且还作为电视剧的生产制作机构，这对于电视台来说是轻车熟路的。

允许电视台建设网站应该说是一个非常好的机遇，但各个电视台大多数做得像个机关网，缺少资本的运作。这两年央视网有了一些突破。未来媒体的发展，既不能只是网络，也不能只是报纸，未来媒体肯定是一个整合型的媒体，而不是单一的媒体。电视台把网站做好对其将来会有很大的好处。

另外就是人才的竞争。中国电视应该建立充分、有效的市场竞争机制，同时也应该建立合理的收入分配机制。但令人失望的是，整个电视机制没有进行充分的改革,导致充分竞争不能实现。创新的动力、活力不足,表现在员工收入层面上就是电视人的收入停滞不前,甚至出现了降低的现象。当年我在《新闻调查》的时候,一个月一万两千块钱,那个时候优秀的媒体人都往电视台去,但直到现在还是这个收入就很难吸引优秀人才了。现在在新媒体工作的年轻人,口气都很大,收入至少是月薪 4 万以上,报纸目前也都很好。而过去这么多年电视还停留在以前的那个状态,还是事业单位的那种体制,根本没有建立现代财务核算体系,连上市的资格都没有。

产业充分发展才能更好地实现媒介的社会责任

▲ 电视产业发展与媒介社会责任的丧失好像并没必然的关系。

▲ 中国电视产业只有健康发展才能更好地实现媒介自身的社会责任。

胡:近些年来,中国电视在产业发展方面取得了一定的进步,但是同时也产生了媚俗化、低俗化的现象,由此产生了来自社会各界的批评和非议,这是否意味着电视的产业发展与媒介的社会责任之间会产生必然的冲突?

刘:电视产业发展与媒介社会责任的丧失好像并没有必然的关系。有时候电视产业发展了,媒体才能更好地实现自身承担的社会责任。

我们曾经担心中国的电视剧,它在很长一段时间内都很苦闷,(20 世纪)80 年代受到港台剧的冲击,90 年代后期受到日剧的冲击,21 世纪初又遭遇到韩国情感剧的冲击,不过现在中国电视剧已经通过"制播分离"的改革,实现市场化的运作,充分的竞争保证了电视剧的规模与质量。尤其近些年来,中国电视剧利用中国五千年的文化,利用中国非常丰厚的历史,利用中国人的当下关怀,利用中国人的精神追求,或者这些要素都结合到一起,拍出来的戏越来越好看了。能形成这种局面,应该归功于"制播分离"后的市场运作和充分竞争。

胡:现在的电视剧基本上是体制外运转,体制内只占少数。媒体要想承担更多的社会责任,必然需要产业的快速发展,但如何实现产业的发展,一般的人会认为只有低俗的东西才可以刺激市场,才会得到很高的收视效果和市场回报。但是电视剧的市场发展充分证明,真正占主流市场的恰恰不是低俗的东西。

刘:现在我们根本没必要说中国电视剧是不是就格调低下了。谁说老百姓都喜欢格调低下的东西?这些年的《闯关东》《光荣岁月》《金婚》等等,都是很主流的。电视剧的道路生动说明我们不用担忧创新不足，也不用担心人才素质低下，最根本的核心是有没有充分竞争的机制，市场决定一切。

徐：每个市场都有自我净化的过程，中国电视也是如此。

胡：看来，中国电视产业只有充分而健康地发展，才能更好地实现媒介自身的社会责任。

突破误区，推动电视节目创新

▲ 讲创新讲多了，讲坚持讲少了。

▲ 寻找中国观众最渴望的或者深层次的需求。

胡：对改革开放 30 年的中国电视，我个人将其分为以宣传品为主导、作品为主导到产品为主导三个阶段，今天电视节目创新的难度在于宣传品、作品、产品的三种诉求同时存在，目前它又面临着新媒体和文化创意产业的冲击，好像陷入了一个悖论，一方面看到的中国电视是目前最活跃的前沿媒体，但另一方面它又是特别容易受到市场冲击的媒体。

徐：可以说，电视一方面是先进文化的代表，一方面又常常是落后生产力的代表。

胡：这些年来，中国电视节目无论在形态创新上，还是在内容创新上，好像陷入了一种困境。

刘：其实我倒觉得，我们讲创新讲多了，讲坚持讲少了。我先从创新的角度来讲，改革开放以来走了两个阶段。第一个阶段，在 90 年代中后期以前，更多是闭门造车，尽管也看到国外的东西，但从电视栏目的形态来讲，基本上是按照自己的理解来做；90 年代中期开始以湖南卫视为代表，走的是全面克隆的道路，开始是克隆港台，后来是克隆日本，后来是克隆美国，最后发现全世界电视栏目研发基地在欧洲，欧洲专门用于模型输出。现在电视栏目在形式上来讲需要走入第三阶段。

徐：对所有的创新尝试都应该积极肯定，哪怕是做似是而非的感觉，对新闻频道可以充分肯定。

刘：要进行电视节目创新就要突破两个误区：第一，创新并不意味着完全开放式、多元化，《百家讲坛》的出现是一个创新，虽然实质上只是一个人在讲课，关键看运用什么方式去讲。第二，改版并不意味着创新，这些年来，凤凰台很少改版，一个台的改版创新应该是缓步不断地改良、不断地提升，而且一直要坚持核心的东西。现在《一虎一席谈》办得很好，每期抓好选题、嘉宾，这就很好，这是我对“创新”的理解。凤凰卫视现在每天晚上8点钟播纪录片、专题片，也收到了很好的效果，这也是一种创新。现在对中国来讲，欧美节目形式就是一种形式，但在形式背后要有真正的内容追求、精神追求，我们很容易把创新理解得简单化，所以有时候“坚持”是一种更高层次的创新。

徐：内容创新，主要是直面人生、直面历史，中国的历史多丰富。

胡：最有生命力的往往是最有厚度的东西。从五千年文化中，中国电视剧找到了自己挖掘不尽的资源。在全球化视野中要坚守中国本土的路线，就是寻找中国观众最渴望的或者深层次的需求。

刘：历史文化挖掘这条路非常开阔。这几年凤凰卫视走的就是这条路线，由于特殊的媒体环境做舆论监督、直面现实，会遇到空前的压力，很多地方也会封杀我们。但历史文化这一块，实际的思想力度一点也不亚于报道某一个腐败案件、一场自然灾害，比如最近做了陈独秀的故事、李鸿章十年，还有包括一些正面事件，如由我一手策划的100多集抗战题材纪录片，还有中国远征军的题材等等。不论是从挖掘传统文化、塑造中国软实力，还是从媒体的生存之道来看，这一块都非常值得去做。

胡：在今天的环境中，中国电视的节目创新，一方面我们已经很努力也很成功地摸出了一条路径，这就是当下观众最突出的、最急切的现实需求的满足。近年来不论是民生新闻还是栏目剧，也不论是《百家讲坛》学术精品的大众化，还是《人间》《传奇故事》《走近科学》的故事化叙事，其成功的创新恰恰证明了这一点。另一方面，我们还做得远远不够的就是两位所说的对历史文化的深入挖掘。如何站在新时代的起点上，重新反观历史，汲取深厚民族文化营养，并予以电视化的呈现，不论是电视剧，还是纪录片，还是其他各类节目，都应当拥有相当大的创新空间。这两条路径的有机结合，将使我们的电视内容有可能更好地实现宣传品、作品与产品的有机统一。

中国电视要“走出去”就要先转变

▲ 以意识形态的面孔，以机关的面孔“走出去”肯定是行不通的。

▲ 一定要按照普适价值的理念、按照全球化的话语方式传播。

胡：中央电视台提出要做一个世界大台的目标，国家广电总局近些年来也一直在努力推进“广播影视走出去工程”。在全球化的背景下，中国电视如何“走出去”，“走出去”的途径有哪些？

刘：这两年中央高层多次提到“走出去”，表明中央非常重视这件事，国家广电总局和中央电视台的措施也是对中央高层精神的落实。我觉得中国电视要真正“走出去”，需要转变这么几点：

第一是体制转变。以意识形态的面孔、以机关的面孔“走出去”肯定是行不通的，必须采用市场化运作的方式才更为可行。

第二是模式转变。在“走出去”的模式上，不妨采用“借船出海”的方式，如收购、并购国外媒体机构等，包括利用凤凰卫视在内的各种国际传播平台以及现在已经很成熟的模式开展业务。

第三是观念转变。在“外宣”观念上要及时更新，一定要按照普适价值的理念、按照全球化的话语方式传播，像《人民日报》的声音是很难走出去的，而《环球时报》的声音却可以在全世界传播，这需要在观念上进行更新。

第四是内容转变。什么内容“走出去”，这很重要。这些年我们一直在宣传中国文化的形式，而很少宣传中国文化的内容和内涵。每年组织的大型图片展、活动也好，不外乎两个内容，一个是高楼大厦，一个是诸如少林寺武术、河北杂技、京剧唱腔、京剧脸谱、剪纸等等这些中国文化里比较形式化的东西。其实真正代表中国的不是简单的高楼大厦，而是五千年的中国历史文化的精神和力量。中国应该加大力度投资拍摄关于中国历史的纪录片，至今我们都还没有像孔子、孟子这样的纪录片。

现在如果仍然按照以往的“外宣”路线走出去，恐怕还是行而不远。如果不在体制上、模式上、思维上、内容上有所创新，只是简单地给现有机构加大资金投入，进行简单的复制，最终结果可能还是根本走不出去。

胡：凤凰在这方面的体验应该是很深的。

刘：我们的定位是民间形象、海外媒体、普适价值、中间桥梁。

胡：刚才提到的是“走出去”的内容创新，我们还要探讨一下中国电视“走出去”的路径创新。

刘：中国电视“走出去”不妨借用一下中国改革开放的两条经验：一个是合资合

作，以资本的方式在海外收购外国媒体，以合资、控股方式或全资子公司等方式，利用当地资源拓展中国内容和中国业务；另一个是扩大试点，把试点当作“走出去”的试验田，让它们走出一条路来，积累经验，拓展空间。

徐：路径一个是由外而内，另一个是由下而上，再一个是由民营到政府，同时充分利用经济推向市场。

刘：凤凰卫视本来不是试验田，现在由于做出影响力了，于是就做成了一个特区。

胡：从内部来看，这个“特区”的建立恐怕要考虑一些内容：怎么样最大限度地规避因设立“特区”带来的风险。比如特区如何选点、对特区鼓励政策如何制定、体制机制放松到什么程度。这里还要考虑到，传统电视媒体和新媒体关系怎么处理，以及文化产业的问题。我担心打着以创新的名义、改革的名义放开会出一些乱子，产生新的牺牲品，如果能提前规避这种风险，还需要做很多的工作。

如果说2008年的中国电视创新更多地得益于大环境、大背景和大时机的拉动，那么2009年中国电视的创新除新中国成立60周年等特殊时机所带来的难得机遇外，更多应当思考多年累积起来的创新困境，寻求新的创新动力，开辟新的创新空间，而其中体制机制的深化改革，应当更加积极而稳健地推动，充分而健康的市场化、产业化将是创新的最大动力，最集中的创新成果无疑还是电视内容本身，即节目创新。节目创新的途径一方面继续巩固当下观众的现实需求的满足，另一方面应当从战略上更多地关注历史文化资源的挖掘，推出一批更厚重、更深刻的大剧大片。在中国电视从电视大国迈向电视强国的征途上，“走出去”对于中国电视创新既是巨大挑战，又是绝佳的机遇。总之，中国电视创新已经积累了50多年的丰富而宝贵的本土经验，这是一笔值得珍视的财富；同时在推进广播电视大发展、大繁荣，推动文化大发展、大繁荣，提升国家文化软实力的道路上，中国电视的创新只有不断开拓，不能故步自封。

中国广播影视发展新起点

——2010《现代传播》年度对话

◆ 朱　虹　胡智锋

时　间:2009 年 12 月 12 日

地　点:中国职工之家

对话人:**朱　虹**　国家广电总局办公厅主任、新闻发言人,中国传媒大学博士生导师

胡智锋　教育部"长江学者"特聘教授,中国传媒大学教授、博士生导师、文科科研处处长、《现代传播》主编

整理者:**曾祥敏**　中国传媒大学电视与新闻学院副教授、《现代传播》特约编辑

关键词:中国广播影视;新闻改革;制播分离;国际化;公共服务

胡智锋(以下简称"胡"):非常感谢朱虹主任于百忙之中参加《现代传播》的"年度对话"。您作为国家广电总局办公厅主任、新闻发言人,同时也是中国传媒大学博士生导师,对这次年终对话有非常重要的开篇意义。因为,这期对话是《现代传播》即将改为月刊的第一个对话,通过这一篇"年度对话",我想应当把上一年度广电行业一些重要的事件做一个梳理和盘点,然后对未来做一个前瞻性预测。

新中国 60 年广播影视发展

▲ 新中国 60 年来,广播影视发展取得了辉煌的成就,特别是后 30 年发展迅速,广播影视的影响力得到极大增强。

胡:2009 年是新中国成立 60 年的重要年份,我们注意到朱主任为新中国 60 年

广播影视的发展已有专门的论述。您能不能简短地对60年中国广播影视取得的成就作一个总体的评价。

朱虹(以下简称"朱"):谢谢,中国传媒大学的《现代传播》是全国广播电视期刊中学术影响力最大的刊物之一,是广电人必读的一本刊物。

新中国广播影视60年的发展总的态势是好的。从整个60年的发展来看,走过曲折的道路,也有迅速发展的时期,发展最好、最快的是后30年。根据1982年的统计数字,当年全国广电系统总收入只有8.8亿,而且基本上属于财政拨款。1983年,中共中央发出37号文件,提出中央、省、地、县四级办电视、四级混合覆盖的方针,极大地调动了地方发展电视的积极性,中国广播电视事业出现了一个翻天覆地的变化,获得突飞猛进的发展。最近一些年,广播影视业改革力度进一步加大,发展速度进一步加快,整体面貌发生了崭新的变化。从广播影视节目的生产制作量、整体技术水平和规模以及实际覆盖人口来看,我国已经成为广播影视大国,广播影视多项指标位列世界第一。

总的来说,中国广播影视的大发展主要有六个方面的成就:一是广播电视新闻宣传舆论引导力、传播力显著提高;二是广播影视事业不断发展、公共服务体系建设全面落实;三是影视作品创作生产快速发展;四是广播影视产业改革不断深化、产业发展快速增长;五是加快技术创新,积极开发数字新媒体业务;六是广播影视国际传播力全面提升,不断加快"走出去"工程建设步伐。

新闻报道理念的提升

▲ 强调新闻首发权,电视直播发展迅速。

▲ 央视改革强化新闻立台理念和专业化、品牌化战略。

胡:让我们聚焦2009年度的内容生产。首先关于新闻部分,包括时事报道、金融危机的报道、央视新闻频道改革以及民生新闻的发展。今年新闻发生了一些大事,比如国庆60周年大阅兵直播、日全食直播、新疆"7·5"打砸抢烧事件等报道。这些电视报道总体上体现了电视直播的魅力。我曾经说过,直播是电视比拼新媒体的一个杀手锏,在今天媒体竞争当中直播可以做到在大事上不缺席、不失语,这应该是电视媒体特别重要的特质。您怎么看2009年取得的成绩,还有没有一些值得反思和改进的地方?

朱:中国广播电视新闻发展速度很快。在中国电视的发展前期,没有直播节目,基本上是录播,有时一条新闻甚至要几天才播出来。

随着国家对外开放的扩大,尤其通过一系列国际国内重大事件,电视直播一步步向前推进。如果把美国“9·11”事件报道和“5·12”汶川大地震报道相对比,可以看到,电视报道方式已发生了巨大的变化,到了北京奥运会,新闻报道完全按国际惯例在操作。

近年来,我们开展了一系列重大事件报道,如国庆60周年大阅兵、新疆“7·5”打砸抢烧事件等,这对电视新闻的报道理念、报道方式产生了很大的冲击。实践表明,我们必须创新理念,依照国际惯例,开展重大事件和突发事件报道。国际金融危机爆发后,中央电视台先后推出了《直击华尔街》《华尔街风云》,上海文广新闻传媒集团利用与全球最大的财经电视媒体美国CNBC合作的资源优势,及时推出各类深度报道,全方位、多角度地展示了此次金融危机的方方面面,实现了全球同步播出。我国电视媒体对国际金融危机及时、全面的报道,不仅为国内观众提供了权威的资讯,而且传达了党和政府的声音,增强了人民群众战胜国际金融危机的信心,受到了群众的热烈欢迎。

在新疆“7·5”事件中,我们采取了开放态度和公开透明原则,在第一时间允许境外媒体采访和报道,产生了非常好的效果。包括你刚才讲的关于日全食的直播报道,让群众直接参与到现场报道中来。从这方面来说,直播展现了电视的最大魅力,把电视的优势发挥到极致,极大地提高了电视媒体的时效性、权威性和公信力。中央领导同志也多次明确提出广播电视的首发权问题,首发权实际上对导向有重大作用。这些说明,我们的新闻观念正在发生变化。

中央电视台的改革是2009年电视领域的一个重大事件。此次改革对新闻中心实施了重大调整,对《新闻联播》等节目进行了改版,进一步强化了新闻立台理念和专业化、品牌化战略。此次变革后,央视二套变成专业财经频道,央视三套成为专业文艺频道,新闻频道也突出专业新闻频道的特质。中央电视台现在的新闻中心就是由以前多个中心的新闻节目合并组建的,凡是与新闻相关的节目,包括法制新闻、经济新闻等,全部放到了新闻中心。

胡:的确,电视新闻报道在国内外媒体竞争环境下、新媒体快速成长的语境下如何继续发挥当下第一大众传媒的主导作用?改变观念,以真实客观和满足观众知情权为原则,以改革为动力保障,这是大势所趋的必然选择。央视新闻改革的力度令业内外广泛关注，其效果也是相当显著的。

朱：新闻改革使《新闻联播》和其他新闻节目的面貌焕然一新，收视率大幅度攀升，远远超过预期，实现了社会效益和经济效益的双丰收。比如《经济信息联播》《经济半小时》，现在招标情况相当好。《经济信息联播》贴片广告价值达3.57亿元，远高于央视其他栏目；《经济半小时》投标价格达1.5亿元。央视改革以后，二套的总体收视率略有下降，因为原来《开心辞典》《非常6＋1》《咏乐汇》等品牌娱乐节目转到其他频道了，但是广告比例却大大增加了。什么原因？因为它是专业的财经频道，在财经领域影响力的大大提升，企业界人士关注度大大提高，影响了有影响力的人。

胡：从大的方向来看，大家确实看到了改革的成就，但是对具体改革当中的一些动作和行为，业内外的一些人士也许有不同的声音，或许会觉得像《直击华尔街》这一类的直播，特别是时政性的直播，还有很多不足。新闻的时效性上去了，但是出现了另外的问题，比如说水分大、重复，还有就是不敢说话、评论不到位、嘉宾有问题。说到底，是直播的设计专业化程度还不高，水平还不够，有些只是体现了直播的形式，还达不到直播的希望和目标。

朱：你提的这一点很重要。直播最大限度地发挥了电视的优势。但直播恰恰也是最难的节目，对每一个记者、每一个现场主持人的素质提出了很高的要求。因此，要大力提高记者、主持人、编辑的素质，中国传媒大学要把直播作为新闻人培养的重点内容。由于缺乏培养和锻炼，在直播节目中，有的主持人不知道怎么说，有的主持人刚开始说得挺好，但一旦出现新情况，就会出现跟不上或接不上的情况。你刚才讲到了评论不到位，评论恰恰是我们的软肋，评论要求有比较高的素质，旁征博引，厚积薄发，在这方面我们的主持人和记者还有待提高。

胡：人才难得。人才的问题，人才素质的问题，朱主任点到了要害，当然也有体制、机制方面的问题，这次央视新闻改版有两个情况大家也还是有一些微词。第一个，这个行为到底是市场行为还是行政行为，是按照市场规律推动的吗？还有一个是改版的效果评价，到底改得怎么样，是改好了还是存在一些什么问题？包括内部也会有一些不同的看法，比如老品牌拿下，像《实话实说》去年炒得很厉害，这么大的知名品牌怎么就给拿掉了？感情上有些割舍不下，您怎么看？

朱：电台、电视台主要有两大任务：一是事业发展，这方面由政府主导，包括新闻节目的策划、制作、编播，都由台里管理。二是产业经营，这方面由市场主导。广播电视是党和政府的喉舌,新闻节目的改革、改版必须由政府主导,目的是把党和政府的声音传到千家万户,把中国的声音传向全世界。新闻宣传的节目要做得更好看,最大限度地吸引受众,取得更好的宣传效果。

对于电视剧、娱乐等节目,我们确实要考虑到它的市场效益问题。电视节目有生命周期,这是电视节目的规律。再好的节目、栏目,时间长了观众也会出现审美疲劳,如果节目创新不足,衰退就会来得更快。

世界著名的电视台每隔一段时间就会调整一定比例的节目。电视节目必须经常变化,节目也只有通过变化和调整,才能满足受众多样化的需求,所以电视节目的调整和变化是很正常的现象。评价电视节目改革,主要是看这个改革是否符合先进文化的前进方向,是否符合电视运行的基本规律。目前中央电视台的节目改革是符合这些标准的,应该给予充分肯定。

胡:江山代有人才出,《新闻联播》和整个新闻频道改革之后用了一些新人。大家觉得《新闻联播》刚刚改版的时候有一点新的感觉,包括在整个议程设置上、编排上有一些新的东西。但是,最近又好像回到老路上去了,到底往哪里改?另外,观众原来期待一些新人能够产生一些新的亮点,包括新的主持人,现在看也还好,但是似乎也没有出现大家特别期待的更大的变化,这也是个问题。

朱:国外很多播音员资历都很老,经验比较丰富。但每个国家国情不同,在中国,如果让一个70岁的老人去主持《新闻联播》节目,观众不一定拥护。我国电视新闻节目的主持人很多都是中国传媒大学培养出来的,《新闻联播》的播音员则全部都是中国传媒大学播音主持专业出身。《新闻联播》承担着传达党和国家声音的重担,承担着全国电视观众的厚望和关注,因此有很多是规定动作。而对一个节目来说,每个人都满意实际是很难做到的。

胡:说到新闻的首发权和媒体公信力的提升,我忽然想到,回顾2009年,虽然不如2008年抗震救灾报道、奥运报道有突出亮点,但还是弥漫着新的变化。新闻本身除了时政这一块,还有就是所谓的民生新闻。我们自己也感觉到,民生新闻就是传统的社会新闻,只是大家换了一种说法。而从《南京零距离》的起步、发展来看,民生新闻的影响力确实超出了我们原始的想象。

民生新闻这一块,我们在《南京零距离》创办不久就开始接触、关注,《现代传播》在2003年还专门为该栏目组织过研讨,发表过"个案研究"专辑。2009年7月份,我们搞了一个民生新闻十年的回顾展评,从1999年起步,黑龙江《新闻夜航》为标志，还有福建的《现场》，两个都是沿着民生新闻的路子走，一直到现在。十年的发展，现在可能到了一个非常重要的节点上。到底民生新闻向何处去？《南京零距离》作为一个有影响力的民生新闻栏目，它不久前宣布升级，把“南京”两个字去掉，也就是从地面频道准备向全国、国际视野拓展。而同时央视新闻则大规模放下身段往“下”走。因此，我发现民生新闻出现了两个趋向：一是中央电视台、中央级媒体放下身段往下走，新闻民生化；而另一方面，地方新闻往上走，往全国、国际上拓展。不知道您怎么判断民生新闻的发展态势？

朱：江苏电视台《南京零距离》开播以来，民生新闻得到了迅速发展，各地电视台先后推出大量民生新闻节目，在推动电视媒体新闻改革、提高电视媒体影响力和竞争力中发挥了重要作用，比如《南京零距离》是江苏省第一个广告收入过亿的电视新闻栏目。近年来，民生新闻发展也遇到了瓶颈，《南京零距离》开播后，南京地区陆续在相似时段开播了《直播南京》《法治现场》《标点》《服务到家》《新闻地理》等民生新闻栏目，由此引发了一些城市新闻“大战”，同质化竞争日趋激烈，发展空间受到限制。2007 年，《南京零距离》在南京市的平均收视率为 8.26％，2008 年为 7.13％，2009 年一季度平均收视率为 6.93％，收视率不断被摊薄。这种情况在全国其他地方也不同程度地存在着。

民生新闻方面，我们不主张有闻必录。我们总的方针是科学发展，以人为本，真心实意关注老百姓的生活状态，关注群众的冷暖痛痒，关注市民的喜怒哀乐。不要墨守成规，不要满于现状，不要甘于平庸。播出的内容要有思想厚度，不能什么收视率高就报道什么。

胡：老百姓有可能是对这种暴力、色情和所谓改变命运的、满足百姓观看愿望的东西会有期待，但是如果节目为了满足这样一些期待走向一个极端，就丧失了媒体的责任。当然目前中国还没有到这个程度，但是应以此为鉴。

朱：民生新闻不能简单、肤浅地做，应该逐渐从“小民生”向“大民生”转变。要提高内涵和深度，从反映民生转变为反映民情、民心、民意、民风、民俗。同时要大力弘扬社会主义核心价值观，传播思想、知识、观点和理念，给人以明确的认知和深刻的启迪，在促进人们思想观念转变上发挥指点迷津和舆论引导的作用。这样，民生新闻才会显得理性而有深度，厚重而有分量。

民生新闻创新要通过合力强化民主监督。要充分调动广大人民群众的积极因素。他们自主、自愿在这其中充当民生新闻的主角，而且他们能够接受，积极向上。

有一些曝光必须存在，电视一点不曝光也不行。但曝光不是简单地把问题报道出来，还得提出问题、解决问题，帮着社会实现稳定，帮着政府解决问题。因为媒体和政府不是对立的，不是简单报道就完了，民生新闻还必须为政府补台，提出解决的办法，给予积极向上的力量。有时候揭露丑恶的东西是为了问题的解决，要给人信心、给人希望。

电视剧、纪录片积极发展

▲ 电视剧是当代中国文艺的带头羊，要肯定其积极功能，同时要加强管理。

▲ 纪录片发展形势越来越好，在坚持"品格、品位、品质"的原则下，走向国际。

胡：内容生产的一个重要部分是电视剧。12 月 9 日，中广协会制片委员会评选 2009 年最具影响力的电视剧有《潜伏》《士兵突击》《我的青春谁做主》等等。2009 年电视剧总体下降了，从产量来讲，理性回落；但是从品质来讲，2009 年电视剧总体还是相当出色的。您怎么评价今年电视剧生产的数量和质量出现的新变化，还有些什么问题？

朱：电视剧是当今社会影响力最大的文艺形式。中国每一个历史时期都有一个最重要的文艺形式。唐朝是诗，宋朝是词，明清是小说，现在文艺的带头羊就是电视剧。为什么电视剧影响最大？第一，电视剧打造了完整的产业链，建立了完善的投资和回报体系，调动了社会方方面面的积极性，繁荣了电视剧创作。这几年电视剧基本上保持在 1.4 万集到 1.5 万集左右。第二，群众拥护，不用花钱，坐在家里就能享受到一道精神文化的盛宴，特别适合中国老百姓，电视剧是通俗文化的代表作。

评价电视剧的标准主要是三句话：一是思想精深、艺术精湛、制作精良；二是群众欢迎，具有很强的吸引力和感染力；三是能够经受历史的检验。按照这个标准，近年来电视剧制作机构努力提高产品质量，电视剧制作水平在逐步提高，出现了一大批叫好又叫座的电视剧。

当然，现在电视剧还存在一些问题。一是创新的动力不足，二是同质化竞争严重。某类题材挣钱，大家就蜂拥而上。比如《潜伏》一火，大家都做谍战剧，宏观调控是必需的。因此，电视剧的发展要有创新精神，要开辟更多的领域。同时，管理部门也积极创造条件提供支持，不能简单规定某类题材不能做，关键是如何体现积极健康向上的精神。

胡：经过多年的探索，电视剧找到了自己的市场规律和艺术规律，这两个规律抓住了，所以深受百姓欢迎。影响巨大有两个方面：正面和负面。正面影响大，负面影响也会同样大。像最近热播的《蜗居》，其影响也是两方面的，总体上它触及了当代中国普通百姓的真实生活，这是主要的一方面。但是的确出现了一些问题，不论是自觉的还是不自觉的，或者是对社会的舆论引导、对公众的影响，或者是从主流价值、社会主义核心价值，或者社会安定、团结、和谐这个高度来看，都有可能引发一些负面的问题。

就 2009 年来看，电视剧一方面直面现实、直面社会问题是应该鼓励的，因为做当代的东西不容易，风险也大。但是另一方面，怎样用一种机制和体制的方式来把关，特别在创作、导向上，用什么样的方式能够在播出的时候，或者播出之前就能把负面效应遏制下来，并且让它少受损失也很重要。一旦开播被停掉，对这个剧来讲是巨大的损失，其实也挺可惜的，这是很大的问题。

朱：对电视剧，我们一方面肯定它在繁荣文艺创作、满足群众精神文化需求等方面的积极作用，另一方面也要加强管理。这是我们的重要方针。

胡：电视纪录片您怎么看？2009 年有什么新特点，还存在哪些问题？

朱：纪录片的发展越来越好。从世界各个国家的情况来看，经济水平越低，看电视剧的人越多；经济水平越高，看纪录片的人越多。随着我国经济的迅速发展和群众文化素养的不断提高，喜欢看纪录片的观众不断增多，纪录片发展前景非常光明，大有可为。以前纪录片基本上处于亏损状态。但从 2008 年开始，纪录片开始赢利，上海广播电视台的纪录片频道已实现扭亏为盈。纪录片《故宫》被翻译成 6 种语言，在全世界 100 多个国家发行了 15 万套。纪录片把很多原来沉淀的素材变成了宝贝。过去，我们生产的两个纪录片《周恩来的外交风云》和《抗美援朝》，里面有很多珍贵的历史镜头，群众非常愿意收看。去年出品的奥运纪录片，也取得了良好的效益。我预测，随着人们生活水平的提高，看纪录片的人会越来越多。我看好纪录片的发展。下一步，我们要在坚持“品格、品位、品质”的原则下，积极推动纪录片走向市场，走向国际，延长纪录片产业链，打造具有中国特色的纪录片品牌。

制播分离改革进入新阶段

▲ 制播分离改革要积极推进、谨慎稳妥。

▲ 改革实行先台内,后社会。

胡:"制播分离"是2009年广播电视行业热烈探讨、高度关注的命题。为什么在过去若干年当中没有特别凸显甚至还要回避这个问题?又是在怎样的背景下大力推动的呢?再有,制播分离的理想构架和现实的基础,您看这之间差距有多大?

朱:为什么以前没有提出制播分离而现在提制播分离改革?原因就在于我们对广播电视的认识加深了。以前,我们把广播电视作为一个整体,看作是党和政府的喉舌,是重要的宣传舆论工具,制作和播出是统一的,谈不上制作和播出分离的问题。随着改革的深入,我们发现,广播电视业务是分层次、有类别的。广播电视业务可以分成两块:一个是播出单位,负责审查和播出节目,把握节目正确导向;一个是制作单位,负责制作和经营节目。2009年8月,国家广电总局制定颁布《关于认真做好广播电视制播分离改革的意见》,这是国家广电总局第一次专门针对制播分离改革发布的指导性文件,标志着制播分离改革进入新的阶段。

目前,上海、湖南等地正在深入推进制播分离改革。上海在改革中,撤销了上海电视台等五个播出机构,合并组建了上海广播电视台;同时,将政策允许的可制播分离的节目制作业务进行分离,同可经营性资产合并,组建上海东方传媒集团有限责任公司。上海改革模式对制播分离改革有重要的示范意义。上海的制播分离改革有四个方面的特点:第一,事业和产业分开;第二,宣传和经营分开;第三,制作和播出分开;第四,结构调整和资源整合。最近国家广电总局向全国通报上海制播分离改革的做法,供各地在改革中借鉴参考。现在湖南、辽宁、重庆、四川等地正按照这一思路深入推进本地广播电视改革,可以预见,"上海模式"将在更多的地方被复制。

国家广电总局近日推进制播分离的另一个大动作,就是批准成立中国北京星光电视节目制作基地。目前基地已有60多家电视台驻京机构和节目制作机构进驻,初步实现了产业聚集。基地的建成,提供了制播分离后的节目制作场地,对改变电视台单纯的自制自播模式,降低节目成本、提高节目质量;对充分调动社会力量,发展壮大节目内容生产能力具有重要作用,并将为制播分离改革提供有力支撑。

胡:刚才我们了解了制播分离的政策导向,那么制播分离的现实基础怎么样呢？

朱：目前全国绝大多数地区都不同程度地启动和实施了制播分离改革，探索出制播分离的多种途径和形式。如新影厂、科影厂，制作纪录片并将节目卖给中央电视台播出，这是制播分离的一种形式；对电视台来说，这叫直接购买。还有，中央电视台电影频道将部分节目，如《光影新播客》委托给社会公司制作，这是制播分离的另一种形式，叫委托制作。目前有些数字电视频道吸收公司参与，这叫合作制作。

目前制播分离主要在副省级以上的电台、电视台推进，总的来说范围还不大。此外，还有很多现实问题有待解决，如制播分离要将原来的事业性质的节目制作部门转制为企业，人员身份也要相应地由事业转为企业。这涉及待遇、养老等切身利益问题，改革的难度很大。下一步，我们既要积极推进，又要谨慎稳妥，确保制播分离改革沿着正确的方向取得新进展。

胡：在人事安排上，推进的时候要"老人老办法，新人新办法"，要慎重。

朱：在人员安排上，我们实际是将离退休的老同志养起来了，还探索实行"530"方式，即距国家法定退休年龄 5 年以内或工龄达到 30 年的人员，可提前退休。这种方法减轻了所在单位的负担，实现了轻装上阵。我们在推进制播分离时，提出"先台内后台外"，就是为了给转制后的公司一定的保护。制播分离改革还为电视台带来了评价机制等多方面的变化。如以前很多电视台都以自制节目多为荣。实施制播分离改革后，一些节目已经市场化了，购买节目的数量成为评价台的体制机制的一个指数。

胡：从内容制作和购买来看，什么样的内容应该放在媒体内部制作？

朱：新闻类节目、时政类节目、访谈类节目，还有如《焦点访谈》等舆论监督类节目必须台里自己制作。其他的如娱乐、影视剧可以进行制播分离，到社会上购买。这是大的框架。具体的如气象节目、体育节目，现在很多是节目公司制作，电视台购买播出。

中国广播影视"走出去"

▲ 中国广播影视从以国内发展为主兼顾国际，向国内国际并重发展转变。

▲ 已经超越"让世界了解中国，让中国走向世界"的既定目标，要成为"全球的视角、中国的眼光、世界的窗口"。

胡:2009 年新华社牵头做的“世界媒体峰会”,国家领导人很重视,国际反响也很大。现在中国传媒在“走出去、国际化”方面做了很多工作,成效如何?

朱:广播电视“走出去”现在每年都有新进展。随着中国的发展壮大,广播电视传媒“走出去”已经形成了奔涌前行的新态势,取得了丰硕成果。

新华社开办视频新闻,有利于扩大中国在国际社会上的话语权和影响力。目前,中国长城卫星电视北美平台、亚洲平台、非洲平台、欧洲平台、拉美平台相继建成开播;中央电视台第四、第九以及西班牙语频道、法语频道、阿拉伯语频道、俄语频道等 6 个国际频道的节目信号通过卫星传送已覆盖全球,在 139 个国家和地区实现了节目的落地入户播出,海外用户超过 1.5 亿户;在境外的整频率调频电台已达 19 座,实现了我国对外广播史上的新突破;以东方卫视为代表的一批地方广电媒体也纷纷发挥自己的优势和特色,向各国提供节目、栏目和频道,大踏步地走向世界。

广播影视对外传播的成就不仅体现在落地的节目和出口的产品上。近年来,广播影视“走出去”出现了前所未有的变化。这个变化主要表现在五个方面:

一是指导方针上,从以国内发展为主兼顾国际,向国内国际并重发展转变。中央电视台的 19 套开路电视节目中就有 6 套国际节目,地方广电也纷纷利用地缘和语言优势加快走出去步伐。内蒙古电视台节目大量覆盖蒙古国;新疆电台、电视台节目在吉尔吉斯斯坦、乌兹别克斯坦、哈萨克斯坦、土耳其等多个中亚国家落地;广西电视台与泰国、越南、菲律宾、印度尼西亚等国电视台联合举办广西电视展播周,形成了立体式的“走出去”局面。

二是工作目标上,从介绍中国向对世界发出中国的声音转变。随着“走出去”的发展壮大,中国广播影视不再是简单地介绍中国,而是积极参与国际新闻事件的报道,在国际传媒中发出中国的声音,使中国广播电视成为“全球的触角、中国的眼光、世界的窗口”,成为全球倾听中国、了解世界的重要途径。

三是发展标准上,从简单学习模仿国外媒体向建设国际一流媒体转变。以中央三台为代表的广播电视媒体,正在大幅提升全球传播力,致力建成国际领先的现代传播体系。目前,CCTV-9 正在稳步向中国特色的国际化电视频道迈进,CCTV-4 已经成为全球最受欢迎的中文频道。

四是“走出去”的形式上,已从单项发展到多项。现在的“走出去”不仅仅是在国外落地覆盖,还有购买国外电台电视台来播出资源、销售广播影视节目、到国外举办广播影视节展、与国外合办晚会或项目等多种形式。购买国外电台电视台的频道频率和时段是近年来“走出去”的一种崭新形式。

胡:这就是借力借势、借船出海。按照我们曾有的思路是造船不如买船,买船不如租船。

朱:是的。另外,面向国外销售广播影视节目进一步扩大了中华文化对海外的影响。2008 年全国各影视机构仅通过参加国际电视节展,就向国外销售电视剧 1000 多万美元。电视剧《李小龙传奇》远销到欧洲、北美洲、亚洲等 60 多个国家和地区,尚未开播就靠销售国外版权收回全部投资。动画影片《三国》现已销往 24 个国家和地区,收入超过 1 个亿。浙江卫视《我爱记歌词》等节目播出版权也成功卖到了国外。

五是运作方式上,从免费赠送向付费收看转变。中国卫星长城平台全球付费用户突破 10 万户,总收入接近 2 亿元人民币,其中美国平台 7.4 万户,加拿大平台 1.5 万户,中国卫星长城平台是北美规模最大、节目最多、订户最广的中文卫星电视服务平台,获得了良好的社会效益和经济效益。这些都表明,广播影视走出去正在进入一个崭新的阶段。

胡:我预测将来随着中国国家地位的提高,委托制作、制播分离不仅在国内层面展开,而且也可能在国际层面展开,比如委托国际媒体制作,购买国际媒体、购买时段等。如果我们完全投资制作,还得用人家的人,借人家的地段,借人家已有现成的媒体和时段,采用各种方式覆盖,这是一个趋势,效果也会更好一些。

朱:近年来,有民营企业在国外购买电视频道,但经营比较艰难。原因是一方面投入太大,另一方面是我们的投资者原来不是电视行业的。但这种做法传播了中华文化、发展成就和产品品牌,扩大了中华文化在海外的影响,我们对此是积极支持的。但中国企业家在购买国外的电视台后,既能宣传自己,又实现成功运营,还需要一个相当长的过程。

应当说,我国媒体对外传播的实际与我国的国际地位和实力、与我国文化产业的发展要求、与发达国家媒体的实力和影响力之间还有很大差距。目前,我国的经济总量已跃居世界第三位,正逐步由世界大国走向世界强国的行列,但我国媒体在国际舆论中的影响力仍然偏弱,“硬实力”和“软实力”失衡。我国文化产业正在快速发展,文化产品日益丰富,迫切需要走出国门,拓展海外市场。但和中国对外经济贸易“出超”相比,中国的对外文化贸易则是严重“入超”,进口与出口仍然是 6 :

1的比例,存在着严重的“文化赤字”。我国传媒在海外的规模、实力和影响力方面还不大。世界500强企业中,有8家传媒企业,但没有一家属于中国。这些都要求我国广播影视必须适应世界传媒的发展趋势,在“苦练内功”的同时,进一步扩大“走出去”,积极参与国际竞争,不断增强实力,提高竞争力,建立与我国国家地位和综合国力相匹配的广播影视国际传播力。

下一步,我们要继续推动构建现代国际传播体系,扩大电视海外整频道落地工作,发展长城卫星电视平台,积极参加世界电影节展,大力推动影视文化企业和产品走出去。我们的目标是,在可以预见的将来,形成多层次覆盖、多语种播出、多方式落地的环球广播电视格局,节目影响力大大增强,市场竞争力显著提升,国际市场份额明显增加,使中国广播影视成为世界传媒领域有重要影响的媒体,成为世界各国了解中国的主要渠道,成为中华文化走向世界的主要载体。

进一步推动广播影视公共服务体系的建立

▲ 加快构建结构合理、发展均衡、网络健全、运行有效、惠及全民的广播影视公共服务体系。

▲ 一是广播电视应该成为新媒体的主力军;二是广播电视应该成为中国文化产业振兴的领头羊。

胡:2009年,国务院颁布《文化产业振兴规划》;华谊兄弟在创业板上市;以高清为代表的新媒体数字电视进入新一阶段的发展,包括民营资本、国外资本部分进入电信产业。您如何看这种发展态势?

朱:《文化产业振兴规划》是国家的第十一个产业振兴规划。它的颁布,充分体现了党中央和国务院对文化产业发展的重视和支持。《文化产业振兴规划》作为国家的战略性规划,意味着国家将有大量的资金、项目、具体的政策支持,这对文化产业来说是一个很大的利好消息。

新媒体目前发展迅猛,新媒体在收入上已经超过了广播和电影。2008年,广播收入60个亿,电影收入80个亿,而新媒体远远超过这个数字。新媒体的下一个目标是电视,比尔·盖茨说过,五年之内新媒体打败电视,我认为这是个趋势。但在中国五年之内达不到,需要更长的时间。当然,电视人应有危机感和紧迫感。电视是当今社会的第一媒体,这个地位是没有争议的。但是从发展趋势上看,新媒体的发展速度比电视更加迅猛。现在很多年轻人不愿意通过传统的方式收看电视，而是喜欢上网，喜欢通过互联网收看电视剧和电视节目。这些年轻人成为社会的主流人群后，我们社会的风向就会发生改变。

胡：现在网络影响力越来越大，除了年轻人在网上看电视越来越多外，通过网络反过来关注电视也是一个趋势。因为在网络上的影响力，包括对电视节目的评价，其他渠道远远比不过网上的点击率那么高、影响扩散那么大。

朱：针对这个趋势，我们强调广播电视要成为新媒体主力军。广播影视在发展新媒体上有其他媒体不可比拟的优势。因为我们有四大优势：一是行业优势。中央已经明确，广电是互联网视听节目等新媒体行业的主管部门，发展网上视听节目必须由广电主导。互联网、电信等都是新媒体节目传输的方式。二是内容优势。媒体竞争说到底是内容的竞争。新媒体的迅速发展需要海量的内容支撑，这正是广播影视的优势。一方面广播影视通过盘活传统的海量节目资源，努力满足多种数字播出平台、多种数字接收终端的需求；另一方面广播影视能够深入研究新媒体受众分布和收听收视习惯，创作生产出更多适合新媒体传播的视听产品。中央电视台和中影集团在 2009 年初的极短时间内就生产出上千部手机电影、手机动画片。三是人才优势。新媒体的发展需要强大的人才支撑。广播影视在长期的发展中，培养和锻炼了一大批新闻宣传人才、节目制作人才、工程技术人才、媒体管理人才，这是发展新媒体最迫切需要的核心人才，为新媒体储备了一个庞大的人才库。四是品牌优势。广播电视作为“国家队”所产生的“国家品牌”，具有强大的公信力和影响力。广播影视和新媒体的结合，广电的品牌优势也延伸到新媒体，使广电的优势转化为新媒体的优势。借助广播电视等强势媒体的品牌，做出自己的影响和特色，是新媒体提高自身竞争力的最佳选择。正是依托电台、电视台强大的行业、内容、人才和品牌等优势，近年来以央视网为代表的一批广电媒体网站发展实现重大突破。

胡：从国家层面来看，广播电视在内容制作上有传统优势，有这么一支素质很高的队伍和监管机制，从广电切入，对国家信息安全、稳定也有好处。在这种情况下，应该有些什么样的政策和办法去落实广电公共服务？

朱：目前，广电系统正在加快构建结构合理、发展均衡、网络健全、运行有效、惠及全民的广播影视公共服务体系。主要工作是实施了三大工程：第一个是广播电视“村村通工程”，第二个是“西新工程”，第三个是“农村电影放映工程”。

广播电视“村村通工程”从 1998 年开始实施，目前已实现了行政村和 50 户以上自然村村村通广播电视。下一步要全面实现 20 户以上已通电自然村通广播电视,基本解决广大农村群众收听收看多套广播电视节目难的问题。

“西新工程”自 2000 年实施以来,大大加强了西部少数民族地区和边境地区广播影视基础设施建设,从根本上改变西部和边境地区广播影视基础设施薄弱的状况。目前西新工程的实施范围已从最初的西藏、新疆增加到宁夏、吉林延边、广西、云南等边境地区。下一步,我们将在巩固已有建设成果的基础上,充分发挥现有广播电视发射台/站作用,增加覆盖节目套数,在部分少数民族广播电视节目覆盖还存在空白的地区,利用多种技术手段,扩大广播电视有效覆盖。

“农村电影放映工程”从“2131 工程”脱胎而来。我们在实施中,注重将市场运作与政府推动有机结合,实行“市场运作、企业经营、政府购买、农民受惠”,从根本上解决农村电影可持续发展的关键问题。2005 年,国家广电总局在浙江台州和广东佛山推进数字化放映和院线制改革试点取得成功,随后在全国开始推广。截至 2008 年年底,已在全国建立数字电影地面卫星站 54 个,各级财政和院线公司购买数字放映设备 13496 套,放映范围已经覆盖全国 30 个省区市的 228 个地市、1589 个县、1.5 万个乡镇、27 万个行政村,占全国覆盖面的三分之一。下一步,我们将加大推动力度,力争在“十一五”末期基本普及全国农村电影数字化,基本实现一村一月一场数字电影的新目标。

胡:实际上是广播电视媒体延伸到了整体的公共服务体系。

朱:是,三大工程既是公共服务,也对开发农村这个潜力巨大的文化市场有推动作用。建立公共服务体系,最大的问题是要保证长期通,关键是要建立长效机制。为什么有些地方公共服务出现滑坡,原因就是后续配套没有跟上。所以,我们现在正在推动建立完善长效机制。我们要求,要把广播影视公共服务体系建设纳入地方各级政府工作的重要议事日程,纳入地方经济社会发展和社会主义新农村建设的总体规划,纳入公共财政支出预算;同时继续推进县对乡镇广播电视的垂直管理运行体制建设。

胡:如果总结您刚才的观点,是不是可以用两句话形成这样一个判断:一是广播电视应该成为新媒体的主力军;二是广播电视应该成为中国文化产业振兴的领头羊。可不可以这么说?

朱:可以这么说。现在文化领域公认,广播电视影响力最大,效益最好,服务最受欢迎。

2010:中国广播影视产业发展意义重大的一年

▲ 2010 年对广播影视业是具有重要意义的一年,我们将在改革和发展方面有更大的动作。

▲ 广电改革要有新的突破和作为,以实际行动很好地完成“十一五”的结尾和“十二五”的开篇。

胡:您对 2010 年中国广播影视的发展有怎样的期待?

朱:2010 年是“十一五”规划的最后一年,也是“十二五”规划出台之年。既是结尾,也是开篇。因此,2010 年对广播影视业是具有重要意义的一年,我们将在改革和发展方面有更大的动作。

第一,认真落实《文化产业振兴规划》,着力发展以电影、电视剧、影视动画为重点的内容产业,着力发展有线电视网络产业和广播影视新兴业态,积极鼓励符合条件的广播影视企业上市融资。配合出台《关于促进电影产业繁荣发展的若干意见》;加快推进国有大型电影企业上市,积极推动中影公司上市;在电影行政管理职能划转后,指导各地进一步理顺关系、加强管理、搞好服务、推动发展;推动国有电影制片企业股份制改革,建立现代产权制度,改造成国有控股的股份制企业;深化院线制改革,以规模化连锁经营为方向,重点支持国有控股院线建设,着力发展规模院线、特色院线、数字院线、跨区域院线、农村院线,加强县级电影院建设,提高国产影片市场占有率。

第二,积极推进经营性节目制作单位转企改制,省级电台、电视台所属尚未完成转制的电视剧制作机构在 2010 年要加快转企步伐;深入开展制播分离改革调研,密切跟踪《关于认真做好广播电视制播分离改革的意见》贯彻落实情况,总结经验,发现问题,适时召开制播分离改革座谈会,深入制播分离改革;积极推进央视网借鉴商业网站经营方式,建立现代法人治理结构,不断提高竞争力、增强影响力。

第三,认真落实《关于加快广播电视有线网络发展的若干意见》,加快有线网络整合步伐,2010 年 5 月份开展全国网络整合情况督查,2010 年年底基本实现一省一网;加快有线电视数字化整体转换,到 2010 年,直辖市和东、中部地区地市以上城市要实现有线电视数字化,东、中部地区县级城市和西部地区大部分县级以上城市基本完成有线电视数字化;加快大容量、双向交互改造,到 2010 年年底,全国大中城市城区有线网络平均双向用户覆盖率要达到60%以上;积极推动有线网络运营单位转企改制,加快省级网络公司现代企业制度建设和股份制、公司制改造步伐,支持有条件的省网络公司跨地区重组扩张,做大做强。

第四,按照中央行政管理体制改革的部署,推动广播影视管理机构和播出机构管办分开改革,管理机构和播出机构实行职能分开、机构分设、财务分离,领导分开任职,不相互混岗;推进省级以下电台电视台合并,促进广播电视资源共享;进一步加强市县广电改革发展调研,适时召开专题座谈会,听取各方面的意见和建议,研究提出进一步推进市县广电改革发展的意见。

第五,进一步明确广播影视公共服务的质量标准、指标体系和考评体系;加大"五个纳入"落实的推动力度;统筹卫星、无线、有线等各种技术方式和手段,积极推进广播电视"村村通工程";继续实施"市场运作、企业经营、政府购买、农民受惠"思路,大力推进农村电影放映工程;深入推进"西新工程"。

第六,积极支持央视网抓好国家网络电视台的建设,创新体制机制,整合资源,做强做大;积极推动移动多媒体广播电视(CMMB)的市场发展工作,形成规模优势,在CMMB终端开展移动多媒体多业务,并形成全国运营体系,打造国家移动多媒体广播电视运营机构。

第七,在节目创新方面要有更大的步伐,在2009年年底再发布15个典型节目形态,我们鼓励并正面树立一批整体创新的节目品牌。

因此,2010年,我们要在改革创新方面、在内容节目创新方面、在"走出去"方面、在事业产业发展方面都要迈出更大的步伐,取得更好的效果,以实际行动很好地完成"十一五"的结尾和"十二五"的开篇。

胡:感谢您从政策、全局的高度对中国广电媒体在过去的发展、未来的前瞻给我们带来的非常精彩的读解和点评。2009年,新中国成立60周年,回望中国广播影视60年尤其是改革开放30年的成就,我们充满骄傲和自豪。2010年,我们将步入21世纪的第二个十年。随着中国在政治、经济等方面国际地位的日益提高,"文化软实力"已成为影响国家进一步发展的重大命题。中国广播影视在提升国家文化软实力、推动文化发展大繁荣、做强做大文化产业,为百姓提供优质文化服务等方面必将承担更加重要的责任与使命,期待中国广播影视在改革创新中建立更大的功业。

新十年新起点：中国广播电视的观察与思考

——2011 年《现代传播》年度对话

◆ 王云鹏 时统宇 胡智锋

时　间：2010 年 12 月 14 日下午 15:00～19:00
地　点：广电国际酒店三层 1 号会议室
对话人：**王云鹏**　中国国际广播电台副台长
时统宇　中国社会科学院新闻与传播研究所研究员
胡智锋　教育部"长江学者"特聘教授，中国传媒大学教授、博士生导师、文科科研处处长、《现代传播》主编
整理者：**曾祥敏**　中国传媒大学电视与新闻学院副教授、《现代传播》特约编辑
关键词：新世纪十年；中国广播电视；新媒体；国际传播能力

胡智锋（以下简称"胡"）：《现代传播》从 2004 年第一期开始，每年开篇做一个业界与学界的对话，邀请业界领袖、学界代表性人物，对中国广播电视的现状及未来进行分析探讨，至今已经持续七年了。本年度邀请了中国国际广播电台的王云鹏副台长和社科院的时统宇先生。2010 年是 21 世纪第一个十年的收官之年。2011 年又是"十二五"规划的开局之年，这是承上启下的一个很重要的节点。

今年的对话主要是两个内容：一是对十年来中国广播电视传媒发展的总体印象和评价，并对 2010 年年度广播电视传媒的发展作一盘点；二是面对未来，围绕如何提升中国广播电视传媒的传播能力，包括内容生产、国家战略、技术、政策、人才培养等各个方面谈谈问题、思路和想法。

新世纪十年中国广播电视发展的基本特点

▲ 新世纪十年，中国广播电视经历了改革探索、曲折反复、飞速发展的摸索阶段，其发展的基本脉络是从慌乱到镇定：前五年是慌乱，后五年是镇定。中国广播电视传媒仍然在探索一条具有中国本土特色的生存与发展道路。

时统宇(以下简称“时”)：这十年，是新世纪的头十年，经历了我们国家的“十五”“十一五”。就中国广播电视产业和事业发展两个方面来讲，我想到一些关键词，这十年中国广播电视是从慌乱走向镇定，或者称之为淡定。刚进入新世纪的时候，中国广播电视整体比较慌乱，差不多持续了四到五年，过了四五年以后，开始走向镇定。慌乱最明显的表现是：中国加入 WTO——狼来了。当时给人的感觉，只要中国加入 WTO，中国的民族工业、民族产业、文化产业都将面临巨大的挑战和危机。

而中国广播电视界比较流行的话语是：做大做强、传媒大鳄、中国传媒是小舢板等等。中国广播电视在刚刚进入新世纪的时候，从体制到机制、节目的生产播出等方方面面都表现得比较慌乱。我从一个研究者角度来考虑，如果要是从体制和机制包括产业方面来讲，中国广播电视进入新世纪的前五年，是中国广电历史上最乱的时期。正如有的专家曾经形容的，这种“乱”表现为：产业化的是是非非，集团化的反反复复，有线、无线的恩恩怨怨，局台合一的打打闹闹，网络整合的忽忽悠悠，等等。

这种慌乱具体表现是，时代华纳合并以后成为传媒界的庞然大物。而反观中国广播电视都是属于非常分散的个体户，小舢板没法跟传媒大鳄、超级航母对抗，于是急急忙忙地进行集团化。对于中国广电的集团化，早在前几年我就说过，它将以失败而告终的，教训非常深刻。用行政捆绑的做法去“做大做强”，其心态和做法都带有非常多的主观意志和行政主导。这种慌乱有认识方面的一些差距，也有不了解情况的一些差距，最重要的一点是中国广播电视这几十年的一些遗留问题，进入新世纪以后，有一个突然的爆发，比如说“四级办电视”遗留下来的问题，“管办不分”的问题等原因。

2005 年以后，中国广播电视逐渐走向镇定。国际大背景是 2008 年爆发了次贷危机,按毛主席的说法就是"敌人一天天烂下去,我们一天天好起来"。这个时候,中国广播电视在经过了四五年慌乱期后,大家开始逐渐看明白,最根本的还是应该踏踏实实地做好自己的事情,内容为王仍然是以不变应万变的策略。还有一个关键问题,大家逐渐看到了困扰中国广播电视界发展的克隆问题、低俗问题,更多的是本土的问题。

总的来说,中国广电业新世纪前十年,仍然是探索一条具有中国本土特色的生存与发展的道路,而在这条道路上,包括中国广电的集团化,教训多于经验,失败大于成功,有它的必然性和不可逆转性。重要的是,这些经验教训,对于中国广电今后的发展是大有可借鉴之处的,都是我们的一笔宝贵财富。

胡:时老师作为学者,评价开诚布公,非常清晰地描述了新世纪头十年中国广电发展的基本特点。

王云鹏(以下简称"王"):新世纪这十年的广播电视历程,我概括为改革艰苦探索且曲折反复,事业产业并行又快速发展的十年。新世纪初,面对国外媒体的急切进入和国际媒体集团的兼并整合,我们很着急,在思想还不统一和思路还不成熟的情况下,就实践先行了,结果就出现了反复的情形,集团化改革就是这样的。广电集团化,为什么大家后来说"四不像",就反映出了这个问题。大方向是明确的,觉得我们必须要进行改革,并通过改革做强做大。但是在怎么做的问题上,我们没有想得很成熟,也可以说带有试的成分,所以出现了反复。

今天要评价新世纪十年的广电改革还是要慎重。在这个过程中,有领导机关的决策,有学者的热烈讨论,还有一线广电人的积极尝试和艰难探索。因为广电领域的改革、文化领域的改革,都和政治体制改革有十分密切的关系,受着政治、文化、社会等多种重要因素的制约和影响。在当时经济体制改革不断深化的背景下,在进入新世纪的历史阶段和关键时刻,大家都非常急切地希望改革,中央领导又号召我们做强做大。在这样一个背景下,广电人还是响应号召,在体制机制的改革或者创新中,积极上路,勇于探索,具体的改革模式也是多样的。回过头看,总的来说,中国广播电视改革时间比较长,"摸着石头过河"的过程非常艰难。当然,在十年来国家经济社会持续快速发展的大好形势下,中国广电在事业和产业两方面仍实现了比较快速的发展与增长。

胡:王台长为我们提供了一个经历者的视角和观点。刚才时老师描述了整个中国广播电视这十年从慌乱到镇定的状态,我特别认同他的描述。时老师分析了国内国外两个背景,中国加入 WTO“狼”来了的这种压力,现在还记忆犹新,20 世纪 90 年代后期到本世纪初的研究文章,WTO 好像是脱离不开的话题。这是广电业发展所受到的外部压力。

从内部来看,十四大之后,整个国家一直在快速推进产业化,从经济领域一直延伸到社会生活的其他领域。这种背景下,电信和网络本来就有一定的市场化基础,而电信又一分为三,快速地推进改革,一下子把盘子做大了。这是内部压力。

广电行业的主管领导,包括高层领导,肯定看到了国内整个中国特色社会主义市场经济快速推进的步伐。在宣传文化上不能坐以待毙,必须要整合力量,迎头赶上,必须得把自己内在的产业、产能、效能激发出来,否则要做大做强是不可能的。所以在这个前提下,推进广电产业化的目标明确了。我觉得我们的高层和主管部门,在宏观上、战略上的基本判断是正确的,看到了国内国外的这种压力,必须做的战略选择就是做大做强,这个动机、目标,包括想象和期待都是没有问题的。

如果不推动改革,我们不可能有今天的成绩。2005 年之后之所以镇定,是鉴于我们相对成熟的内容产业,包括整个广电经营产业发展的格局和层面,尽管有一些问题,但是确实还是比头几年要走得更坚定和更明白。

王:我们今天大概能够看得清楚一点的就是这个发展脉络和思路。2003 年我在中央党校学习,期间新闻集团的默多克来做过一次演讲,我当时问了一个问题,说您常来中国,作为同行您对中国的广播电视也非常熟悉,您怎么看我们眼下方兴未艾的集团化改革?他回答得非常简洁清楚,他说你们目前不是什么集团化的问题,而是企业化的问题。他的意思是说,没有解决企业化的问题,集团化还提不上日程,因为集团化是一个产业领域的问题,而不是一个行政和事业领域的问题。实践证明,事业单位捏不成集团,借用行政手段也只能是倒手和翻牌。企业集团化是资本兼并,现代化的传媒集团,理应是市场上的传媒企业的集合体,是通过资本融合、兼并和控制的媒体企业集团,是母带子的关系和系统。实践也证明,事业体制和行政手段也可以做大,但是要在竞争激烈的传媒市场上真正做大做强,还是要按照市场规律来操作。十年来的艰难探索和曲折反复,使我们今天比较清楚地看到了这一点,从而有了新的认识。吸取了已有的经验教训,今天我们又在进行制播分离名义下的事业企业分开又共存一体并行的探索,在进行传媒事业机构名下的企业集团的尝试,这比以前的集团化是一个进步,但结果如何还要由实践来检验。

胡:刚才王台长用“艰难探索、曲折反复、快速发展”概括了这十年中国广播电视的发展道路,我认为很准确。20世纪80年代之前,中国电视是以“宣传品”为主导,艺术性较弱;90年代开启了探索广播电视独特传媒艺术、个性的“作品”阶段,出现了符合电视自身,符合中国电视本土观众需求的一些独特的形式与观念;90年代后期,随着整个中国广播电视体制的改革推进,内容生产方面,进入了一个以市场为导向,观众诉求为标准,以“产品”为主导的阶段,所以整个电视节目类型,包括新闻、专题、电视剧、纪录片、电视文艺等几乎都进入了所谓的产业化。产业化获得了什么?泛娱乐化。新闻也娱乐化,专题也娱乐化,一切娱乐化;衡量标准就是收视率加广告效应。但是我们也要看到这是一个巨大的进步,首先让老百姓的话语权越来越高、越来越大,参与度越来越热,全民狂欢。以前老百姓说花钱“买个爷”回去,天天教我;现在,广播电视在不断满足老百姓的娱乐诉求。娱乐化和产业化是这十年中国广播电视媒体最大的景观变化。

中国广播电视媒体的新格局

▲ 中国广播电视媒体已到了“春秋战国”时代,在激烈竞争的态势下,也出现了一些问题。其中,低俗与创新能力欠缺仍然会影响中国电视未来十年的发展。

时:中央电视台影响力仍然很大,但是现在全国各地电视诸侯竞争非常厉害。中国广播电视格局在各地电视台上星时曾很是热闹了一阵子,不少人向央视老台长杨伟光流露出一种担忧:中央电视台竞争对手太多了。杨伟光有句话表达得特别清楚和淡定:广播电视以不变应万变的最重要一点是内容为王,甭管多少星、多少台,老百姓看只能看一个台,这就要看节目质量了。

中国广播电视业,特别是电视媒体这十年的一个巨大变化和进步,就是中国电视传媒市场化、产业化,甚至商业化步伐的加快,这是我们始料未及的。比如十多年前,中国电视节目市场远远不像现在这样发达。中国电视节目比拼的主要有两种类型:第一,电视剧;第二,综艺节目。这两类的市场化、产业化、商业化程度最高。以电视剧为例,十多年前,当时的海派、粤派、京派电视剧三足鼎立时,《情满珠江》《英雄无悔》《外来妹》等绝对都是由中央电视台首播,没有现在的首播剧、独播剧、自制剧之说。但现在中央电视台之所以遭遇挑战,首先是其播出的一些电视剧影响不大,而地方台率先播出的如《激情燃烧的岁月》《金婚》《黎明之前》等却大受欢迎。

在我们面对地方卫视逐鹿中原、狼烟四起的格局时,评价其积极意义的同时,确实也有我们的焦虑。最大的焦虑是2010年胡锦涛总书记提出的抵制“三俗”之风,这可能是一个最权威的声音。由于片面追求收视率,2010年的相亲节目、养生节目、情感类节目出现了一些问题。另外,地方卫视出于对排行的过度热衷,产生了恶性竞争。尤其是2010年几个相亲类节目,给大家上了实实在在、非常生动的一课,大家看到了在肯定市场化和产业化进步的情况下,如何避免泛市场化、泛娱乐化、泛产业化,很值得我们从另外一个角度进行反思。

反过来讲,还是印证了我们在回答第一个问题的时候提到的,困扰中国广播电视行业,尤其是中国电视传媒发展的两大问题,现在看来非但没有得到较好的解决,而且愈演愈烈:第一,低俗;第二,创新能力欠缺,带来克隆成风。这两大问题仍然会困扰中国电视未来十年的发展,我们仍然没有找到特别切实的、行之有效的治理路径。因此,如果要是对这十年的中国广播电视进行评价,尤其是电视的生存格局和环境,应该说喜忧参半。

王:我感觉这十年中国广播电视节目也是在飞速发展,跟我国经济的高速发展相似,突然感觉频道频率和节目多得过剩了。

这十年广播电视的新闻节目,因为网络等新媒体的崛起而在题材、内容方面更加广泛深入了,在传播环节上也更加即时和互动。新媒体的兴起加速了对新闻报道的竞争。因为新媒体的信息发布更加便捷而广泛,传统媒体不报道或报道速度稍慢一些,网络就能将信息传至千家万户。因此,传统媒体就可能游离于全社会之外,这是一个尖锐的挑战。但是这反而刺激了传统新闻媒体,尤其是中国广播电视新闻节目的快速提高与发展。当然,广播电视的各类节目在这十年都有很大的进步与发展,内容更加丰富多彩。但也确实出现了一些突出的问题,如时先生所说的低俗、克隆、泛娱乐化、片面追求收视率等。我认为,广播电视新世纪的十年既反映了我们这个社会的高速发展,也折射出这个社会的功利与浮躁。

胡:一个繁,一个杂。十年干“别人”一百年的活。在这其中,必然会有一些问题出现,也是我们在发展中亟须调整、总结和解决的问题。

中国广播电视传媒的机制改革

▲ 2010年,中国广播电视传媒体制机制继续深化改革,但是对改革的评

价应该是谨慎大于乐观,改革还应更深入。

胡:2010 年中央电视台全面实行机制改革,全员竞聘,频道制改革,这对央视来讲是大事,对全国广播电视媒体来讲也是一个重要的问题,两位怎么评价这次改革?

时:我对中央电视台全员竞聘、频道制改革,谨慎比乐观占的成分大一些,远远不是要大唱赞歌的时候,为什么?中央电视台这些年来,包括每年 11 月 8 号的广告招标,广告收入年年攀升,这当然可喜可贺。但是,对于整个中国电视来说,中央电视台一个更重要的任务是如何体现国家大台的中国风格和中国气派,如何体现中共十七大报告提出的"用中国特色社会主义共同理想凝聚力量,用以爱国主义为核心的民族精神和以改革开放为核心的时代精神鼓舞斗志,用社会主义荣辱观引领风尚"。因此,中央电视台的最大任务是引领,如何引领中国电视,尤其是节目市场的健康发展。

这些年来,我对中央电视台在节目生产、播出、创新方面比较失望,我甚至认为中央电视台近些年来没有能够担负起引领中国电视节目创新创优的重任,为什么?比如说你说选秀节目不行,你有什么"行"的?比如 2010 年无论中宣部也好,国家广电总局也好,包括社会舆论的反应,大家一致比较看好、称赞的如东方卫视的《中国达人秀》等,还有其他一些地方卫视的节目,既有社会效益,又有经济效益。这些节目恰恰都不是中央电视台打造的。

回顾一下历史,十多年前,中央电视台引领中国电视健康发展的历程中,《焦点访谈》对于舆论监督类节目的引领,《新闻调查》对于深度报道类节目的引领,《实话实说》对于中国谈话类节目的引领,甚至稍后一点,《讲述》《走进科学》《探索·发现》对于中国故事类节目的引领等等,都树到起了标杆的作用。而这些年真的说不上中央电视台有哪些节目有这种引领作用,这是让我感到比较失望的地方。中央电视台能否无愧于国家大台的称号和形象,最重要的不是完成了频道制或者全员聘任的改革,而是是否落实在节目创新创优方面,是否在新形势下书写"内容为王"的新篇章,进而承担起对于整个中国电视节目的生产、播出和社会效益、经济效益的引领作用。

对于这次中央电视台的机制改革,有的专家说,这是中央电视台在补十年的课,有的甚至说是在还十年的账,这些说法虽然有些苛刻,但是从一个意义上来讲是有道理的。我想到一个例子,1992 年在小平南行讲话以后,到 1993 年、1994 年,

《焦点访谈》《实话实说》《东方时空》《新闻调查》大规模、大范围正面健康积极引领中国电视节目的时候，中央电视台的体制改革、人事制度，包括人员招聘改革，为电视节目创新创优引领服务。尤其是像《东方时空》用工制度的改革，那个时候对于整个中央电视台，包括中国电视业产生了巨大的推动作用。因此，对于 2010 年中央电视台人事体制、结构这方面改革的效果到底怎么样，最终还是要落实到内容为王、节目创新程度、质量和对于中国电视整个节目的引领层面上，总之实践是检验真理的唯一标准。体制、机制的改革成功与否，检验的标准不是体制和机制本身，而一定是节目内容的生产和创新，这是我的基本观点。

不过有一点，我觉得中央电视台对于整个中国电视而言承担着正确舆论导向和文化担当的责任，特别让我感到兴奋的是马上要推出的纪录频道，我觉得舆论好像对于这方面关注得不太多。作为专业研究者，应该特别给予这方面的关注，因为它关乎整个电视节目舆论导向正确与否、文化含量是否厚重等等。这是我感到中央电视台 2010 年频道改革当中最大的亮点。

王：谈到中央电视台 2010 年的一系列改革，我觉得还是在事业体制范围内的，是按照中央对事业单位改革的部署进行的，而且结合了中央电视台的特点和情况进行改革和创新，起到了积极的作用。包括人才脱颖而出，对员工的激励和岗位要求都增强了。

怎么评价 2010 年广播电视的体制机制改革？频道制改革和频道专业化对于我们是一个启发，还有一个启发就是推动电视剧制作单位和出版社转企。为什么一定要转企？因为事业体制范围内，生产力的挖掘和发展已经到头了。如果仍然有发展潜力和前景的话，为什么非要转呢？而且转制的代价和成本也是相当大的，难度也很大。但是中央看准了，决定必须要转，事业的体制与机制已制约了它们的继续发展，只有把它们转变为企业，完全推上市场，这块事业才能变为产业，才能按照市场规律在自由竞争中做大做强，这些事业才有希望。

为什么要进行体制机制的改革？是为了解决原来体制机制下无法解决并已严重制约发展的长久难题。而目前仍长期困扰广播电视健康发展的一些突出问题，要求和呼唤广电行业加快推进和深化拓展体制机制的改革。比如，擅自开播频率频道问题，滥播乱放广告问题，“三俗”成灾的问题，克隆成风的问题等等。针对这些问题，如果头痛医头，脚痛医脚，就会反反复复，屡禁不止。恐怕病根还是体制机制问题。参照 2010 年体制机制改革的成功经验，频道制改革和频道专业化启发我们,对广播电视频率频道进行分类管理的改革,就是对频率频道进行公益性为主还是经营性为主的定位,从准入、运营、财税、监管、惩处等方面制定不同的配套政策,公益性的国家政府给予保证,经营性的严格依法办事可生可灭。不再一身两面,占着事业体制、市场机制两方面的利,又难以或并不尽到两方面的责任与义务。电视剧制作单位和出版社转企启发我们,是否可以扩大转企改革和深化产业改革的力度,通过股份制建立健全现代企业制度,奠定广播电视传媒产业大发展的基础。

胡:两位谈得很透,已经超出了原来的预想,从频道专业化和央视内部改革,延伸到全行业市场化,从事业到产业,从市场化到适应市场产业需要的企业化,再到法制化。

2010年中国广播电视的年度热点问题

▲ 2010年中国广播电视业的热点是灾难性报道、电视剧重拍、婚恋交友节目。总体感觉是喜忧参半。广播发展沉静、稳健,电视发展略显浮躁,创新和责任仍然是发展的要义。

胡:关于2010年的电视热点节目,我个人感觉有这么几个热点:灾难性报道、电视剧重拍、婚恋交友节目。

时:关于电视剧重拍,感觉仍然是喜忧参半。所谓"喜",大概从两三年前开始,中国影视有一个特别可喜的变化——高举起信仰的旗帜,像《潜伏》《黎明之前》《人间正道是沧桑》《暗算》等,这种信仰表达特别好,而且收视率包括广告收入都不错。重拍电视剧中像《红岩》《洪湖赤卫队》《永不消逝的电波》等都在央视播出,属于翻拍、重拍,这些作品不管广告和收视率怎么样,翻拍红色经典是2010年电视剧的一个可喜现象,高扬主旋律,从信仰角度重新出发。

所谓"忧",是新《红楼梦》评价非常负面,收视率和广告也不像预想的那么好。现在又在大张旗鼓地造势翻拍《西游记》《水浒传》,还有金庸的作品等,这个让我感到特别忧虑。热播电视剧在几年之内就翻拍,反映了中国电视剧原创能力的一种匮乏。

有关灾难性报道,我想说一说广播对于我的启发。十年当中,我们很少说到广播。20世纪最后十年是中国广播弱势,一定程度上是被边缘化的十年,但是进入新世纪以后的中国广播的发展,在相当程度上来讲,我认为超过了中国电视,有收视(听)率和广告收入增加的这种具体事例来支持这个判断。如果从广告增幅来考量,中国广播的增幅要高于中国电视。我认为新世纪的十年,中国广播打了一个漂亮的翻身仗。让我们感慨的是,在广播灰头土脸的那些年,什么时候听说过中国广播人说“我这日子没法过了”?我经常表扬中国广播,人家在十年当中踏踏实实干自己的事情,而且干得很精彩。

2010年的重大突发事件当中,广播对于新媒体的重视和利用非常到位。比如说“11·15”上海特大火灾,央广新闻最后干脆就播微博,这种信手拈来的资源实在是太丰富了,而且物美价廉。在前年特大冰雪中,湖南郴州连电都断了一个多星期,谈什么电视,媒体就剩下广播了,这算不算“沧海横流,方显英雄本色”?在这一点上应该给予广播特别的肯定和称赞。尤其是“中国之声”,更是可圈可点。

婚恋交友节目是2010年的三大收视热点之一。2010年有一个大背景我们一定得强调,这就是胡总书记亲自讲要抵制“三俗”。婚恋交友节目,以《非诚勿扰》《为爱向前冲》为代表,确实受到社会各界包括舆论的批评。我们说一种节目不行比较容易,但是中国电视有个毛病,经常倒脏水的时候,把婴儿一起倒掉,说某个节目不行,整个节目类型都不行。《非诚勿扰》现在还在播,收视也不错,我们是否在坚持正确舆论导向和文化担当的基础上,有一种允许犯错误和改正错误的机制?江苏卫视的《非诚勿扰》一定程度上讲,给我们提供了允许犯错误、允许改正错误的例子。喜忧参半,也可以用到婚恋交友节目上。

十年回顾,有一个非常重要的背景一定要提到,那就是中国新闻政策和文化政策在十年内的发展变化,其中应该特别提到胡锦涛总书记的几次重要讲话。对于新闻传播的一些提法,可以说有重大突破和创新。比如说重大突发事件,要提高时效性、增强透明度,第一时间发布权威信息;有对新媒体的重视,包括胡总书记2008年亲自在人民网上和网友在线交流;还有关于对西强我弱舆论传播格局的基本判断等等。这些讲话,中国广播电视应该给予充分的重视。像2010年灾害性报道也好,时政新闻也好,民生新闻也好,很大程度上遵循了胡总书记的要求。比如弘扬社会正气,通达社情民意,疏导公众情绪,开展舆论监督,保障人民群众的知情权、参与权、表达权、监督权,胡总书记对于四种权利进行了明确表达;特别是在2008年、2009年两次中央级媒体的重要讲话,一次是2008年在《人民日报》上,一次是在新华社2009年开的世界媒体峰会上,胡锦涛总书记讲话中透示出的理性、务实、平和、从容的风格和基调,特别值得我们重视。

王：广播的复兴，有广播人的努力和坚持，事实证明新媒体的出现不能完全取代传统媒体。广播抓住了两个机遇：第一，抓住了汽车人群。有车的人群大都是社会的主流人群、社会精英人群。虽然拥有车的是一两亿人口，但是社会中坚力量都在这个群体中，比较富裕有钱的人都在有车人群中，其中相当一部分有车人掌握着社会的各种资源。广播抓住了有车人群就拥有了最有能量的社会受众。第二，抓住了传统媒体和新媒体的融合。做得成功的广播，都把新媒体融入其中，扩大了信息来源，提高了传播效率和覆盖能力，实现了传播方式的不断现代化。抓住了这两个机遇，广播迎来了新的发展期。

相亲节目，我觉得有个定位问题，因为相亲、爱情、恋爱本来是件神秘、神圣和很私密的事情，要把这个事情拿到大庭广众之下的时候，分寸的把握就变得非常重要。另外，相亲节目是真相亲，还是假演戏真娱乐，这一点首先要明确，否则就忽悠了所有的人。

胡：婚恋节目基本上是以婚恋的名义，实际上做的是娱乐节目。两位说的一个共性的东西，就是年度两个关键词“创意”和“责任”，现在问题都出在这儿，创新能力匮乏，焦虑，就像王台长说的“浮躁”，这是大的社会背景。从行业角度讲，原创能力匮乏，显现出我们在创意上的尴尬。

因为这样一些原因，行业自身发展过于快速，以至于我们来不及沉淀，来不及思考，来不及回味，所以我们就谈不上所谓的原创。我想在这样的状态当中，谁都来不及也不敢沉淀，沉淀几年，潮流跟不上，翻页了。克隆、抄袭，包括经典重拍，为什么这么火爆？因为成本很低，这是创新要付出的代价，如果要沉淀，意味着在市场上很难站住脚，付出的代价将是相当惨重的。

为什么大家高度评价广播，因为广播更沉静，我们看到了它在浮躁当中的稳健，不像电视。电视也有积极的层面，比如说公益晚会的社会动员，但是也有过公益性募捐变成台上光数钱的问题，过分关注谁谁捐多少钱，这是导向问题，把公益性活动做成捐款活动，显示出另外一种浮躁。

婚恋交友面对的是剩男剩女这个社会现实，反应速度很快，有积极意义，包括节目创新，在引进的基础上有很大的改造，有创新价值，也算难能可贵。但是，另一方面有些电视节目的确触及了底线。允许不允许出错，从大的程度来讲，错是很微小的，这些以外，我们首先看创意问题。创意匮乏，原创力弱，为什么？这里有社会原因、行业原因、成本原因、代价原因等等。

另外与创意相关联的就是责任，当然有人会说媒体要创收、养人、维护，但说一千道一万，党和政府办的媒体，不论你怎么说，这就是你的职责，你如果没有这种责任感或没有能力来担当这个职责，是你失职。像刚才王台长说的，法律上和行业管理上，现在当然还没有所谓准入退出，将来有没有可能？如果触及底线，对社会造成巨大危害，这种责任用什么方法承接？现在只能靠自觉和道德良心。

责任更要紧，经济领域里，做传媒创意产业，犯点错，出了问题，我们还是能容忍的，毕竟为了所谓的赚取更大的利益；但是如果在道德层面，在对社会有所担当，甚至对人类有所担当的时候，责任如果丧失，应该说这不能被饶恕，或者不能被容忍，当然现在还没有严重到这种程度。至于说无害，是不是可以睁一眼闭一眼？我们已经把责任底线拉得很低了。

回过头看十年整个节目生产状态、内容生产状态，其核心就是两个关键词：第一就是怎么创新，创新需要平衡最大利益诉求和为创新所应该付出的成本。如果大家都不创新，连央视都不带头了，刚才所说的引领何在？天天盯收视率，央视100多亿的广告收入都舍不得拿出五分之一、十分之一来做节目研发、创新，让地方台怎么研发，地方台更没有这个能力。第二就是责任，创新不能走向极端。

新媒体与传统广播电视媒体的融合

▲ 新媒体与传统广播电视媒体是一种融合关系，传统广播电视媒体借助新媒体获得新的发展，舆论引导新格局已经显现。

胡：近几年来，新媒体已经表现出强大的影响力，对传统广播电视媒体带来了巨大的冲击，请两位评价当前及未来新媒体与传统广播电视媒体的关系。

王：我认为当前和未来新媒体和广播电视的关系，是一种融合的关系。新媒体的出现本身有一个特点，作为单独媒体出现的新媒体，其实也是新兴的综合媒体，或者叫多媒体。就像话剧、电影是艺术门类中的综合艺术一样，作为新兴的传播渠道和表现形式，互联网媒体和移动多媒体涵盖了图文、影视音、动漫、游戏、广告、互动、购物等各种传播内容和形式，是综合媒体。

新媒体的出现和开办，不像传统媒体的分工，比如报社不能开办广播，电台和电视台也要分开办。这次新媒体的出现，无论中央政策也好，社会推动也罢，还是传统媒体的自觉，就是大家都来办，而且鼓励传统媒体开办新媒体。因此，从政策到实践,新媒体和传统媒体在中国是融合的。传统媒体通过迎接、参与、融合,发展为新的综合媒体。传统媒体和新媒体互相融合、互相支撑,形成你中有我、我中有你的局面。而且资源更为节约,力量更为集中,覆盖更为广泛,转播更为有效,优势更为明显。中国国际广播电台正是通过这种与新媒体的融合,比如开办了互联网媒体的"国际在线",迅速从长期保持的43种语言广播扩展为61种语言的新媒体传播。

时:关于新媒体有两种格局:第一,关于新媒体的蛋糕有多大。2010年广电的关键词之一是三网融合,我曾经写过一个东西,没有利益和体制的融合,三网融合就是一个传说。为什么?把电视广告市场和手机短信市场做个简单比较就明白了。中国的电视人累得头都快掉到地下了,广告收入不如全国人民一起发短信。摁出来的收入,都比电视广告收入要多得多。而且你什么时候听说过电信把手机短信的赢利当回事?第二,更重要的现实格局是舆论引导格局,或者叫新媒体舆论引导格局,给我们传统广电在传播资源上带来的新空间。我们得承认,在新媒体铺天盖地的情况下,广电媒体在一定程度上被边缘化。现在我们更多地是要向新媒体学习,利用新媒体资源,才能完成中央政府交给我们的形成舆论引导新格局的任务。舆论引导新格局是什么?大家正在探索、摸索,但是有一条,舆论引导新格局不可逆转。

胡:三网融合是大势所趋,对于传统广播电视媒体来说机遇与挑战并存。由于这种融合可能产生出若干新的业态,而融合媒体全世界都在探索中,由此带来的国家信息安全及新旧媒体的利益格局等问题非常复杂,一言难尽。但有两点可以肯定:一是技术发展必然冲破和影响现有的传播方式及相关制度安排,对此应从容应对。二是应当以人为本,如果能给受众带来便利和满足,就应积极推动。

提升中国国际传播能力

▲ 中国国际传播战略构想和规划部署十分必要,又非常迫切;相当给力,要长期坚持;尽快完善并不断加强。

胡:随着中国国力的加强,中国国家形象的对外建构成为中央高层重点关注的问题。国务院新闻办公室启动了国家形象宣传片的拍摄工作,中央级媒体如新华社、中国国际广播电台、中央电视台加强对外覆盖能力和报道能力,两位能否对中国国际传播战略构想做一评价？

王：关于中国国际传播战略构想，近年来引起了党和政府的高度重视，专门提出了提高国家重点媒体对外传播能力的规划和部署。因为我在中国国际广播电台（以下简称“国际台”）工作，在对外传播和国际传播的第一线工作，对此有更真切的感受。

这个战略构想和规划部署，第一，十分必要，又非常迫切。为什么？因为我们的对外传播能力及国际传播力还非常弱，同我们大国的地位和在国际上的作用与影响很不相称。国际台经常接待来访的各国代表团、参观团、培训班等，当我们介绍完国际台对外传播的发展情况和现状后，外国朋友常表现出意外的惊讶，同时希望我们把国际台的广播、中国的电视能传送到他们的国家去。他们说，当发生了有关中国的事情后，他们听到看到的都是西方传媒的报道，有很多都是歪曲、攻击性的报道，他们也不全信，可又听不到、看不到中国自己的报道。这对我们刺激很大。所以，我们非常欢迎和拥护国家关于加强国际传播能力建设的决策，并要加倍努力，加紧工作，早日实现和落实中国国际传播战略构想与具体部署。

第二，相当给力，要长期坚持。按照国家的要求，国际台要在多方面开展提高对外传播能力和国际传播力的建设。一是境外落地播出。通过合作建设和市场租用，在海外设立落地播出的中波或调频台。二是本土化制作。要在有落地播出中波和调频台的地方，通过合作或委托的形式，建立本土化的节目制作室，在当地制作播出适应听众需求和有针对性、贴近性的节目。三是英语环球广播。我们将实现对全球不同地区的多套每天 24 小时不间断播出的环球英语广播。四是华语环球广播。将实现对全球不同地区的多套每天 24 小时不间断播出的环球华语广播。五是多语种环球广播。六是新媒体建设。不光有国际在线网站，还将开播中国国际广播电视网络台，即 CIBN，面向全球播出。七是技术设施建设。这是一个宏大的目标与任务，必须长期坚持才能尽快并逐步地实现。

第三，尽快完善并不断加强。包括税收等方面都要尽快改进和完善相关政策和措施，在海外落地播出和本土化节目制作的公司化开拓和创新方面，在海外媒体的购买、参股、兼并等方面，都需要相关政策和具体措施的有力支持。

胡：王台长的描述非常全面。可见提升国际传播能力既要分析国际传播环境格局，制定恰当的战略规划，更要积极努力主动建设。这包括从硬件和软件两个方面都得努力。王台长主要从广播媒体的角度谈了中国国际传播能力的提升，那么电视媒体应有什么作为?

时:中国电视十年来"走出去"的步伐也在加快。加强我国电视对外传播的战略意义在于:第一,是实现跨世纪的宏伟目标的需要。新世纪国际形势正在发生深刻的变革,世界多极化和经济全球化的趋势正在深入发展,科技日新月异,综合国力竞争日趋激烈。跨入新世纪后,需要中国全面地了解世界,也需要让世界更好地了解中国,以创造和保持一个良好和谐的国际环境。第二,是为了更好地展示我国良好的国际形象,进一步扩大对外开放的需要。要让世界更全面、准确、及时地了解中国历史、现实和发展,了解中国的国内外方针、政策。第三,是维护民族尊严和国家统一的需要,是反击西方对我国进行"西化""分化",扭转西强我弱的舆论格局的需要。

这些年来,中央电视台开播了多条多语种的国际频道,一些有实力的地方电视台也在北美等地实现了落地,2010 年中国新华新闻电视网正式上星,我国的一些影视剧、纪录片也在国际市场上崭露头角。一个负责任大国的良好国际形象离开了电视形象是不可想象的。我们必须看到,和中国高速铁路已领先世界相比,中华文化走出去的步伐还显得比较慢,中国电视任重而道远。

中国国际传播面临的问题

▲ 目前中国媒体的国际传播主要面临四个问题:覆盖薄弱、内容老套、针对性差、人才缺乏。

胡:目前,中国媒体的对外传播有哪些主要问题,中国国际传播能力的提升还需要在哪些方面加强?

王:目前对外传播最主要的问题:一是覆盖薄弱,二是内容老套,三是针对性差,四是人才缺乏。

覆盖薄弱前边已经说了,西强我弱就是目前的现状,要改变这种现状,需尽快地扩大国际传播覆盖面。内容老套,拿对内传播的思路指导和开展对外传播、国际传播是不对路的。国际台这几年也在适应海外落地播出的需要,改进节目的内容制作和编排,但仍需改进。比如我们在非洲塞内加尔落地播出后,我驻塞大使馆非常高兴,来电祝贺,但一星期后又来电话说,你们的一些节目内容不太适合当地听众。因为是几千公里甚至是上万公里之外的传播,距离太远,而且传播的内容缺乏针对性，谈不上适应性，所以难有吸引力。就是落地播出了或进入了当地的广播电视网络，也还有融入当地社会和媒体市场的问题，也有个与当地丰富多样的广电节目比较竞争的问题。还有人才缺乏仍十分突出，尤其是非通用语专业毕业又能胜任新闻传播工作的业务人才奇缺。另外，对外传播和国际传播的单位与部门，差不多完全靠国家有限的工资做薪水，缺乏创收来源与津贴补贴，工资待遇与其他国内媒体比相差较大，既吸引不来也留不住优秀的人才。再就是驻外记者与我外交人员待遇相差较大，严重影响了外派记者驻站工作的积极性。

胡：王台长这四点讲得十分到位，击中要害，那么现在有什么设想和措施来解决这些问题？

王：要加快对外传播覆盖网络建设，尤其是落地播出和进入当地广播电视网络与市场。要加快节目的本土化制作与播出，通过委托制作或建立海外节目制作室，制作本土化节目，制作当地人需要的节目，解决针对性、适应性、融入性的问题。同时，加快对外传播和国际传播的内容创新，国家宣传管理部门对于国际传播宣传口径的指导和要求也要跟对内传播不一样。支持改革并加快完善对外传播的产业政策与措施，支持对外传播和国际传播的公司化运营。要尽快研究并解决对外传播和国际传播工作人员待遇低、吸引不来也留不住优秀人才的问题，参照同等级别与能力水平的国内媒体人员待遇，不断提高和拉齐对外传播工作人员的实际待遇，并尽快解决驻外记者与我外交人员的待遇差别，以保证我驻外记者队伍的稳定和人员素质的不断加强。

国际传播人才培养

▲ 加快国际传播人才培养，充分发挥和提高现有人才的作用，切实培养国际传播专门人才。

胡：目前，国家积极加强国际传播人才的培养，比如清华大学、中国传媒大学等几所高校的国际新闻传播人才后备班的建设正在紧锣密鼓地进行着。最近，中共中央政治局常委李长春同志也刚刚考察了中国传媒大学国际新闻传播人才后备班的建设工作。那么对国际人才传播的培养与建设，我们需要有哪些切实有效的途径和措施？在后备人才的培养方面，我们还应该有哪些措施？

王：关于国际传播人才培养的途径与措施，一是形式方面。应有扎实实用的学历教育,注重外语和应用学科门类的学历教育。与国外交换学习应该变成常态,现在好像逐步走向常态,这个应该完善。在国内外的实习要有组织、有实效、有考核,纳入学分,现在的实习都是学生自己联系的,恰恰这一块要重视,目前还是薄弱环节。研究生教育要求学生必须有实践经历,教育形式可灵活多样。学科专业有适当的方向性,钻深一些,适合于将来从事某个行业或语言地区的专门报道工作。二是内容方面。要有一门专业外语,而且精深,这个不精真不行。英语必须具有一定水平,因为这是目前最国际化的工作语言,否则难以胜任国际传播这个工作平台。有国际传播的系统学习和专门训练,因为作为传媒工作者,外语是必备的基础工具,国际传播才是本职和专业。还要有新媒体或媒体管理、经营的专业学习与训练,这是目前十分紧缺又迫切需要的国际传播专门人才。

胡:非常感谢两位为《现代传播》2011 年年度对话所贡献的思想、理念与观点。新世纪以来,中国广播电视媒体面临的压力最大——面对来自政治、市场、社会、文化的需求,面对来自新媒体的挑战,面对行业自身激烈的竞争。如何实现生存、发展与繁荣?我们欣喜地看到,中国广电人坚持在困难中探索,在探索中创新,在创新中发展。期待这些探索创新为中国广播电视未来的发展留下宝贵的经验。

价值重构：中国传播研究主体性探寻

——2011年《现代传播》年度对话

◆ 〔加〕赵月枝　胡智锋

时　间：2010年12月27日下午

地　点：中国传媒大学五号楼《现代传播》会议室

对话人：赵月枝　加拿大西门菲莎大学教授、全球传播政治经济学加拿大国家特聘教授、中国传媒大学"长江学者"讲座教授

胡智锋　教育部"长江学者"特聘教授，中国传媒大学教授、博士生导师、文科科研处处长、《现代传播》主编

整理者：张志华　中国传媒大学电视与新闻学院讲师

【编者按】本文为教育部"长江学者"特聘教授胡智锋与"长江学者"讲座教授赵月枝关于中国传播研究的学术对话。在本次对话中，两位"长江学者"在全球视野下围绕中国传播研究的现状、问题、特征及发展趋势进行了深入探讨，提出了不少一针见血、启人深思的理念与观念。

胡智锋（以下简称"胡"）：今天两位"长江学者"要做一番关于中国传媒学术的对话[①]。一位是在中国传媒大学前身北京广播学院毕业，现为世界知名的华人传播学者赵月枝教授；一位是本人，与中国的传媒一起成长，做中国传媒研究的本土学者。我们两位，恰好成了有中国传媒大学背景的两位"长江学者"。

赵月枝（以下简称"赵"）：我很高兴有机会跟国内的学者做深度交流。

胡：我们对中国传媒大学"长江学者"人才工程用这种方式来做纪念，更重要的是，从国际视角和本土视角，我们怎么看待中国传媒学术的现状和问题，在全球视野当中，中国传播学术的地位、经验、现状和发展的可能性。同时，这个对话也是

《现代传播》名刊工程中的一个亮点,我们始终以推动传媒学术为己任。用对话的方式来激发学者对传媒学术发展提出比较客观的看法。

众声喧哗与价值危机

胡:与中国社会一样,中国传媒正经历一个超速的发展,带来的传媒剧变以及传媒学术剧变也是让人始料未及的。

按照传统做法,我们会做很多理性推演,要做调查,用科学的方法来选择对象,细细揣摩,沉下来,再经过若干年的积累,慢慢形成一个观点、一种说法。而现在,传媒学术和传媒的变化速度一样快,很多事情感觉来不及,你还没有确定好方向,新的潮流又来了。世界的变化、中国的变化、传媒的变化、传媒学术的变化,都非常匆忙。在这种匆忙当中,整个传播学界出现一个众声喧哗的状态,也出现了一个失语的状态。

原来可能会有潮流引领者,会有权威和跟随者,形成所谓流派、学派,但是现在越来越难了,都匆匆忙忙的。很多种方法、很多论文、很多著作,汗牛充栋,但是你又感觉似乎没有说清楚。

赵:其实,众声喧哗和失语的背后是危机。国内传播学是在当年新闻学的基础上嫁接西方,尤其是美国实证主义传播学而繁衍的,我们当年新闻学的基础理论是马克思主义新闻理论。改革开放以后,尤其经过80年代"新启蒙"、告别革命,当年马克思主义新闻理论面临危机。记得当年在学校,我们一方面批判资产阶级新闻虚伪性,另一方面又把《纽约时报》当作标杆,把客观性当作我们的目标,认为我们的媒体是宣传,而他们是客观的。

胡:是专业主义。

赵:当年的马克思主义新闻理论被我们自己认为是僵化的、教条的,没有说服力的。同时,我们引进了美国主流传播理论及其实证主义的研究方法。虽然实证主义本身好像不考虑价值层面的东西,是科学的,但实际上,它隐含的理论前提是美国自由主义的价值体系。如霍尔所论,实证方法所假定(assume)的价值观,即美国在战后五六十年代的"冷战"意识形态,是不被讨论的一种"共识"。用这样的意识形态共识来理解刚才您所说的中国现在千变万化的传播现象,的确力不从心。

我们面临的境况是,首先,传统马克思主义理论已经不能解释改革开放的一些新发展，以美国为主导的西方实证主义研究方法所假定的理论框架，面对中国的现实又力不从心，这导致我们当下的危机。与此同时，我们确实也引进各种西方批判理论，但是西方批判理论从法兰克福学派到后现代也有其具体的语境，我们怎样把它们跟中国的现实结合，也是一个挑战。

胡：刚才您提到一个问题，就是怎么看我们的理论武器。理论武器后面是价值观，没有价值体系的支撑，就没有核心。

赵：没错，任何理论与方法后面都有一套价值观。被我们认为是主流的美国的实证研究，它假定"二战"后美国社会比较稳定，没有剧烈转型，更没有大规模的社会冲突，基本价值已经被承认，没什么可讨论了，他们是在这个基础上来做实证研究的。当然，"越战"和美国国内民权运动的崛起很快就暴露了这种前提价值假定的迷思和霸权性质。中国这 30 年经历了这么巨大的宏观转型，我们自己的价值观还在形成过程中。当我们不问价值盲目套用别人的理论与方法时，就把别人隐含的价值有意无意地给假定了。

胡：西方对中国影响比较大的有三个理论资源，第一个是马克思主义新闻观，中国化的马克思主义。辩证唯物主义和历史唯物主义是它的理论武器。从德国古典基础衍生出科学社会主义，经过了列宁和斯大林，经过了毛泽东，支撑它的价值观是革命价值观。

赵：反封建和反帝反殖反资一起进行。

胡：通过革命来寻求人类解放。这套东西我们拿过来，结合了中国的新闻实践，衍生出中国化的马克思主义新闻观，像党性、人民性。革命的价值观与党性、人民性这一整套的范式是一个对应关系。

第二个理论资源自由主义和实证又是另一种范式。自由主义对应的是实证方法，它的价值观是自由主义和现代化理论。欧洲经过资产阶级革命，资本主义扩张，资产阶级财富大量积累并遇到危机，刚才您提到，"二战"后欧美社会比较稳定，允许不同的主张来为稳固它的社会状态做研究。

赵：只能说是在自由多元主义（liberal pluralism）意识形态里面的不同社会主张，不可能多元到让共产主义者掌握话语权。经过两次世界大战后，社会比较平稳，自由多元主义成了"共识"，在这个前提下来推行实证研究，仿佛社会意识形态问题解决了，可以隐而不谈。

胡：当我们在学习和引进一种西方的研究方法时，我们更多看到技术层面的问题,而忽略了理论来源、深层次的价值观问题,如果缺了这个深层次的理解,我们的方法论就是缺乏生命力的。根深才能叶茂,不见得非要去把西方树根挖过来栽到中国,这是徒劳的。中国经验告诉我们,真正的培植还要在自己的国土上,要根据自己的土壤和环境,来栽种植被。

赵:就这棵树本身,我要追问:它是充满生机的希望之树,还是千疮百孔的病树?西方资本主义早在马克思时代就已经展示了它的危机、它的矛盾。资本主义到了现在,它的不可持续性应该说是不言而喻的。我们甚至还要进一步追问:这是一棵为人类遮风挡雨的庇荫之树,还是流着毒汁、结出战争恶果的灾难之树?

胡:是要打一个问号。

赵:更要打一个叹号!正因为这样,所以我们要创新。这个创新不仅是为中国自己,也是为人类未来。从2008年美国次贷危机到现在陷入债务危机的欧元区"笨猪五国"②,到生态危机,西方自己也在寻求出路。事实上,自从《共产党宣言》问世以来,就已经不再是资本主义能否持续的问题,而是应该有什么样新的制度来替代它。现在,这个问题更迫切了。

胡:第三个理论资源是后来西方的批判学派,它是建构在资本主义后期,对从现代到后现代转型过程出现的种种弊端进行的自我反思、自我批判,形成改良主义这一整套理论,它的价值观是改造的。

赵:马克思主义在欧洲产生,它的传播在政治地理上有两条线。一条线是现已成为历史的苏联和目前还宣称在建设社会主义的中国,另外一条线,在西方内部也有马克思主义。也就是说,马克思主义的解放话语在世界上分了两支,一支以20世纪的苏联革命和中国革命为主导,在不发达国家形成与革命相关的理论与实践。在媒体领域,这体现为党报理论与实践。另一支,西方知识界把马克思主义思想延续了下来。从法兰克福学派到后结构主义以及与之相关的"自主马克思主义"等流派,"西马"思想体系比较复杂。如果改良成了政治诉求,这部分如列宁的帝国主义理论所示,是因为"西马"学者所在的西方国家处于世界资本主义体系中可以通过强权和国际劳动分工剥削边缘国家及其人民的位置,阶级冲突没有到暴力革命的地步。但是,"西马"传统在西方语境内一直没有放弃马克思主义人类解放的愿景。从这个角度来看,马克思主义最基本的解放价值诉求,在西方和东方都有表达,只是表达方式不同。

讲到东方的马克思主义理论与实践,有一点很重要,那就是中国的模式跟苏联的有不同之处。政治学者林春认为，中国共产党在其追求解放的实践中，在不断探寻与苏联国家社会主义不一样的东西，那就是群众参与。具体到媒体制度，从群众办报思想到大字报实践，都体现了激进的群众参与思想。

胡：我们探讨价值观的问题，就是为今天中国的传媒学术正本清源。我们要清楚在中国自身发展进程当中，在我们的新闻传播实践和理论中，马克思主义人类解放理念其实是一以贯之的，体现在我们的传媒实践中，特别是群众性、人民性，具体包括群众参与的方式，这实际上是反科层、反专制、反精英主义的。

中心与边缘，霸权与挑战

胡：我多次说过，对任何一个媒介来说，收视率和广告收益可能是重要的，是它所谓赖以生存的物质基础，但是，我始终强调一句话，态度决定一切[③]，也就是说价值观是最根本的。如果一个媒体没有一种核心价值来支撑，它就失去了方向和目标，再好的技术也无能为力。对传媒学术也一样，如果没有一个核心价值去支撑，用什么样的方法可能就是奇技淫巧，就不可能充满激情，也不可能沉淀于理性。你的学术是缺乏活力的，只是为了完成一篇报告、一个项目，为了得到更多学术资源，而不是带着长远的设想真正去解决问题，没有一种价值观去支撑你做这样的学术。

赵：我比您更激进一点，不是没有价值观，而是有意无意甚至稀里糊涂认同了别人的价值观。因为任何一种理论和方法背后都有价值观，所以，即使你不去讨论价值观，也会通过理论框架和方法的选择把其背后的价值观有意无意地给带进来。结果却是橘逾淮为枳，不仅浪费资源，而且南辕北辙。

胡：比如说“后学”，这些年我们引进若干个“后”，似乎很时尚，但是慢慢发现其实我们引进的某一种学说，可能就是某一个学者他个人的视角，未必在西方学术主流中得到广泛认同，或者也未必见得就如何。很有可能因为一个偶然机缘被我们碰到了，就奉为神明。

赵：这说明我们不自信，老是问什么是西方主流。某种理论可能在西方不是主流，我倒不担心，只要这一理论立得住。刚开始被认为异端的东西有可能代表未来的走向。如果我们承认中国在开拓一个新的社会形式，我们是在探索中国特色的社会主义道路，那我们为什么非得迎合西方主流？为什么西方主流就应该是我们的主流？为什么明明知道西方那个模式建立在过去的殖民扩张和现在的美帝国体系之上,我们还要跟西方主流结合?

所以,“是不是西方主流”这个问题本身就体现了我们没有自主性,没有主体意识。

胡:中国的传媒学术界有两个现象特别有意思:一个是所谓“理论”,一个是“国际化”。只要说到理论,特别是传播学,就认为中国没有理论。比如说学生做论文,根据中国传媒的实践,花了大力气做了一个经验的梳理,会有人问,你的理论呢?如果你的博士论文里头没有西方的传播理论,那就不是理论。这个现象很普遍。非西方不理论,中国自己总结出来的不是理论。关于“国际化”。中国是不是跟国际接轨,就拿美国和欧洲作参照,再看看我们中国,结论必然是如此落后、如此差劲。

这是两个非常突出的问题。在我们的研究方法和价值观里,其实有一个深层次的问题,就是对我们自己本民族、本土的成就经验的漠视、不自信,包括对我们自身的新闻传播、广播电视研究的经验梳理。

赵:因为我们把自己的经验放在割裂的西方理论中,认为西方有理论,我们只能提供经验,好像理论就姓西。

胡:我们自己要建立自己的知识范式。

赵:我们习惯去承认西方知识的普遍性,再把中国经验放在里边。实际上任何一套知识体系都是以本地为基础的,包括中国革命和建设在内,任何社会运动和社会实践都有不同知识,都有不同理论资源,而不是西方就是理论,中国只提供经验。这点我本人也一直在抗争。有学者说,我有这套有关资本逻辑的普遍理论,赵,你来提供中国的例子。我说对不起,不是这么回事,资本主义逻辑跟中国社会结构有个磨合的过程(mediation)。不能把资本逻辑抽象出来,把它本质化,然后说中国只提供经验。

胡:中国只能做例子,知识体系和范式都是西方的。

赵:这本身就是西方中心主义的一种表达,把西方当作是普遍主义的。

胡:而且这种问题在中国知识界,特别是传媒学术界很普遍,因为传播学我们更多的是引进,我们已经习惯了认可“全球知识本地实践”,有意无意就把自己给矮了三截。

赵:这是话语霸权的集中表现。那你怎么赶超?即使出版再多的文章又如何?再多,也是人家的框架。所以要反思以西方为中心的知识论,也就是认识论。什么是知识,谁的知识,不同知识体系之间的权力关系如何,我们自己要反思清楚。像您刚才说的,当我们有意无意认为西方有理论、我们有经验的时候,实际上我们就永远不是这个游戏中的平等玩家了。

胡:我们已经上了圈套。

赵:对。再举个例子,几天前我在国内讲课,讲到中国"走出去"的时候,我说"走出去"很重要,但是还有一个"谁的声音走出去"的问题,比如《英雄》这部电影是"走出去"了,但我认为"走出去"的是秦始皇的视野,孟姜女的视野并没有"走出去"。课后,马上就有学生反问,美国有吗?可问题是,如果我说美国没有,是否就万事大吉,问题终结了,历史终结了?当然,在这里,秦始皇和孟姜女的视野只是象征性的符号。但问题是,为什么要拿美国作为一个评判标准?这里面是否隐含着美国代表"先进文化的前进方向"这一前提?在好莱坞的意识形态中,灰姑娘和《漂亮女人》(*Pretty Woman*)的视野是主流,我们的花木兰也被挪用(appropriate)了,但我们不能指望有更底层的孟姜女的视野。孟姜女代表被压制的阶级和民众,而且还是女性的。

胡:这很典型,这种发问我想不仅学生会有,甚至相当一部分学者也会自然地问美国有吗?或者问你的理论是哪里的,西方哪一派的?如果不是,他马上会质疑,你国际化了吗,与国际接轨了吗?

赵:当我们说"接轨"的时候,我们老想着纽约的摩天大楼,想着跟美国的中产阶级接轨。但是我们忘了美国中产阶级所依附或者它能够形成的内政和外交条件。在内,美国有自己内部的第三世界。在加州的一些贫民社区里,一个黑人男性在成长的过程中进监狱的机会比进大学的机会还要多。对外,美国有帝国的位置,它在全世界设立那么多军事基地,它出兵海湾、阿富汗,它可以先把萨达姆扶上台,再把他妖魔化;在巴拿马,它可以先扶持某政权,再把它推翻。我们一些知识分子,凭着自己的经验和想象就要跟美国中产阶级接轨,但是却忘了,它是一个整体的社会结构中的一部分,是一个世界体系中的一部分。

胡:在学术上也一样,我们也参照所谓与国际接轨。大学排名,我们要进世界100强,实际上是想进入那样的体系,变成那个体系下被他们认可的一个案例。

赵:对。资本主义在英国最先形成以后,整个资本主义世界体系(world system)只能是一个中心。当英国形成资本主义以后,它把其他国家卷进来,不可能同时有另外一个中心。你跟想象中的美国中产阶级接轨了,自己成了跨国消费精英的一部分了,但是谁在这个过程中被牺牲了,成了失地的农民和下岗的工人?从方法论角度,这是一个线性思维(linear thinking)和关系性思维(relational thinking)的区别问题。

胡:所谓国际化更多是一种想象,这种想象把西方的话语和知识体系当成了真正的知识,当成了全球普遍的知识,这样我们只能是它的案例,这个就是典型的所谓"全球知识本地经验"的体现,无非就是把西方或者美国代表的这种理论当成了唯一的理论资源,或者是让我们中国学术与这样的理论接轨,作它的注脚,这个才叫"国际化"!这在今天是个非常要命的问题。

赵:我们的学术还有深深的"殖民学术"印记。

西方与中国,解构与重构

胡:中国慢慢在融入世界,如果说经济上的全球贸易、跨国资本流动还可以接受的话,文化上的洋务主义或许对我们的文化和学术是伤害最大的。

赵:从政治经济学的视野,社会的经济政治文化是分不开的,它们互相建构。从某种角度说,我们学术的这个情况实际上跟我们经济改革后大规模依靠国外资本,依附美国并为美国生产和为美国金融资本主义埋单是相关的。所以,这样的语境下怎么获得自己的学术主体性,是一个很重要的问题。

说到中国学术的主体性,不是说要本质化中国,要在西方和中国之间画一条线,而是我们要有自己的关于世界普遍主义的辩解,要有自己的世界视野。我们学术要挑战西方中心主义,不是为了弘扬东方主义和中国文化本质主义,而是以另外一种普遍性来与现在占主导地位的普遍性进行对话。要从中国的立场出发,但是,要有世界的眼光。

实际上,中国与西方对立,很多时候是人为的,用萨伊德的话来说,是构建的。我们所说的"西方"现代科学,在许多方面得益于"东方"知识,是文明交融的结果。毕竟,现代数学所依附的数字是阿拉伯数字。

胡:所谓云计算,0 和 1 最基本数字是阿拉伯世界创造的。

赵:因此,一方面要挑战西方主导知识霸权体系,另一方面我们又不是提倡文化相对主义和"文明冲突论",而是要在更高的人类解放的层面来批判和挑战现行的资本主义文化霸权。

刚好现在地理上的西方是资本主义文化霸权的发源地和主体,工业文明是从那里发展起来的,但这只是一个在特殊历史条件下的产物。所以,在这个语境下,挑战西方,更具体地说,是挑战现在仍由西方主导的全球资本主义及其知识霸权。当然,这个“西方”现在早已在我们中国人的心里了。当中国学生问“美国有吗”时,西方已经在他自己心中了。

要挑战西方,同时要解构西方,不能把西方本质化,只当地理概念来理解。马克思主义也是在西方产生的,马克思之后,新的马克思主义、批判理论和“后学”里面的进步内核,都包含解放的诉求,所以西方也有挑战西方霸权的资源。另外,在西方还有被压制的原住民,他们一直在与西方资本主义价值体系进行着抗争。

要解构西方,同时要解构东西方二元论。在美国有第三世界,在中国有第一世界。在经济一体化语境下,早就是中国有西方,西方有中国。从跨国公司的运作到我们自己心中想象的作为价值规范的美国,资本主义现代性价值体系的霸权无处不在。

胡:在谈到全球和本土的时候,有两个极端倾向。一个倾向是以西方为中心。应该说近几百年以来,基本上是以西方为中心,经济、政治、文化都是如此,马克思主义以来的世界变化,整个民族解放运动,还是没有在根本上颠覆西方中心。另外一个倾向是极端的封闭,以自我为中心。这两种倾向都很危险。狭隘的西方中心主义已经造成很多恶果,消除了很多丰富的一些人类文化;狭隘的民族主义过于封闭,不接受世界,不接受其他民族和文化。所以一方面,对所谓以西方或者以美国为中心建构所谓理论和国际化,我们要批判;另外一方面,对狭隘的封闭的所谓民族主义或者文化本质主义我们也要说不。

“全球知识本地经验”这个话语,它隐含着非中即西、非西即中的意思,我们要解构它,消除二元对立。我们可能要反过来说,一个丰富的世界由多种知识建构,由全球各种在地知识建构起来。其实我们应该推动在地知识的建构,这是为了建构新的知识体系。

赵:新形式的世界主义。

胡:我们把不懂西方叫作无知,把懂西方叫作有知,这是问题。但是,仅仅是以本土作为一个封闭的场域,也是问题。

赵:实际上我们要的是一种有历史视野,有中国立场,但是又有国际眼界的知识。不是把中国和西方对接,而是在国际结构里理解中国、理解西方,来构建批判性的世界主义。

我刚才说，我们说“西方”，意指在西方占主导地位的资本主义现代性。所以，我更愿意说，我们要超越的是资本主义现代性。从这个角度来说，我们要构建的是另外一种现代性，或者说一种后资本主义的现代性，一种超越了中心与边缘、剥削与被剥削关系的新的人类共同体。

胡：我们的理想核心价值还是支撑我们的，追求人类解放的终极目标。具体在运行过程中，体现在我们的政治经济领域，强调的是尊重、平等的主体，突破二元化的对峙，或东方、或西方、或全球、或在地那种简单狭隘单一中心和单一本质，实现多种在地、多个中心、多个主体同时并进的世界主义。

赵：还有一点，知道自己的知识结构是跟什么样的权力结构相关，这是一种有反思性的知识体系。

胡：谈到这种知识体系的建构，我们要建构的体系是一个真正的无所谓有知无知，不是简单的二元对立。我觉得在欧美其实有一批具有世界主义情怀的学者，他们非常令人尊敬。比如已故美国历史学家斯塔夫里阿诺斯(L. S. Stavrianos)，有人说他是最伟大的历史学家。他的《全球通史》[④]在任何时段都不是把欧美作为唯一线索，而是平行看待全球历史。他在各个民族之间的关系建构中，试图构建真正的人类历史和全球历史。他说受材料的限制、受思想的限制，历史上任何历史教科书免不了西方中心。他努力在建构打破以西方为中心的、还原历史真相的全球通史。

赵：所以我们肯定要相信是有世界史、有人类史的。讲到西方理论，刚才我们说，有人非西方不理论，实际上，这里的“西方”还需要进一步解构。以我熟悉的传播政治经济学理论为例，因为史迈兹(D. Smythe)和席勒(H. Schiller)等学者的论著在北美用英文出版，我们就说这些理论是“西方理论”。其实我认为不是，因为他们的理论中，早就融入了对东方、对南方的关注和对全球反帝反资实践的总结。实际上，史迈兹的学术思想受到了毛泽东思想的影响，他早在20世纪70年代初就到中国研究中国的传播理论与实践。文化帝国主义理论受了非洲反殖民理论和实践者范农(F. Fanon)等人的影响。席勒“二战”期间被派到北非当兵，亲眼目睹了西方殖民主义给当地带来的压迫，这对他理论的形成也产生了重要影响。

从这个角度说，他们的理论不是任何本质化语境中的“西方理论”。这些理论融进了他们对自己本社会的批判反思，也包括像对“越战”这样的美国海外战争所带来的灾难的反思。他们之所以有这种批判精神，是因为当年有中国和越南这样的国家在探索另类现代化,也就是超越资本主义的现代化,或者可替代资本主义现代化的全球实践。

即使像美国主流学者阐述的现代化理论,也是以第三世界为观照的。现代化理论实际上跟“冷战”联合在一起,是希望把当时没有进入社会主义体系的一些第三世界国家拉到资本主义阵营里面的一种理论,它的目的在于维护西方的利益;但与此同时,其意识形态“工作对象”实际上是西方之外的“第三世界”。

胡:现代化理论是有核心价值的,但是我们往往只看到表象。

赵:我所知道的传播政治经济学领域当年的那些开拓者们,都观察、分析了非西方国家反帝反殖的民族解放与社会革命实践,并在这个基础上进行了理论总结。所以从这个角度来说,这些理论不是纯粹意义上的“西方理论”。当然,这不是说这些理论没有体现出这些身居西方的学者的局限性。正因为如此,中国学者加入理论对话就显得尤为重要和迫切。

胡:是的。应当摒弃非此即彼、或东或西的二元对立思维,尊重相互交流,相互尊重融合的、多元化、多样化的理论学术探求。恰如生物多样性保证了人类自然生存的良性生态一样,学术探求的多样性也会有利于人类社会文化生存、精神生存的良性生态。

中国传播研究的学术定位

胡:面对范式危机衍生出方法与价值之间的关系、东方和西方的关系、全球和在地的关系,以及有知和无知的关系,其实我们俩有一个共同的认知,即我们需要建构一个真正全球意义的一种非本质主义、非二元对立的一种新的知识体系,这种知识建构不论出自哪个国家,建构的知识体系应该是普遍主义的。越是民族的越是世界的。

赵:也就是说,这里有特殊与普遍的辩证和具体历史关系,不是本质主义的国粹,也不是抽象的普遍。

胡:中国新闻传播学界目前面对中国传媒发展的多种层面,像您刚才讲到“走出去”,这属于政府行为,为了提升文化软实力,提升国家传播力。在政策层面,我们也会有一些具体的推动,比如说振兴国产电视剧、动画片,推动三网融合,现在刚刚推动国产纪录片等等,所有这些政策层面的推动其实已经不是单一的中国化的东西,可能参照了日本、韩国这些亚洲相对发达的区域的实践,也参照了中国港台地区的一些实践,还可能参照远一点的欧洲和美国的一些经验。这些东西在我们的政策体系和我们对传媒的观察和传媒经验的梳理过程当中,已经变成了一个你中有我、我中有你的状态。

起点于中国的传媒实践和传媒经验,采用了多种来源的知识所建构的未来中国传媒学术,我想它应该自觉地建构一种全球知识,以中国为起点的、适应于全球的普遍经验,既是中国知识,又是世界知识,基于中国经验,但是超越了中国经验。

赵:对,还是如我前面已提及的,要有历史视角、中国立场和国际眼界。而且我们中国自己本土也有追求解放的实践,我们有很多经验,我们有自己的批判理论与实践资源,这些不仅已经影响了世界格局,实际上也有别人已经或正在借鉴。

我们既有五千年的传统,也有150年追求民族解放和社会解放,并创立自己民族国家的经验与教训,这个过程很曲折。我们先是反帝反殖,创立了一个多民族的现代民族国家(nation-state),而不是欧洲那样单一民族一个国家的方式。在进行社会革命的实践过程中,中国一直在反对苏联式的官僚主义。我们曾经不仅希望从“资”解放出来、从“帝”解放出来、从“殖”解放出来,还要从“官僚主义”里面解放出来。可以说,中国革命比苏联有更彻底的民主精神,比苏联有更普遍的社会基础。中国媒体理论与实践中曾经的群众路线,在苏联是没有的。中国的党报原则跟列宁的党报原则既有继承又不同。苏联垮了,很重要的一个原因是其官僚社会主义。现在有人提“鞍钢宪法”,有人提当年的群众路线。我们有这些在特定历史条件下的激进民主尝试,当然也有惨痛的教训。但是,不要因为有教训而不总结经验。

另外,改革开放30年来,尽管崇拜美国之风盛行,而且与美国接轨是许多人心照不宣的目标,但是无论官方角度还是民间角度一直都没有承认是把中国加入资本主义体系的,我们一直宣称是在探索中国特色社会主义道路。也就是说,中国没有像俄罗斯那样,通过休克疗法全盘西化。

刚才说,西方那棵树本身有毛病,而且是特定世界历史环境中的独苗。尽管这棵树是某些国家和某些阶级的摇钱树,我们不能也不应把这棵本身已经病入膏肓,而且给我们带来过灾难的树搬到我们这里来。中国一直在与西方的互动中发展着自己的批判理论与实践。更值得记忆的是,我们自己当年的批判传统是激发过西方理论和西方以解放为诉求的社会运动实践的。当年“红宝书”影响了西方60年代新一代知识分子，影响了西方的批判理论，包括“西马”的发展和“新左”社会运动。我刚才也说到，在传播学界，史迈兹被毛泽东的矛盾论和中国的传播理论及政策所吸引。可以说，正是中国等非西方国家激进社会革命理论和实践的警示作用及受这些革命影响的西方批判理论和进步社会运动所起到的啄木鸟式的改良作用，资本主义这棵病树才得以延续其生机。可是，为什么到了现在，我们反而到了非西方不理论，而且往往把西方学者作为“大师”请到中国来宣讲他们的理论，而不是与我们一起平等地讨论世界共同面临的问题？我们新一代中国学人在理论创新方面的确任重道远。

胡：从全球视野看，我们很容易走向民族虚无主义状态，要不盲目自大，要不妄自菲薄，这两个都很可怕。刚才说到越是民族的越是世界的，其实不管是天人合一，也不管是鸦片战争以来，还是新中国成立以来，有经验，也有教训，我们必须历史地去看，要去总结我们的历史经验，去规避我们的历史教训，不能因为自身问题，而去拥抱我们想象中的西方中产阶级美好图景。与此相关，面对今天传媒的走势和传媒学术的走势，我觉得我们应该给它一些辨析，比如说在学术诉求上，到底我们的学术为谁说话？是为精英专业主义说话，还是为普罗大众说话，政策设计是面向公共的社会，还是面向一小部分既得利益集团，这是个很重要的立场问题。

赵：是提高收视率，娱乐百姓，还是为百姓说话，或者更为重要的是，百姓自己是否能有自己说话的平台。

胡：我开篇就说，大家很急躁，很匆忙，于是不断呼唤创新，传媒的创新和传播理论的创新，时时发生。回过头来看，似乎也没有感到我们在创新。其实我们经常是为了技术，而丢掉了我们的核心价值。我们的目标在哪里？方向在哪里？有两种指向非常重要。一个是传媒要生存，自己养活自己，我们经常说，做大做强。这个路子应该是跟文化产业的规律相接轨的。另外一个就是在社会效益的诉求上，应该以公共服务作为它的核心诉求，因为简单的意识形态宣传我觉得不能代表大多数，简单的精英表达更不能代表大多数。应该确立公共服务价值取向，确立大文化产业生存发展做大做强的目标。

赵：中国媒体在做大做强向时代华纳等西方媒体跨国公司看齐的时候，我们要提醒自己，我们跟西方应该是不一样的，时代华纳是资本主义营利的媒体机构。

媒体如果以收视率为目标，这就背离了我们自己宣称的价值理念。一个很重要的问题是，我们媒体生产的目的是什么？媒体在做大做强的过程中，如果本身成了市场经济下的利益集团，目的就是为了收视率的话，我们就有理由问，这还是社会主义国家的媒体吗？如果是社会主义国家的媒体的话，那么，生产的目的是为了满足人民群众的文化传播需求，而不是为了更多地获取利润。当然牟利和民众的文化传播需求有某些结合点，市场在某些方面能够提供某些需求，但是你如果只通过市场满足需求，更多方面的需求市场提供不了，尤其那些没有购买能力的下层民众和那些挑战市场权力关系的观点，广告商不青睐这些群体和这些观点。

与此相关还有一个问题，我们学术生产的目的是什么？很多年前有人问我，WTO要进来，中国媒体怎么办？我说，先别问中国媒体应该怎么办，因为这是把我这个学者定位于媒体策略发展部的研究者了。从另一个角度来想问题，我们需要考虑的是，WTO进来以后，中国传播生态会怎么样？也就是说，我们应该更多地站在社会的立场，来考虑在WTO的语境下媒体应该传播什么样的内容和价值，应该构建什么样的媒体制度来捍卫与倡导什么样的价值。可能是因为我们学界许多研究资助来自媒体，我们不自觉地把自己定位成媒体的战略发展部，想着如何按资本逻辑和所谓的市场规律做大做强。在社会主义体制下，媒体跟教育和医疗都是社会的公共服务体系。更确切地说，媒体是一个社会定义自己价值的系统，是不同社会成员表达自己和创造意义的场域。媒体有这么重要的文化和政治意义，把它们沦为牟利工具，不但本末倒置，而且会在价值传扬方面南辕北辙，因为市场机制本身不是价值中立的。自由主义新闻观有其合理的内核，但是当年的马克思主义新闻理论有一个内核也十分值得我们去重温，那就是，马克思主义的新闻自由定义包括媒体免于成为资本牟利工具的自由。当然，资本也不一定都以私人资本的形式出现。

学者定位非常重要。因为我们是学者，我们要站在公共立场上。然而，在不平等的社会里，公共性又与阶级性密不可分。我们不少学者有意无意把自己摆在了一个专业主义的、阶级中立的立场，想着如何构建这样一个公共领域。不过，在这个公共领域里面大概听不到下层民众的声音，只有“公共知识分子”自己及其认同或想象的“中产阶级”的声音，好像公共领域的主体不是上海咖啡馆里的市民就是北京的网络前沿推手。当然，公共立场也不一定非得是国家的立场，如果只要国家的立场，还要学者干什么？总之，学者应该有一个相对独立的定位，同时，这一立场又是与其他权力主体在社会共同价值体系下形成的良性互动结构中的一部分。

胡：这里有两个概念：一个是公共服务，公共服务的建构当然要面向全社会；一个是公共知识分子。刚才我讲我们对于中国传媒未来蓝图的描述，实际上是基于公共知识分子的立场或视角,设计公共服务的目标,不是设计政府的宣传目标。我们的传媒机构和我们的传媒学术都应该有这样的诉求,为更广大的民众服务,提供公共服务。

中国传媒学术的定位和走向现在要建构新的知识体系。首先在价值观层面,对应做大做强,我们需要公共服务的产业。它不等于我们精英知识分子狭隘的小咖啡馆公共领域,一定不是这样的。而是面向更广大的民众,更为多元化,为多个阶层民众服务,是这样一个体系。

赵:中国社会科学院的卜卫教授长期做与妇女儿童相关的媒体研究,但在主流传播圈子里,她的研究往往不被承认,说是太边缘。卜卫倒自信,说我研究一半以上人口还边缘吗?说实在的,这不是卜卫的遗憾,是中国传播学的悲哀。刚才我们说只有西方的才被认为是理论,国际层面有中心和边缘,到了国内也一样,好像国内所谓大写的传播研究就是那种把研究对象定义为都市中产白领男性的研究,其他像卜卫那样研究农民工、妇女,尤其是与农民有关的传播,则成了边缘。中国至少有一半人口是农民,而我们数数国内有几个学者做农村传播研究?当然,这些研究被称为"农村传播研究",而对象为中产白领的传播研究不会被命名为"都市中产白领传播研究"。

胡:它不需要。就像过节,很多时候被授予节日的往往是弱势群体,如妇女节、儿童节。所以西方也用不着说它的才是理论,但是我们却要拼命拉着西方,用它来贴我们的理论标签。

赵:我们传播研究观照的是什么?研究妇女、儿童、农民,要被命名。可见,我们的传播研究隐含着都市中心主义和中产阶级的学术立场。

胡:不需要命名实际上暗含了一种理所当然,那个本质上就是都市中产阶级。

赵:很多人的都市中产研究暗含着一个历史线性逻辑,就是中产阶级一定会变大。但是,当下的"蜗居""蚁族"等现实证明中产阶级不一定越来越大。而且,美国社会的中产阶级也面临不少危机。当然,研究都市中产没错,因为这一阶层毕竟存在,只是要从一个我上面提及的"关系性思维"的视角来研究。在特定的国内国际政治经济结构中,某些人成了中产阶级,必然意味着某些人成了农民工。

虽然我们离不开概念和各种宏大叙事,但我对线性思维和孤立的范畴思维(categorical thinking)时刻保持警觉,我提倡关系性思维(relational thinking)和辩证思维。没有中国就没有西方,没有西方就没有中国,没有中国的农民工就没有中国的中产阶级,没有中国的农民工也没有美国的沃尔玛。

思想解放与后发优势

胡:未来中国传媒学术首要的就是价值观问题。要基于全球视野中的中国经验和中国历史,来建构真正的中国经验,然后以中国的立场来表达,为全球知识体系贡献中国知识。具体到传媒学术本身来看,应该有独立于政府和媒体机构的公共知识分子这样的学者立场,为公共服务描绘蓝图,为所谓做大做强,以独立的状态去创造知识。实际上都是一个命题,就是中国立场、中国价值。

赵:与此同时要考虑的是全球视野中的中国。要考虑中国问题,必然要考虑中国在资本主义世界体系中的位置,这必然是世界的。也就是说,要从中国被卷入全球资本主义体系这一基本前提出发,来考虑中国农民工的境遇。这不是说不分析中国本国的政治经济结构和具体的工厂劳工境况。就像市场和国家力量总是在特定历史过程中相互构建一样,不同层面的分析并不互相排斥。

胡:第二个问题是研究方法论问题。方法论所谓质化研究和量化研究已经本末倒置了,它们其实都是手段。科学主义和人文主义今天还要强调结合,谁也离不开谁。

赵:现在我们国内传播学界有一种焦虑。有人会说,看看人家社会学做得多好,政治学又做得如何如何,我们怎么这么没出息。尤其是有些博士生,很焦虑,恨不得自己搬到政治学系和社会学系。我会说,像结婚似的,下层阶级想高攀,与上层阶级联姻,是不容易的。我们是新的学科,它们是比较传统的学科,它们的发展历史比较长,它们在学术殿堂中的身份和地位的确比我们高。但是,我认为我们的学科是很有前途的学科,因为我们有跨学科的研究取向,我们既做人文又做社科;在社科领域,我们有条件和必要在汲取政治学、社会学等传统学科的理论与方法资源的同时,避免与超越它们各自的局限。我们代表学术发展的未来方向,我们也不是注定浅薄和拾人牙慧。

胡:人文社科结合,科学主义和人文主义结合。

赵:对,我们要探索社会科学方法和人文主义方法、历史逻辑和理论逻辑相结合的一种研究。事实上,这是我们唯一的出路。因此,与其说恨不得把自己嫁到社会学系,或者抛弃这里的博士课程,转到政治学系,还不如立足自己的学科,使它作为"后发者"在下一波的范式革命中后来者居上。

胡:跟中西方对比一样,用传统学科的标准来看我们自己,觉得很弱小,很自卑,但是我们不要那么去看,换一种视角来看,这种社会科学和人文科学结合、质化和量化结合,恰恰是传统学科不具备的方法论优势。

赵:传统学科有可能会压制创新,而我们没有这个负担。

胡:反而有活力。方法论我们非常开放,代表着未来。

赵:关键是我们要自己解放自己,包括从那种轻易贴左右标签的自我束缚中解放出来,并在随时随地保持自我反思性的同时,对任何党同伐异的个人学术权力政治冲动保持警觉。人文知识到了这个阶段,东西方要融合,不同学科间的界限要打破,这么一来,我们反而代表了在一个新的时代、更符合时代要求的解释世界的一个领域,所以我们可以后发,我们可以有制高点。我觉得我们传播学有这个天时和地利。至于人和,除了学术共同体的构建外,我觉得学术自信很重要。要有自己的学术主体性。在北美,我很幸运,除了传播学者外,汉学家中的政治学者、社会学者、历史学者都来找我,因为他们都需要有关中国的传播学分析,所以我个人没有这个焦虑。比如我 2008 年的专著是哈佛大学费正清东亚研究中心前主任裴宜理(E. J. Perry)教授主动约的稿,她问我在写什么,并邀我在她主编的一套丛书中出版我的著作。我觉得咱们自己应该有这个信心,因为在现在所谓的信息资本主义或者网络社会的时代,社会科学不能没有传播视野。其他学科没有传播视野,这是它们的盲点和悲哀。但是,如果我们自己贡献不出像样的东西,要不在媒介中心主义的狭隘框架里自娱自乐,要不忙于媒体产业发展与战略部门该做的活计,那是我们自己种瓜得瓜,种豆得豆。但是,我们也没有理由妄自菲薄。

胡:从世界学术发展来看,以传播学为代表的传媒学术研究是一个综合各种各样优势的前沿学科。我们应该有自信,要看到我们不仅对传媒学科本身,而且对整个人文学科、对整个社会开辟新的道路。

中国的传媒学者,面对西方传媒学术应该有自信,要依托中国经验,建构中国知识,来做世界性的贡献。

注释:

① 赵月枝的《"向东看,往南走":开拓后危机时代传播研究新视野》是此对话的一个相关话题背景。见台湾《中华传播学刊》2010 年第 18 期。

② PIIGS,葡萄牙、意大利、爱尔兰、希腊和西班牙五国国名首字母缩写。

③ 胡智锋:《创意与责任:中国电视的本土化生存》,中国传媒大学出版社 2010 年版,第 14 页。

④ 〔美〕斯塔夫里阿诺斯著,董书慧等译:《全球通史》(第 7 版),北京大学出版社 2005 年版。

文化复兴的理想与现实

——2012《现代传播》年度对话

◆ 仲呈祥 胡智锋

对话时间:2011 年 12 月 14 日

对话地点:中国传媒大学

对 话 人:仲呈祥 国务院学位委员会艺术学科评议组召集人,中国传媒大学艺术研究院院长,著名文艺理论家

胡智锋 教育部"长江学者"特聘教授,中国传媒大学教授、博士生导师、文科科研处处长、传媒艺术与文化研究中心主任、《现代传播》主编

文字整理:杨乘虎 中国传媒大学传媒艺术与文化研究中心执行主任

胡智锋(以下简称"胡"):站在 2011 年的岁末回望,这一年可谓大事频发,多"变"之年。环顾全球,本·拉登时代的终结、利比亚战争与卡扎菲政权的颠覆、苹果设计人乔布斯的辞世,都留下了无尽的话题。环顾国内,"十二五"规划开局之年、建党 90 周年、辛亥革命 100 周年,让 2011 具有了特殊的时间节点意味。党的十七届六中全会的召开,建设社会主义文化强国战略纲领的推出,更是赋予了这一年开启文化强国新纪元的深刻内涵。

为此,《现代传播》2012 年度对话特地邀请了我国著名文艺理论家、国务院学位委员会艺术学科评议组召集人、中国传媒大学艺术研究院院长仲呈祥先生,围绕着十七届六中全会引发的文化热效应,探讨中国文化发展的热点话题。

文化复兴:文化强国的时代宣言

胡:党的十七届六中全会是新时期以来第一次以文化发展为主题的重大决议,《中共中央关于深化文化体制改革　推动社会主义文化大发展大繁荣若干重大问题的决定》(以下简称《决定》)的推出,是今后一个时期国家文化建设的纲领性文献,对于当代中国文化发展具有重要的战略性意义和长远价值。我理解,这是中国向世界发出的文化崛起宣言。不知仲先生您如何理解?

仲呈祥(以下简称"仲"):十七届六中全会关于文化的决议,确实意义重大。这是党中央在国家发展的重要战略机遇期,为了引领中国人民继续推进改革开放和现代化建设,促进人的自由而全面发展,所制定的一项高瞻远瞩的伟大决策。如你所言,建设社会主义文化强国的宏大战略设想充分表达了中华民族文化复兴的自觉、自信与自强。

回望历史,新时期以来,党的工作重心由"以阶级斗争为纲"转移到"以经济建设为中心",这是新中国历史上的一次伟大转折。以阶级斗争为纲,在中国共产党领导人民夺取政权的历史进程中有其必然性,但是新中国建立之后继续执行"以阶级斗争为纲",它的弊端已经被历史证明,发展到极端就变成了对文化的"革命",致使中国陷入了一场十年浩劫。总设计师邓小平同志高瞻远瞩,实行了重大调整,提出了以经济建设为中心,引领中国走向物质富裕的小康社会建设。伴随着历史行进到21世纪,要推动中国社会的全面协调可持续发展,必须正确处理好发展经济同发展文化、发展政治、发展社会以及建设生态的协调关系。所以党中央就提出了科学发展观,坚持以人为本,全面协调可持续发展。

应该说,十七届六中全会精神就是科学发展观在文化领域的贯彻与体现。为什么要以高度的文化自觉和文化自信,着眼于提高民族精神素质和塑造高尚人格,坚定不移地发展社会主义先进文化?强调高度的文化自觉,就是因为某些地方、某些人在发展社会主义先进文化上不那么自觉,比较盲目;强调有高度的文化自信,就是因为有人对中华民族的优秀文化不那么自信,甚至于自卑;强调着眼于提高民族精神素质和塑造高尚人格,就是因为有的地方与部门工作的着眼点只在GDP上。

胡:放眼全球,国际政治话语权、经济领导权的竞争已经越来越倚重于文化竞争力、影响力、传播力。中国特色、中国模式、中国道路如何能赢得世界的认可？中国文化价值如何能获得全球的赞赏与认同？事实已经证明，仅仅依靠经济实力是不够的，还需要文化的感染力、说服力和引领力，方能在世界民族之林中塑造中国良好的国家与民族形象。现在看来，面对着中国成为世界第二大经济体的现实，别说世界没有足够的心理准备，就连中国自身也都没有充足的心理准备和文化准备，与中国政治、经济地位相匹配的文化自觉与自信还十分缺乏。文化软实力偏软，文化短板效应突出，使得国家形象受到诟病。

所以，对于社会主义文化强国战略这一时代背景，我的理解就是“需要与选择”的关系，这是一个历史发展的需要，也是一个时代的文化选择。经历了建立革命政权、政治建设、经济建设，历史发展到了需要建构与这个时代相对应、符合全民族和整个国家发展需要的社会主义先进文化。所以，它是中国共产党发展社会主义先进文化的一个文化宣言，是当代中国的文化选择。

仲：人类发展的历史，尤其是当代历史，已经反复证明：和平时期国家与国家、民族与民族、地区与地区的竞争，归根到底是文化软实力的竞争。第二次世界大战日本和德国都是战败国，战后德国、日本一贫如洗，但是没有多长时间，两国都重新崛起，进入了世界强国之列。什么原因？文化的力量！德国产生过马克思到康德、黑格尔等一批大思想家，有着反思的民族传统，对法西斯的反思是相当深刻的。正是依靠文化反思的软实力，德国很快实现了东德、西德的统一，快速发展起来。日本虽然没有那么深刻的反省，但是这个大和民族有着武士道精神，注重凝聚舍生忘死、国家利益至上、民族不可辱的精神气质。这种文化软实力在日本遭遇海啸地震后国民沉稳镇定的精神状态中得到了充分的展示。

众所周知，钱学森留下一个著名的“钱学森之问”，追问为什么中国培养不出创造性的世界级杰出人才？他不仅是大科学家，而且也是大思想家、大哲学家，他站在20世纪末21世纪初人类科学思维和艺术思维交汇的顶峰，来思考人类面对的新课题。我认为，“钱学森之问”的深刻性在于，他揭示了文化发展需要哲学观念的注入，只有让科学思维与艺术思维由结合、结缘到互补，才能够推动文化的可持续发展，才能促进每一个人的自由而全面的发展，才能培养造就左右脑一齐开发、智情商齐头并进的复合型创新人才。

胡：“钱学森之问”既是一个现实问题，也是一个哲学命题。二战后德国与日本的崛起充分证明了，一个在军事上失败的民族，可以凭借文化的软实力再次崛起。

那么,一个在经济上获得成功的国家,是否就一定会获得文化的胜利?可能未必,中东依靠石油致富的国家就是例子。如果没有清醒的文化自觉与坚定的文化自信,确实很难塑造一个让世界敬重的伟大民族形象。中国为全球其他国家提供了大量的生活消费品,为什么没有得到应有的尊敬与感谢?中国曾经向世界各国输出那么多的医疗队、工程队,救死扶伤、修路架桥,为什么没有获得期望中的价值认同与文化欣赏?可能根上还是文化的症结,因为我们物质产品与精神产品的文化附加值都不高。

仲:刚刚离去的乔布斯同样是一个值得关注的科学家,他与钱学森虽然分别身处世界的西方与东方,彼此却有相通之处,从事科学却都酷爱哲学。全世界都在称道乔布斯苹果技术的时尚魅力,其缘由在于他的设计不仅注入了科技思维,而且注入了艺术思维和人文关怀。而他却说,"我愿意把我所有的科技去换取和苏格拉底相处的一个下午"。显然,他将苏格拉底当成人类哲学智慧的大师加以尊崇,人固然要爱知识,但是更需要智慧,智慧比知识更高级。乔布斯苹果系列产品的成功,正是以哲学智慧连接起了科学思维与艺术思维。他成功的源泉即心灵密码,乃是哲学。

有人说,上帝丢下三个苹果,第一个被夏娃摘走了,于是造就了人类;第二个苹果落在牛顿头上,人类进入了机械时代;第三个苹果被乔布斯接到了,手机新媒体的时尚文化打开了新时代的大门。这样的联想与联系不无道理,也给了我们深刻的启示:在如何理解文化的重要性以及怎样推动文化建设的认识层面,哲学意识的树立与灌注非常关键,因为哲学管总,是人类的智慧学,哲学通,一通百通。马克思主义的哲学,是科学的智慧学,也是坚持先进文化前进方向的艺术美学和美育的思维灵魂。

胡:从人类自创的时代、机械时代、当代文明的历史进程来看,不管是夏娃、牛顿还是乔布斯,三个苹果的拥有者都在不断印证:人类是靠文化的力量不断提升自己,而不仅仅是靠自然的力量。人之所以为人,关键还是人类能够创造一种能够引领自身的文化,文化一旦创造出来,其核心的精神价值,必然会对人类自身发展产生一种巨大的推动力。所以,高度重视文化的作用,让文化的力量为民族与国家的和平崛起提供深厚的底蕴与有力的支撑,十七届六中全会描绘了一个文化复兴的理想之路。

文化生态:文化氛围的破坏·文化宝塔位置的颠倒

胡:回到现实,生态问题越来越威胁着人类的生存与发展,相比而言,精神文化层面的文化生态问题同样复杂而迫切。文化的多样性正在被单一化,传统文化被边缘了,文化精神被娱乐了。

一些流行艺人成为艺术的代言人,获得了市场利益集团的认可和追捧。相反,一些老艺术家、老文化人毕生苦心追求与塑造的文化艺术形式,轻而易举地就被市场所冷落、边缘化,甚至消亡。从当前中国文化生态的现状看,如何认识全会精神对于匡正文化生态的指导性意见?

仲:现任全国政协副主席和中国文联主席的文化部老领导孙家正曾经在一次会议上说,改革开放以来经济迅猛发展,国家富起来了,老百姓兜里有钱了,这是好事情。但是,如果富起来的13亿人都挤在一条道上,开着高速车追逐GDP,那就难免撞车、翻车,那就很危险。联想到2011年发生的高铁撞车事故,那不仅仅是当前经济生态的一个偶然事件,也是中华民族精神生态的一种折射,发人深思。

文化是人类的一种生存方式。在地球上,唯有人才创造文化。完整意义的人,是一方面为一定的文化所塑造,另一方面又创造有别于传统文化的人。文化有多种定义,根据我的体会,文化的第一要义是营造氛围,一种启迪智慧、熏陶灵魂、提升素质的氛围。为什么至今大家走过北京大学朗润园的时候仍然会不由自主地放轻脚步,因为那里面当年住着宗白华先生,怕打扰了老先生思考问题,这就是一种看不见摸不着的尊重学者的文化氛围。

但是,毋庸置疑,这些年这种文化氛围被破坏了,被功利、世俗所浸染。为什么有人发泄对社会的不满竟然冲到幼儿园里面杀死十几个孩子?为什么有人面对两岁多的幼童被车轧了两次而不施救?为什么窝囊的丈夫看见自己的妻子被保安强奸而不敢出来拯救?我不是怀旧,但是学习雷锋的时候确实不是这个样子。关于那个"世界上最窝囊丈夫"的报道,美国的记者说,这种事不可能发生在美国,发生在一个讲礼仪、以学习雷锋为榜样的国度更是不可思议。我们当然要有一点自尊,中华民族历来是讲究道德的,但是此刻为什么会出现这样的怪现象?人的道德的沦丧、精神的恍惚,都是文化氛围出了问题。

胡:此言很深刻,道德滑坡确实造成了当前诸多令人匪夷所思的种种怪现状。从两岁女童小悦悦接连被多辆车碾过的举世哗然,到跌倒老人你敢不敢扶起的社会大争论,还有网络上诸多虐杀动物、炫富、艳照事件等。我们发现,一个素来重视道德修养的民族,无论是个人私德、社会公德、职业道德,都在严重的滑坡和败坏!看来,匡正文化生态,首先要从重建文化生态的环境系统入手,营造积极的文化氛围。

仲:营造健康向上的文化氛围,我理解,要从构建民族文化宝塔做起。民族文化是一个宝塔,文化宝塔底座有一个底线,只要不解构、消解、反对中华民族的主流价值取向,只要符合中华民族的伦理道德底线都有一席位置,塔座越丰富、越多样,塔身就越厚实、越坚固。塔尖应选择那种经过历史和人民检验的、真正实现"有思想的艺术"与"有艺术的思想"和谐统一的艺术精品。位于塔尖上的应该是一个时代的文化偶像,起着引领人类精神航程的灯塔作用。像钱学森、乔布斯这样的文化偶像,不仅有丰富的知识,还有高于知识层面的智慧,智慧之光可以照亮精神航程;更可贵的是,他们常常留下一些人生哲理,滋养后世。每一个国家与民族,都应该有代表了民族生存方式和精神形态的文化,互相平等,无所谓高下之分。各民族的文化只有越丰富、越多样,这个世界才多彩、才有趣。

我之所以用"民族文化宝塔"作比喻,是想说明当前文化建设的紧迫性。文化建设的自觉和自信不是空话,它是有时代内涵的,坚持引领还是放弃引领,是评价民族文化自觉与自信的重要标志。如果按照实用主义的观点,谁的收视率高,谁的票房高,谁的发行量大,谁就是爷,那么,电视节目锁定收视率,电影争夺票房,出版物吹捧码洋,唯物质指标就是天经地义的了?!精神指标呢?这必然会带来一系列的文化问题。在市场"看不见的手"的作用下利用强势媒体,把本来只有资格在塔底座里面占一席位置的娱乐明星强行推到了塔尖,而把本来应该立于塔尖、引领文化的真正大家挤到了塔座,甚至推出了塔身,连位置都没有了,文化宝塔中的位置就这样被颠倒了。我不否认娱乐明星在提供人类娱乐文化当中的贡献,我要问的是:一个民族文化宝塔塔尖上的偶像人物从鲁迅滑落到"小沈阳"这样的娱乐明星,这之间的文化落差和精神落差究竟有多大?!

胡:当下文化生态的改进,贵在自觉。这里面有两种情形:一些人是无知者无畏,缺乏自知之明;而更多的人是明知故犯,为了票房与收视率,为了捍卫本企业、部门的利益,明知有可能毁坏生态,败坏品位,但是依然我行我素,这种情形更需要警醒。

仲:文化化人,艺术养心,重在引领,贵在自觉。这句话我已经说了 16 年。通过文化提高人的素质,通过艺术提升人的境界,让高素质、高境界的人去推动和引领社会经济全面协调可持续发展。这才是科学发展观的题中应有之义。文化化人，悄然无声，艺术养心，滋润万物，文化是流淌在一个民族肌体内无处不在的软实力，需要长期积累，水到渠成，不能操之过急，违背规律，万万不可急功近利地让文化直接去化钱。文化化钱，以牺牲人的素质为代价，将来低素质、低境界的人就会把积累起来的物质财富吃光、花光、消费光，这是完全背离科学发展观的。

文化生态是一个民族文明程度的主要标志，千万不可小视。我们应该营造什么样的文化生态？在我看来，应该是一种沉稳的而不是浮躁的，深刻的而不是肤浅的，幽默的而不是油滑的，典雅的而不是媚俗的民族文化心理。文化自信，归根到底，就是要对“各美其美、美人之美、美美与共、天下大同”充满自信，就是要以充分的自信力为国家、为民族营造出一种健康向上、繁荣兴旺的文化生态环境。而优良的文化生态环境是涵养一个国家、一个民族文化软实力的丰厚土壤。

体制改革：公共文化服务错位·文化产业价值迷失

胡：文化生态问题的出现与发展，其深层原因，应该是与我们现有的文化体制机制相关联的。十七届六中全会之后，深化文化体制机制改革与文化大发展大繁荣的逻辑关系越来越清晰了。在您看来，提升中国文化的生产力、传播力与影响力，需要文化体制机制在深化改革方面重点解决哪些问题？

仲：我想，文化单位体制机制改革不是简单地换块牌子的问题，关键是改革成效的考量，有没有出人才、出作品？如果挂着体制机制改革的招牌，结果却违背了文化与艺术生产的规律，不能出作品，没有出人才，这不是真正意义上的体制改革，也无法实现文化自强。遵循文化的规律进行改革与创新，离开规律可能就会适得其反。

现在某些地方公共文化服务成了政府对民众的一种恩惠和实施，效果如何？修了很多基层文化工作站，但是建管用的衔接还没有到位，十来间房子，一个读书室、一个棋牌室、一个多功能厅，桌子上常常都是灰尘，这能行吗？公共文化服务不能仅仅把人民群众当成文化受惠的对象，首先要尊重他们是文化创造的主人才行。群众创造文化，当年延安人民是秧歌文化、安塞腰鼓的创造者。我相信随着历史的推进，肯定会摸索出一条既把握文化的功能，又遵从文化规律的道路，去践行文化工作者的时代担当和历史重任。

胡：2011 年，美术馆、图书馆和文化馆的免费开放，成为国家公共文化服务体系建设的亮点，受到了广泛的赞誉。但是从公共文化服务体系发展水平来看，服务主体与服务对象之间的供需错位与不足的矛盾依然突出。所供未必是所需，群众急需的往往得不到供给；政府提供与大范围的、广泛的群众诉求相距甚远，供应不能满足需求。我认为，文化的发展与繁荣一定是以人为本的，是以激发人民群众文化创造力为基础的，是以提升群众文化幸福感为诉求的。公共文化服务的体制机制改革应当极大地尊重来自于人民群众自发的文化艺术创造，任何“送”和“给”都不能替代群众自发的草根的主体性力量。

仲：现在我们把文化分为文化事业和文化产业，但是事业与产业究竟怎样划分？并没有清晰化。提供公共文化服务的可以称之为文化事业，但不能说不提供公共文化服务的就是文化产业，不能简单地二元对立。过去把文化简单地从属于政治，用政治思维来取代文化思维把握世界，吃了苦头。现在市场经济条件下，要防止从一个极端走到另一个极端，把文化包括艺术简单地从属于经济，用利润思维来取代审美思维把握世界，同样是错误的。一说文化事业，就不考虑经济效益，不计成本投入；一说文化产业，目标就是赚钱，就不考虑社会效益。比如在电影界就有一种倾向，一说主旋律就是拿政府奖的，不计成本，不考虑有没有艺术感染力；一说商业片就是赚钱的，想着如何去打“擦边球”，不考虑提升民族精神素质，其实都是二元对立、非此即彼的单向思维的结果。

可见，文化体制改革需要高超的政治智慧和雄辩的思辨能力才能够完成，需要吸取借鉴中华民族优秀文化传统中“执其两端取法乎中”的兼容并包、辩证和谐的思维营养，从哲学层面上彻底摒弃那种简单的二元对立、非此即彼的单向思维方式，代之以科学发展观所坚持的全面、辩证、发展的思维方式。

胡：无论是文化事业，还是文化产业，最重要的是在体现文化价值的前提下发展，而不是丢掉文化。产业价值不是单一的经济价值，产业效益也不是单一的经济效益，将经济效益的 GDP 确立为产业发展的主要目标，甚至是唯一目标，正是今天中国文化产业发展面临的最大的问题。可以说，没有文化精神灌注的文化产业只是为利驱使的文化工业，没有文化价值引领的文化产业提供的只能是文化的廉价品，甚至是废品与毒品。

仲：如同教育不能产业化一样，在市场经济条件下，文化应该和可以有产业，但不能完全产业化。公益文化、学术文化就更不能产业化，不能简单地套用经济规律去运作文化产业。即便是文化产业，也应该履行文化的功能，践行文化的担当，尊重文化的规律，不能因为是文化产业，连文化的规律都不要了。文化产业首先是文化，其次才是产业。举个很简单的例子，有些文化创意产业园，因为是文化创意产业，政府就给批占了一大片地，但是仔细看，只有一小块儿地方沾着文化，一大片都是在搞房地产开发，这是实情。于是，就形成了商人要地皮，地皮就是 GDP；支持拨地的官员要政绩，政绩能够变仕途；学者要课题，课题能够升职称。三者加起来就演变成了不少地方的“文化创意产业”景观。试问，这样的文化产业能经受得住历史的检验吗？

胡：十七届六中全会在论及文化产业发展时，格外强调要将社会效益放在首位，社会效益与经济效益并重，要求以高度的文化自觉、文化自信，来进行文化建设，推进机制体制改革，观念决定了路径选择。

仲：文化自觉是费孝通先生近一个世纪人生经验的结晶。他提出了“各美其美、美人之美、美美与共、天下大同”的“十六字经”。费老讲了三层含义：一是要继承弘扬中华民族的优秀文化；二是不能关门闭户，要学习借鉴美的东西；三是在改革开放的现实土壤上将上述两种美交融、整合，创造出既有民族特色又有时代特色的社会主义先进文化。

我理解，要做到文化自觉：第一，要自觉地认识到文化的功能。文化的功能是化人，是提高民族素质，塑造高尚人格。第二，要自觉地把握和遵从文化规律。文化如水，长期积累，水到渠成，唐诗宋词每一首都是精心写出来的，不是打造出来的，更不是运动出来的，不能采取运动的方式进行文化建设，“大干快上”，用“大跃进”的办法只会毁了文化。只有自觉地认识了文化的功能，自觉地把握了文化的规律，才谈得上自觉地践行文化的时代担当。现在的问题就是对文化功能认识的模糊、对文化规律的不遵从，如何谈得上践行文化职责？如果文化上不自觉，盲目地违背规律地去空想大发展、大繁荣，搞不好恐怕是大倒退、大破坏，如何取得科学发展呢？

胡：归根结底，文化自觉就是文化主体的自知之明。显然，近些年来，在匆忙对接国际化、追赶全球化的进程中，我们对于民族文化不那么自觉了，对于时代的先进文化不那么自信了。不自觉其实就是一种不自信，有自知之明，方能自信。

仲：我理解，文化自信的第一层含义，就是要自信与时俱进的中国化马克思主义的指导作用。这涉及体制机制改革当中的一些理论问题。在《资本论》里面，研究剩余价值的马克思得出的第一个结论就是："资本这个东西来到世间，从头到脚，每个毛孔都滴着血和肮脏的东西。"然后他进一步提出了资本生产的最大原则是"利润的最大化"。另一方面，马克思还阐述过人类光是有经济的方式把握世界是不成的，与政治的、历史的、宗教的方式把握世界平行的，还应有一种不可或缺的方式，那就是用艺术的方式把握世界即审美的方式把握世界。因为人是精神动物，唯有人有独立的精神家园需要坚守。西方从苏格拉底开始一直到黑格尔，中国从老子、孔子、刘勰开始一直到朱光潜、宗白华，都认为审美的最佳境界就是"超功利"。所以马克思的结论原话这么说："资本主义生产就同某些精神生产部门如艺术和诗歌相敌对"，深刻指出了这种矛盾现象。我们进行的是中国特色的社会主义建设，在实行资本运作进行文化建设时不能忽视这种矛盾现象，要采取切实可行的措施加以解决。

文化自信的第二层含义，是要自信中华民族优秀传统文化的永生魅力。中华民族的优秀传统文化究竟有没有永恒的魅力？它经过现代化的转化之后，能不能成为坚守我们精神家园的宝贵资源？现在的问题恰恰在于不是顺方向转化，而是逆方向颠覆。比如楚汉相争这段历史，太史公司马迁《史记》中至少有《高祖本纪》《吕太后本纪》《项羽本纪》加以记载，其间蕴含的重用人才、约法三章、得平民心等历史经验至少仍有借鉴意义。但描写这段历史的一部电影，实际上却把一段波澜壮阔的重要历史戏说成刘邦与项羽两个男人争一个美人虞姬，花了一个多亿，营造血肉横飞的视觉感官强刺激。还滥用西方的人性观念编造出刘邦见战争夺去自己心爱美人之后反思，诛杀韩信，箭射张良，最后自刎以谢天下的结尾，把历史当成一团泥任意搓捏。这极危险。

文化自信的第三层含义，对借鉴世界先进文明当中有用的适合国情民情的东西要充满自信，这样才能够美之更美。

胡：文化自信折射出我们在文化艺术生产与传播中的两种典型心态，要么是媚洋式的自贬，似乎只有如此才能获取国际认可，这无疑是一种文化投机；要么是封闭式的自恋，似乎只有这样才能算得上本土化，这无疑是一种文化自闭。真正的文化自信在于从悠久的民族文化和本土文化中发现和挖掘出具有人类普世性价值的意义与内涵，既保持中国文化的风采和神韵，又能够超越民族与本土，获得人类共享、全球共赏的普世性文化价值。

仲：文化自信，是一个国家、一个民族、一个政党对自身文化价值的充分肯定，对自身文化生命力的坚定信念。坚持对优秀传统文化和中国共产党领导人民创造的革命文化的文化自信，坚持马克思主义指导思想与社会主义核心价值体系的文化自信，坚持对外来文化实行“拿来主义”的文化自信，都是文化自信题中应有之义。只有坚持文化自信，才能真正实现高度的文化自觉；而只有真正的文化自觉，才能坚定文化自信。文化是着意于“化人”，还是急功近利“化钱”？是着意于养心，还是止于养眼甚或乱心？是着意于引领大众，还是一味迎合市俗趣味？关键在于文化上是自觉还是盲目。文化建设者倘陷入盲目，势必误人子弟；文化领导者倘陷入盲目，势必酿成灾难。而只有既坚持文化自觉，又坚持文化自信，才能真正实现文化自强。

影视创作喜忧参半·历史观美学观偏离

胡：《决定》对于如何全面贯彻“二为”方向、“双百”方针、“三贴近”原则，不断进行创新，创作生产更多精品力作，繁荣文化提出了新的要求。您对 2011 年中国影视生产与创作在质量与数量、规模与效益方面有何总体评价？

仲：客观地说，这一年的影视艺术生产与创作喜忧参半，需要宏观调控。其中，电视纪录片生机勃勃，大有希望，但平台太少，影响有限；电视剧趋势总体健康，令人欣慰但题材跟风，质量堪忧；电影表象繁荣，问题不少。

电视纪录片对于调控某种程度失衡了的电视文化生态环境，起着举足轻重的作用。纪录片以其文化品位、文化格调与文化内涵，吸引了具有较高文化素养的观众，也以真实可信的影像力量培育了一大批普通观众。所以知识分子，具有较高人文素养的大学者、大文化家，都对纪录片情有独钟，包括鲁迅先生。他没有时间看故事片，就带着许广平去看非洲纪实的纪录片，原因是“我此生恐去不得那里，只渴望从银幕上了解那里的事情”。显然，他是把纪录片当作扩展自己知识视野的一个窗口。所以，利用纪录片传播知识，提升民族素质，是一种极好的方式。但是，这些年来主流媒体给予纪录片的传播渠道过小，让纪录片发挥作用的空间太窄了。

2011 年这种情况得到了积极的改变，中央电视台推出了中英文播出的纪录频道，播出了一批高水准的中外纪录片，还发起了“影像的力量——让纪录片走进大学校园”等主题活动，逐渐显示出纪录片这一主流电视产品的核心作用。我认为应该加大纪录片的发展力度，纪录片现在数量与质量都需要提升。

胡:中央电视台纪录频道的开播,是 2011 年中国电视的一个最大的亮点,也是中国电视发展进程中具有历史意义的重要事件。纪录频道肩负着建构国家级纪录平台、留存民族文化记忆、引领纪录片行业发展的重要责任。它对于强化国家对外传播能力、塑造国家形象、传播主流价值、推动文化产业发展、构建文化生态、提升国家文化软实力具有极为重要的意义与价值。频道开播一年间,高品质、高标准、高水平的优质节目受到了海内外的高度评价,不断创造收视佳绩,在浮躁、同质化、低俗化的传媒生态与文化现状中成功突围,体现了纪录频道应有的国家媒体责任与文化自觉。

仲:至于电视剧,应该说是十年来的发展是健康的,每年都涌现出一批具有一定思想艺术品位的好作品。中国是一个电视剧生产和消费大国,电视剧的创作量是最大的,观众群体也是最大的。我认为,当前电视剧的发展重点是控制数量、提高质量,努力造就与电视剧第一生产和消费大国相匹配的、最懂得欣赏电视剧艺术的最广大的受众群体。20 世纪 80 年代的时候,我的导师钟惦棐先生提出要创造一门电影观众学,培养一批懂得欣赏电影、初步了解欣赏电影规律的观众群。因为如马克思所说,"对于不辨音律的耳朵说来,最美的音乐也毫无意义";同样的道理,再好的电视剧和电影,对于根本对电视剧和电影欣赏规律、基础知识一无所知的受众也是没有用的。

应该承认,家庭伦理剧、都市情感剧关注与满足了当前人们日常生活中的心理状况与情感需求,但是产量过大,一窝蜂地都是婆媳争斗、小两口吵架,就容易出现引导受众陷入如鲁迅当年批评过的"将这小悲欢当大世界"的误区。真正比较宏大的题材还是需要的,尤其是历史题材。现在要求人们都去认真研读司马迁的《史记》,恐怕是不现实的,但是,每天晚上通过电视剧引领人们完成历史阅读是有可能的。不知大家是否注意到习近平同志最近在中央党校连续几次讲话,用的都是毛泽东同志的老题目,如"读点哲学""读点历史"。我想,通过荧屏读点历史,是有需求的,是可行的。

胡:2011 年影视生产中"历史题材"持续升温,清宫"穿越剧"一部接一部,革命历史、古装武侠、传奇历史题材继续热销电影市场。但是,从影视产品的呈现来看,情形不容乐观,这些大投入大制作,不断创造收视热潮与票房冠军的"历史景观",不断引发学界和业界关于"历史观"的争论。

仲:影视创作的历史观确实受到了二元对立、非此即彼的极端思维的影响,从过去一度不分青红皂白一概排斥帝王将相、才子佳人的极端，走向违背历史的唯物史观、抬高赞美帝王将相的历史作用和把才子佳人当成审美表现的主要对象的另一极端；从过去一度在历史题材创作中混淆历史思维与审美思维、历史真实与艺术真实的界限的极端，走向随意解构历史、戏说历史、消费历史、杜撰历史的另一极端。比如利用明星效益，借历史人物的英灵包装明星，通过炒作，骗取票房，是经不住历史检验的。比如一部反映历史的影片，用了100多个明星，迎合青年观众们在电影院“数星星”的期待，一个极具历史智慧的重大革命历史题材好端端地在调笑间被糟蹋。再比如，《赵氏孤儿》本来是举世公认的中华民族的艺术经典、中国文化的传统精粹。它提倡人类应像程婴这样的“忠”，反对像屠岸贾那样的“奸”。正如著名哲学家冯友兰先生的“道德的抽象继承论”所深刻阐释的那样，中华民族从中抽象出一个“忠战胜奸”的主题，作为一个永恒的道德理念加以继承与传扬。但是电影《赵氏孤儿》，却把这个主题颠覆了，程婴成为小市民“愚忠”的代表受到了嘲讽。

这确实在提示我们要冷静，一个民族对待自身重要历史的正确态度只能有一条，那就是引领自己的民族，小心翼翼地走近历史的真实，认认真真地领悟历史给予我们的营养，组织自己的艺术家，精心塑造好创造历史的历史人物形象。须知，中华民族的艺术大厦，是靠一部部经过历史和人民检验的经典作品、一个个深入民心且代代相传的经典艺术形象作为根根支柱搭建起来的，倘若容忍某些作品将这些支柱一根根拆卸、颠覆，那么，这大厦行将坍塌！中华民族将失去自立于世界先进民族之林的艺术之根。那是多么危险啊！

胡：2011年也是中国电视的一个宏观调控年，国家广电总局的“限娱令”、电视剧广告“禁播令”先后出台。应该说，近几年来中国电视娱乐内容的超量过度生产已经出现了失衡局面，出现了媚俗、媚洋、媚利的突出问题，需要通过调控，使中国电视回到理性发展的轨道上来，回到代表时代先进文化的道路上来。

仲：为什么不准在电视剧中间插播广告，为什么限制卫星频道在晚间黄金时间播出娱乐节目的量？我衷心拥护这两个文件，认为是净化当下电视文化环境的有力举措。我不反对娱乐，健康适度的娱乐有益身心，但我反对恶俗过度的娱乐。现在电视综艺娱乐节目是失衡的，十多家电视台在炒作相亲，几十家电视台在搞才艺比拼。如果承认电视节目承载着当代中华民族的大众审美趋向，那就要重视它的内容调控和方向指引。我们说，如果电影只靠炒作得来的票房来表明它的价值，是一个国家电影的悲哀。一部电影票房过了亿就必然体现精神价值吗？同样，如果电视娱乐节目只靠克隆国外节目，然后互相抄袭、互相指责、恶性竞争，靠收视率的数字游戏来体现价值，来赚取广告费，是中国电视文化的悲哀。一个栏目收视广告过亿就能代表当代中国电视的先进文化吗?!

艺术批评:科学标准·观赏性批判

胡:说到票房，中国电影曾经以三分钱、五分钱的票价造就了过百亿的电影票房，今天电影票价高达百八十块了，但是也才过百亿，真正的优秀国产片占多大比例？这确实是非常严重的结构性问题。以什么样的政策与方式来引领、以什么的标准与原则来推进中国影视艺术生产与传播？我想，建立健康有力的文化艺术批评体系就显得极为迫切了。

仲:批评，在某种意义上是需要与创作保持一定距离的，不能既当运动员又当裁判员，只有冷静观照，才能客观求实。艺术批评体系的建设，第一，要有科学的批评标准。恩格斯提出了美学与历史的标准，毛泽东提出了政治标准、思想标准、艺术标准。毛泽东 1942 年在抗日战争时期，提出政治标准是第一位的，有其历史的必然性、合理性。这是一种历时性的标准。而恩格斯提出的“美学的历史的标准”是共时性的，他把美学标准放在第一位。我认为美学与历史的标准远比现在五花八门的批评标准要更客观，因为恩格斯的标准建立在通常的情况下，首先批评对象要经得住美学分析，才是艺术品。否则，很可能是公式化、概念化的，甚至是一篇社论。当然，美学与历史的标准也要与时俱进，要中国化，这才有出路。

第二，要营造良好的批评氛围。好的批评氛围就是好处说好，坏处说坏，实事求是。现在是要么发红包，唱赞歌，要么骂声不绝，缺乏入情入理、实事求是的分析。这是氛围的培养问题。

第三，要重视批评家的作用。希望组建一个全国性的文艺批评家协会，因为现在缺乏一个贯通文学艺术各个门类、把握民族文学艺术思潮和鉴赏普遍规律的批评家学术团体。只有这样，才能够站在各个艺术门类交汇的顶峰对当下民族的创作思潮、批评思潮、鉴赏思潮做出宏观的评价。

胡:就艺术批评体系建设而言，最重要的是标准的确立。什么样的标准体系，反映着评价主体什么样的立场与价值观。如今，艺术批评标准的“规范和随意”是一个比较突出的问题。一方面，传统的定性评价标准的主观随意性过强，另一方面，所谓“客观”的定量评价标准也暴露出了不容忽视的弊端，收视率和票房的数理统计已经从一个评价标准成为艺术生产的指挥棒。我曾经将之表述为“收视率迷信”“收视率崇拜”，相应的也有“票房迷信”，其可信度和科学性饱受质疑。所以，标准的规范与创新是一个亟待解决的命题。

仲：从评价标准来看，现在是思想性、艺术性、观赏性三个标准并列。过去不重视影视作品的所谓感染力、吸引力，现在开始重视了，是好事，但是换了个词，叫“观赏性”。这固然对于那种一味躲在象牙塔里孤芳自赏、忽视大众审美需求的贵族艺术是一种匡正，但是，究竟应当如何科学认识“观赏性”、清醒追求“观赏性”，确实还是一个值得辨析的课题。

“观赏性”这一概念，其抽象的逻辑起点与“思想性、艺术性”是不一样的。前者的逻辑起点是受众的接受效应，属接受美学范畴；而后者的逻辑起点是文艺作品自身的品格，思想性即内容，是作品的历史品格，艺术性即形式，是作品的美学品格，属创作美学范畴。语言学有一基本法则：只有在同一逻辑起点上抽象的概念，才能在一定范畴里推理，从而保证判断的科学性。现在把“思想性、艺术性”与“观赏性”这两个不同逻辑起点上抽象出的概念，放在同一范畴里下判断，容易让人产生一种误解，好像“艺术性”与“观赏性”是无关的，那么，符合逻辑的推论，不讲艺术性的观赏性是什么呢？那便是“凶杀”“打斗”“床上戏”之类的视听感官生理刺激了。理性思维的失之毫厘，势必造成创作实践的谬以千里。在我看来，这是“三俗”的一个理论缘由。

观赏性是个变量，是因人而变、因时而变的。关于影视剧是否具有思想性、艺术性，我宁可相信时代和人民养育的文艺理论家的判断，而不太相信所谓的“收视率”培养起来的平庸观众的判断。这不是唯心史观，而是唯物史观。因为前者是人民培养的，从人民中来，他知道群众所思、所想、所感，尊重他的判断就是尊重人民。

胡：引领还是迎合，是一个文化责任与立场的重要体现。在艺术生产的具体实践中，这种文化责任明确地体现为“雅与俗”的文化品格之分。我们不否认雅俗共赏的宽容度，但是从引领文化发展的需求出发，更应该致力于雅文化的传播，不赶潮流、不媚俗，自觉地抵制“三俗”。

仲：范畴学和辩证法还告诉我们：什么范畴的矛盾应主要在什么范畴里解决，并关注相关范畴里有内在联系的矛盾。所以，解决“观赏性”，主要应在接受美学范畴里，一是提高观赏者的素养，二是净化观赏环境。环境不净化就无法解决“观赏性”问题。现在每天打开电视，不是小品明星，就是选秀，因此需要净化环境。现在把“观赏性”推给创作者，创作者面对着不干净的环境和素养不高的受众，在市场条件下还要生存，唯一的出路是放弃引领去迎合，迎合的结果是强化了观赏鉴赏心理中的落后因素，污染了鉴赏环境，于是倒过来促使创作者生产格调更为低下的产品，于是精神和生产、和文化消费就陷入了恶性循环，即哲学上的二律背反。

我们当下正在这种循环当中挣扎。我还是那句话，文化化人、艺术养心，重在引领，贵在自觉。经济只能致富，文化方能致强。要靠文化自觉和文化自信才能走出这个怪圈，才能解决问题。只有通过文化自觉、文化自信，达到文化自强，才能建设与大国、强国地位相称的先进文化，才能使中华民族进一步向世界展示独具魅力的民族生存发展智慧和文化建设策略，使中华民族在伟大的复兴之路上前进得更加坚实。

道与法：中国传媒国际传播力提升的理念与路径

——2013《现代传播》年度对话

◆ 苗 棣 刘 文 胡智锋

对话时间：2012 年 12 月 7 日

对话地点：中国传媒大学传媒艺术与文化研究中心

对 话 人：苗 棣 中国传媒大学艺术研究院电影研究所所长，教授、博士生导师

刘 文 中央电视台纪录频道总监、高级编辑

胡智锋 教育部"长江学者"特聘教授，中国传媒大学教授、博士生导师、文科科研处处长、传媒艺术与文化研究中心主任、《现代传播》主编

整 理 者：刘 俊 中国传媒大学艺术研究院博士研究生、《现代传播》特约编辑

中国传媒国际传播力的提升，是我国构建和发展现代传播体系，提高中华文化辐射力和影响力，促进社会主义文化大发展大繁荣，并最终提升我国文化软实力的重要途径。本次对话是《现代传播》第十次年度对话，对话人将就"中国传媒国际传播力的提升"这一近年来学界、业界关注的焦点热点话题，从政策与体制机制层面、内容层面、市场与产业层面、渠道层面、人才培养层面等方面予以解读，探析解决这一难题的理念与路径。

胡智锋（以下简称"胡"）：今天请两位嘉宾来探讨的是中国传媒国际传播力提升的问题，这个问题也是最近几年越来越热的话题。为什么《现代传播》年度对话要在 2013 年度提出这个命题？我想我们意在回应国家的需求，回应行业的需求，回应学术的需求。

从国家层面来讲，虽然中国已经成为世界第二大经济体，但"硬"的经济实力和

“软”的文化实力非常不相称。世界对中国的经济实力刮目相看,但同时对中国、中国人、中国文化、中华文明认知度却不高,更说不上认同了。从行业层面来讲,我国媒体数量和辐射覆盖面,在全世界排在前列,但是我国传媒影响力尚处于微弱的状态。在世界各地,不太容易看到或听到中国的形象和声音,就算看到和听到,也可能是较为变形、扭曲或者不太正面的内容。从学术层面来讲,我们感到最近几年很多专家学者顺应国家和行业的需求,已开始介入传媒国际传播力提升的研究。在近几年国家社科颁布的重大项目,各种学术论坛、著作、论文,还有许多专家学者的言论中,都对中国传媒国际传播力的提升给予了高度关注。

我们对本次对话的题目有一个设定,即归结为“道与法”:道是一种原则,一种理念,一种总体思想;而法是一种技巧,一种路径,一种策略。今天的年度对话希望请二位业界、学界的代表人物,就我国传媒国际传播力提升的思想与策略,展开更深入、更充分的讨论。

政策与体制机制层面:亟待从单一、平面的宣传思维,走向多元、立体的传播理念

随着我国综合国力和国际地位的提升,国际传播秩序中原本“西强我弱”的状态并未有明显改观,这是困扰和阻碍中国进一步发展的重大问题。近年来,国家层面对国际传播问题十分重视,制定并推行了一些重要的政策,提出了一些有益的理念,并对体制机制的改革有所期待。但是,如何让意识形态化的宣传,转化成国际社会认可的传播?如何从单一平面的宣教思维,走向多元立体的传播理念?我们在意识形态、话语方式、技术标准、市场标准、社会文化等方面都存在亟待解决的问题,这是我们在制定政策、提出理念、改革体制机制时需要深刻思考的。

胡:就国际传播而言,用一种政策的方式来推动,这是中国特色。近几年在提升传媒国际传播力方面,党和国家做了很多制度设计和政策层面的指导。比如十八大报告中提出“构建和发展现代传播体系,提高传播能力”,十七届六中全会提出“提高社会主义先进文化辐射力和影响力,必须加快构建技术先进、传输快捷、覆盖广泛的现代传播体系。加强国际传播能力建设,打造国际一流媒体,提高新闻信息的原创率、首发率、落地率”。胡锦涛、李长春等中央领导同志围绕现代传播体系也做了很多讲话和指示,提出了一些有针对性的政策和观点。那么,这些政策、观点是在什么样的背景下提出来的?它们对整个行业在这个领域的实践推动会产生什

么样的影响?同时,目前中国传媒的运行体制、管理机制跟国外传媒相比,有诸如举国体制、经济实力的优势,但劣势同样明显;怎么通过改革体制机制,克服、规避这些劣势或者变劣势为优势?请二位从这些方面谈一下。

苗棣(以下简称“苗”):中国通过30多年的改革开放,国力迅速增强,如今已成为世界第二大经济体,而且也许十年后会成为世界第一经济大国。当然,要从质的方面全方位成为世界强国,中国还有很长的路,这正是今天这一话题的意义所在。

上个世纪八九十年代国外的新闻报刊,往往好几天才刊登一条关于中国的新闻,还可能是负面的。但是现在,凡是国际上比较重要的媒体,任何一期里边都不止一条关于中国的报道。这是因为中国对世界的影响已经非常明显,必然会引起世界传媒的重视。

但是,当前中国传媒的国际传播力确实还非常有限。中国传媒自己的声音,特别是通过自己的渠道传达出来的中国声音,要说是“零”,稍微有点绝对,但是接近于“零”。中国传媒的传播实力和中国的国力、中国在世界格局中的地位严重不符。就这一对关系而言,有的国家其传媒国际传播力是超出它的国力的,比如英国——BBC从创建到现在快有100年历史了,但它的国力在20世纪却不断地衰落,到21世纪已经算是中等国家,可它世界传播大国的地位仍未动摇。

我国的这种“不符”是由包括历史原因在内的各种原因造成的,这也是国家领导人、传媒业领军人等各方面人士普遍产生焦虑的一个重要方面。近年来,历届的相关领导都非常重视这个问题,这也必然是未来新一届政府思考和解决的重点。

这种重视可以体现在财政拨款方面,比如国家拿出几十个亿的重头资金来扶持、支持或者直接兴办相关媒体,同时相关媒体也希望借助国家的重视提升自身的传播能力。不过,我们虽然看到了希望,但这种重视到目前为止仍然收效甚微,没有起到根本性的变化。总之,今天提出这个问题,国家、业界、学界都非常重视,而且问题亟待解决!

刘文(以下简称“刘”):这个题目是我非常感兴趣的。我记得1997年时任总书记的江泽民访美时在哈佛大学讲过一段话,表达了中国在国际上的国家形象与中国的国际地位极不相符的观点。之后大家都倍感忧虑和危机,如今中国还在这种危机之中,中国在这方面的投入越来越大,虽然不能说这些投入没有效果,但是“性价比”现在来看的确较差。

我先从频道标识的设计解释一下中央电视台纪录频道的国际传播理念。中央电视台纪录频道的标识是一个立方体,我们的初衷是追求“立体”的国际传播效果。中央电视台希望通过纪录片的方式,把国际上还没有了解到的中国各方面的内容呈现出去,最后让国际观众来判断中国到底是什么样的。国际传播中“先入为主”的因素特别重要,你首先看到什么就容易相信什么。固然不能说之前国际观众看到的中国影像是不真实的,但我给你看到的中国除了白色、黑色,还有黄色、蓝色。我们希望通过纪录片,展示中国更多的颜色和中国更多的“面”,以供国际观众判断。把更多的、真实的方面展示出来,就会稀释掉许多国际观众原先对中国的偏颇印象,例如纪录频道拍《舌尖上的中国》就有这方面的考虑。

苗:中国国际传播在政策制定、体制机制改革时,要注意改变理念和策略。我们以电视剧为例,电视剧这种电视艺术形式相对来讲是雅俗共赏的,是一种非常不错的电视产品、传播产品。从电视剧生产量来讲,中国是第一大国。但是中国的电视剧产品到目前为止只适合在东亚、东南亚一带播出,而不能传播到其他地方,包括非洲、第三世界国家都传播不过去。在世界三分之二以上的市场中,中国的电视剧基本没有涉足。当然,这其中的情况很复杂。不过我相信,如果中国能够在观念上更具普世价值和国际性,内容上又非常中国化,再加上市场的营销,我觉得它的市场潜力还是非常大的。

再以宣传片、纪录片为例。我给文化部外宣局做过几年外宣片艺术总监。这些片子投资比较大,但它的传播途径基本上就是大使馆开新年招待会时作为背景播放,而在海外电视台很难播出。虽然我们在制作时尽可能地掩蔽宣传目标,尽量做“软”一点的话题,但是由于种种体制机制的原因,还是有宣传痕迹。海外的媒体很容易看出这些宣传痕迹,他们对宣传是拒绝的。

我前些日子看 BBC 拍的《资本主义共和国》,是讲现代中国的。我看他们从立场和角度来讲就比较客观,里边既反映了一些中国的问题,也有褒奖中国的基调。我觉得中国也应该创作一些这样的作品:内容上反映当前中国发展的一些现状和问题,既有积极的正能量,又能较为客观真实地挖掘现实矛盾;多说事,少宣传。随着中国国际地位的提升,国外的观众特别是稍微有层次的观众特别希望得到各种各样有关中国的真实信息,他们的欲望甚至比中国的受众强烈。因此,中国传播理念的进一步调整就显得特别重要了,包括在观念上尽量去除宣传理念,在内容上要给大家看真实的中国,在题材和内容的结合上要更立体化,在专业品质上要有所提高等等。

最后需要说的是,从政策制定和体制机制层面来讲,首先要将所有中国传媒视为提升中国国际传播力的一部分,而不是只有党的传媒才是国际传播力的一部分。我们可以管理、扶植一些有民间色彩的传播媒体,包括网络、平面媒体,甚至广播电视,进行国际传播力的打造和提升,可能会有所作为。

内容层面:纪录片、电视剧、电视新闻"三驾马车"并举

在内容层面,纪录片、电视剧、电视新闻被视作一国传媒国际传播力提升的"三驾马车",近年来我国传媒在这三个领域做出了许多努力,取得了一些可观的成果。但是宏观而言,我们还存在着输出产品针对性不强、本土价值与世界共通价值融合度不高、以我为主的意识形态主导等问题;微观上,电视剧因题材限制而造成的传播范围有限,电视新闻因视角把握与采编能力不足而造成的传播效果微弱,以及纪录片对选题拿捏的摸索,都是我们需要不断思考的问题。

胡:在内容层面,纪录片、电视剧、电视新闻是国际传播最主要的三种载体。过去的一年,中国媒体在这三方面取得了突出的成就,比如纪录频道在纪录片对外传播中的努力,新闻方面的十八大对外报道,电视剧的对东亚、东南亚、非洲输出等。那么,这三方面在近一两年有哪些代表性成果能作为中国"走出去"战略的标志,以及这些成果为什么能"走出去"?我国传媒在这三个方面的国际传播能力有怎样的高低之分?它们在提升我国传媒国际影响力的过程中尚存怎样的不足之处?它们的传播思路有何不同?请二位就这些方面解读一下。

苗:常说的国际传播主要有三个方面的内容展示:一是新闻传播,这是首当其冲的;二是纪录片,它让一个国家变得"立体",而不仅停留在平面或者点状传播;三是电视剧,有时也包括动漫。实际上这三方面的内容传播,有非常大的差异。

先说电视剧。中国国产电视剧在东亚、东南亚有一定影响力。比如越南,越南历史上基本可以算是儒教文化圈,是中华文化圈的一部分,中国电视剧对他们来说比较好理解,所以据我的感观,越南可能是世界上播中国电视剧最多的国家。我去过两次越南,打开电视机看到的电视剧许多是大陆或港台作品。越南的电视剧制作能力有限,而且因为条件限制,播的方法还特别奇怪——同声翻译版:一位配音人员根据画面照着越南文稿念台词,同时把电视剧原声的音频拉低;而且配音不分男女声,就这一个人。但就是这样的方式,中国电视剧在那里还有那么大的影响。

因此,在一定文化区域里面,中国的电视剧还是有影响力的,这种影响力取决于电视剧内容的针对性,这种针对性是文化共通性背后自然而然的结果,当然这也与国内电视剧整体质量的提高有关系。不过这些热播电视剧还是有题材限制的,古装戏效果好,现代戏也有一些,但像在中国国内觉得很好的一些题材——如谍战题材——就少一些。

不过,出了东亚、东南亚这个圈之后,中国电视剧的影响力就不行了,尤其与美国电视剧相比,差距非常大。美国电视剧的影响力除在美国和拉美之外,甚至在欧洲同样热播。欧洲国家小,相对来讲很多电视台的市场有限,经费也有限,所以很多电视台的晚间节目,要么是自己做的低成本演播室节目,要么就是美国电视剧。欧洲绝大多数国家播美国电视剧都会把美语翻译成本国语言,然后配音播出;也有走越南模式的,波兰播美国电视剧就是同声念翻译稿。

中国电视剧和美剧的差距,多出在文化背景、价值取向和对社会关切的差异上。集中体现在题材接受方面,这个问题一时难以解决,所以中国电视剧的国际传播,可能得慢慢来。现在看起来,古装剧的“走出去”相对容易。至于现代剧,相对来讲东亚、东南亚以外地区的观众可能更希望看到反映中国现代生活的电视剧,对他们来说,这类电视剧既有意思,能达到观剧的审美享受,同时还能了解“神秘”中国的很多情况,毕竟电视剧是反映一个国家现代生活基本状态非常好的工具。所以中国现代题材电视剧如果做得好,在海外也可能是有市场的。

最后要说的是,如果想实现目标,一是需要我们有特别过硬的拳头产品,二要看推广,三要从文化与价值层面思考。中国电视剧的国际传播潜力很大。

刘:我来说说纪录片。从纪录频道成立到今天,我们一直坚持一个策略:以外促内。这也是中国纪录片在整体上的应有策略。首先得在国际传播上打出影响,再促进国内的纪录片发展。这两年我们也看到了实际的效果。当前纪录片在所有中国传媒文化产品中的输出量和影响力还是首屈一指的,只是我们现在还缺乏更多强有力的产品。

考虑国际传播因素时,纪录频道有一个基本的制作原则,主要包括三点:第一个原则是选题。要做关注度高的选题,最重要的标准就是要么有影响力,要么有收视率。这个问题我与美国国家地理、BBC 等媒体沟通过,我们的价值观比较相同。第二个原则是叙述方式,也就是中国一直强调的外宣语态问题,《舌尖上的中国》就是这方面做得很好的实例。第三个原则是专业水平,我们要跟国外的高精专业水平持平。

下面我着重讲一下内容选题原则。目前纪录频道在选题方面正逐步转变,就数量而言从历史人文类的选题大量往社会类、自然类转移。(1)在纪录片种类中,纪录频道的历史人文类一直以来是最强的,社会类纪录片在纪实性的栏目中也还算充实,而自然类是最弱的。我们在海外评奖的时候也发现,外国同行和专家认为中国做历史人文类片子是不错的,像摄像、剪辑节奏等专业品质跟国外差距不大。(2)关于社会现实类的纪录片,主要问题一是能够涉及的话题太少,而国外对健康问题、养老问题、婚姻问题、童工问题,以及所谓禁忌或者敏感的问题做得比较多;二是此类片子多由纪实栏目、民生栏目制作,这多是因为社会类节目投入比较低。现在看这些栏目很多制作水平不高,选题也比较偏灰色,很难走到国际市场上。在国际纪录片市场上灰色的内容往往没有市场。(3)作为短板,自然类纪录片是频道现在要努力拓展的。这类纪录片的问题,一是弱在中国自然专家团队跟国外相比有很大差距;二是中国纪录片人很少是专业的动植物专家,我们的摄影师往往是在拍个热闹。这些都是纪录片国际传播的现实问题与拓展需求,因此我们未来要着重平衡选题数量。

其实无论是电视剧还是纪录片,最重要的问题还是选题。像美食话题,中外观众的感受都一样,对于"吃"首先讲的不是科学精确分析,而是好不好吃。拿《舌尖上的中国》来说,我们当初选择案例时有三个原则:第一个原则是要选择特定地域的、地道的食材;第二个原则是地道食材要有一个非常自然的食用方式,并且传承群体几代都没有变过,还要有一个现在的传承人物;第三个原则就是这个人的背后一定要有一个完整的家庭,无论是三口之家或者几代人,要有人的情感在里面。我们把这个片子呈现出来,海外同行和观众普遍认同,因为这些选题的价值取向,中西方几乎没有差距,这才会有《舌尖上的中国》后来在西方销售时的优秀表现。

苗:我最后说说新闻。中国传媒的新闻国际传播力,较之于电视剧、纪录片而言是最差的。如今世界的新闻国际传播基本被CNN、BBC占据着,连NHK的影响力也不行,那么在这样一种格局中,中国怎么才能够杀进去?这涉及新闻视角与新闻采编能力的问题。

第一,视角与理念问题。其实坚持中国视角是没有问题的,像半岛电视台一直坚持阿拉伯视角,反而取得了巨大成功。新闻总是有视角的,CNN有美国视角,BBC有英国视角,中国视角其实不是问题,关键是用什么方式,怎么把中国的视角表现出来。这其中一则要第一时间发出独家新闻，况且随着中国在世界的地位越来越重要，世界需要了解来自中国的独家新闻，本次十八大报道就是实例。二则涉及新闻制作理念。真的要能成为一个强势的传播力综合体，不仅需要有中国的视角，还要有好视角。中国的视角不能还停留在过去的宣传至上上，而是应该有一个国际社会都能够理解、能够感知，甚至能够认同的视角。

第二，采编能力问题。现在中国在世界各地建那么多记者站，但是实际的采编能力同国外优质媒体的差距太大了。新闻采编能力是“硬”实力，这不光是机器设备的问题，主要是人的问题。如何体现第一时间？如何体现现场感？如何体现一个立体的、多层面的信息来源交融？我们还差得很远。一些中国的驻外采编人员制作新闻时，往往从网上拼接、抄袭内容，然后找一个国际新闻事发地一站、一说就算完事。不是第一手材料，不是第一时间地采集，在国际传播的效果方面就会差很多。

其实新闻与别的领域不一样，如果你的“硬”新闻量多，你的中国视角又是一个大家可以较为普遍感知、理解的，采编质量又能有所提高，中国的新闻传媒完全可能达到半岛电视台的层面，然后再向BBC、CNN靠拢。

最后说一点是：世界人民最需要中国传出的东西是什么？是现在中国的真实状态。我们反映中国的现状越真实、越立体、越具体，越有利于国际传播。不管是新闻，是纪录片，还是电视剧，总体上来讲都一样。

市场与产业层面：纪录片、电视剧、新闻领域的国际市场化程度和难度存在差异

现代社会，传媒在提升国际竞争力时，各种要素如果不能构建为一种产业化的组合和运作模式，必然在很大程度上缺乏内在的生命活力。当前就国际传播而言，纪录片的国际市场化程度相对较高、阻力较小，电视剧的国际市场化之路有潜质、也需耐心，新闻领域的国际市场化之路需要各方转变观念、充满智慧。

胡：现代传媒同产业思维具有密不可分的联系。就市场与产业层面而言，二位如何看待中国传媒在国际传播力提升过程中所需注意的营销手段、价值评估、产业培育、市场预期等问题？

刘：纪录频道成立时的最初发力就是“针对海外”。现在海外所有的节目，首先定位就是要做市场。只有走了市场，让对方出钱买了中国的片子，才可能到海外的

主流频道播出。中国之前的纪录片外宣，甚至其他的节目外宣，在很长时间里使用外寄推送的形式，但是对方认为这些免费送来的带子就是宣传品，内容肯定都是中国想宣传的东西，所以对这些片子一般不予考虑，甚至连看都不看。中国不缺乏优秀的作品，而这些作品一旦走了市场，对方电视台认为作品不错并出钱买了播出权，结果就会大不一样。

当然，这种走市场的思路还需要决策者的支持和内部的协调。我们现在负责两个频道，一个是中国内地看到的"CCTV－9 纪录"，另一个是在海外落地的"CCTV－Documentary"，外加央视一套的"魅力纪录"时段。台里有一个原则，就是保持纪录频道相对"独立"的形象，例如《旗帜》在 1 套、4 套、10 套都播出了，但在 9 套纪录频道没有播。这是台领导的策略，对内要淡化意识形态。这种状态有助于纪录频道将来能和国际市场更好地沟通。

同时，为了走市场化之路，特别是走向国际市场，纪录频道从开播时起就对节目按照市场化的原则进行要求，包括频道自制的和国内委托制作的纪录片等。我这里有一个销售数字，这两年纪录频道拍的《南海一号》《春晚》《故宫》《舌尖上的中国》《超级工程》等十余部纪录片，已经在超过 60 个国家和地区实现销售。其中《舌尖上的中国》在海外首轮发行的销售额是 35 万美元，创造纪录片海外单集发行最好成绩。这也是央视纪录片第一次以集群的方式发展。从总公司的销售报告来看，由于纪录频道开播以后持续推行纪录片的海外销售方式，2012 年频道的海外销售总金额突破 200 万美元。别看这个数额好像不高，主要是因为中国纪录片在海外卖的价格不是太高，目前是先靠量打入市场。纪录频道正在筹建自己的传媒公司，将来好的片子直接委托海外团队在国外卖，进一步在市场上形成央视纪录片的品牌效应。

如今国外同行知道中国政府资金雄厚，也知道中国官方媒体比如央视具有更高的实力和可信度。这是纪录频道通过市场化、产业化进行国际传播的优势。另外，欧美近年经济不景气，他们的各个机构和文化基金对纪录片的投资压缩了大约 30％，而我们的资金相对充裕，到账也快，这是频道投资的机会和优势。通过这些投资，把央视纪录频道变成如 BBC 这样国际传媒的联合制作方，成片在这些频道播出，也就间接扩大了频道的影响。

苗：我简单谈一下电视剧和新闻。中国电视剧在所有电视节目中是走市场化走得最早的，相对来讲到现在发展得也较为成熟。同时几乎所有的电视剧制作公司对海外市场很重视,谁都希望能够在海外拿到份额。随着中国的影响力越来越大,再加上如果电视剧本身的质量能有进一步提高的话,我们也可以自己靠市场的力量慢慢地、逐渐地“走出去”。

就新闻而言,长期以来,西方世界对中国传媒已经形成一种预警和过滤机制,他们认为中央电视台也好,新华社也好,是中国官方的代表。除了电视、广播等国家管理严格的传媒样态,我们要关注平面媒体的一些新情况,比如像财新传媒,财新最近这两年做了很多国际合作,如与《纽约时报》、CNBC 建立密切的联系,而且它的稿件在国外媒体上刊登率非常高。财新也是我党领导下的一个媒体,但是它的资本运作,它的一贯作风与官方声音有一点距离,这让国外感觉财新是比较民间的。正因为这样一种稍稍具有的“非官方”标识,使得财新的报道在国际上有了影响力。中国的一些情况和声音,通过这样的媒体在国际上来反映,效果就不同。民间的面貌、适当的距离、走市场的资本运作,这应是未来中国政府的智慧所在,这是中国媒体破西方之“障”的一个上佳、直接方式。

渠道层面:发挥节展活动与网络传播的作用

传播渠道是我国传媒国际传播力提升这一链条中重要的一环,它的一端关联着内容生产,另一端关联着接受反馈,功能与意义不凡。当前,我们一方面要关注“实体”意义上的渠道,如实地举办节展活动等方式的推介;另一方面要关注“虚拟”意义上的渠道,如网络新媒体的信息传输。

胡:当前中国传媒在国际传播时,特别是新媒体环境下的国际传播,渠道的作用越来越重要。比如美剧通过网络渠道由外对内传播,就值得关注。外部通过各种渠道走进中国,中国传媒是不是也可以通过同样的渠道走向世界?那么,二位如何看待我们在提升传媒国际传播力过程中,传播渠道所产生的作用?阻碍为何?在传播渠道方面有哪些值得关注的理念和举措?

刘:我主要根据纪录频道的发展情况,谈一下通过节展这一渠道,如何提升中国传媒机构的国际知名度和中国整体的国际吸引力。

第一,通过节展推介中国的传媒机构。纪录频道的发展除了需要有市场化的准备,还要有国际品牌的推广策略。而后者经历了三个阶段,第一是认知阶段,第二个是接受阶段,第三个是互信阶段。通过此三个阶段让海外知道中国中央电视台开办了纪录频道，并能接受纪录频道，还能与纪录频道长期沟通互信。

广泛地通过节展有利于上述三个阶段的目标达成。2012 年 4 月在戛纳的节展上，我们冲破各种不利条件，租下了戛纳场馆仅有的三块大宣传展牌中的一个；后半年我们到任何一个纪录片节展上，参会人员几乎都认得中央电视台纪录频道，他们说都看到过纪录频道在戛纳的大展牌。海外同行对中央电视台纪录频道的认识度提高了，合作就变得便捷。另外纪录频道还在展会上搞了几个主要的活动：开幕式、频道推介会、央视“中国之夜”大型高端酒会、官方午餐会等。这些活动花费不见得多，但是需要做出新意，效果才会很好。节展活动的参与考验着中国媒体推介的智慧。

第二，通过参加或举办大型会议推介中国。最近我们初步确定下一届的世界科学和纪实节目制作人大会在中国举办，这是全世界纪录片领域最大的会议之一。每年会上都发布年度报告，梳理全世界这一年的纪录片节目类型和现状。通过这些在中国举办的知名节展、大会，不仅为海外机构、会议在中国提升知名度提供了机会，也是中国对外展示的重要途径。海外同行需要通过这些机会，到中国亲身考察、体会中国纪录片机构和制作人的成长、当代中国的现状，认知中国文化的价值。

苗：如果从媒介形态划分的角度谈渠道，网络对于人类社会的发展和改变已经起到了巨大的作用，这一点大家有目共睹。如今美剧、英剧、韩剧、日剧，甚至泰剧在网上都能看到数量丰富、相当完整的版本，而且有翻译组的翻译字幕。

但是从输出而言，中国的互联网传播效果还比较微弱。一是网络运作基本是商业资本运作，国内市场已经比较大了，而且尚没有开发完。二是语言问题是一个关键的阻碍因素，中国人办的英文网络平台较少，且远不如自己的中文平台那么生动、活泼。有一些很关心中国的国外朋友和我说，他们了解中国的信息都是通过海外媒体的转述，中国的信息被转述才能得到传播，直接从中国网络媒体传达的信息非常之少。三是政府还没有足够重视，现在无论是国家层面，还是经营者层面，都没有把这个问题真正提到议事日程上来，这是我们下一步亟须解决的问题，而且应该有切实可行的举措。

刘：对内来说，网络成为未来影视传播的一种延伸，有利于影视产品的增值。对外来说，网络新媒体技术最大的好处是使传统的电视信号传输更快捷。传统的电视信号需要上星、落地，现在国外多是 IPTV。我最近到美国一个华人家庭，他们家里可以接收长城平台，几十个国内频道都能收到，还有几百部中国电影、电视剧，价格也便宜。这种新媒体、新技术的传播方式，使中国电视节目信号在海外，特别是在华人区的发展非常快，我们需要重视。

不过，我感觉在西方国家，传统媒体播放过的纪录片再卖给网络新媒体的情况不多，他们的受众更愿意在视频网站看到个人化、个人上传的内容。这是中国媒体国际传播的一个阻碍。

人才培养层面：以合作带人才，重视项目管理人才的培养

任何深刻的理念、宏大的目标，都需要人的因素去践行和实现。在媒体的国际化建设中，更需要优秀、适宜的人才沟通各个环节、各方利益。从人才培养方式来看，通过购买海外版权、投资海外项目，以请海外团队前来带动中方人才成长，是一个切实可行的办法；从人才需求来看，当前我们对具有国际视野的项目管理人才的需求较大，我们的人才培养体系也需重视这方面的缺口。

胡：刚才两位都谈到中国在提升传媒国际传播力时，需要具有更强采编能力、制作能力的人才。其实国际传播能力的提高，最终依靠的还是人才。二位在这方面都有广泛接触，那么，中国在相关人才的培养方面有哪些经验？能够切实提升中国传媒国际传播能力的人才应该是什么样的，需要具备哪些素质？我们的教育体系与培养途径应该做哪些相应的调整，以在未来培养出更强大的管理服务人员和从业制作人员？

苗：其实刘文自己就是特别好的例子，国际视野比什么都重要。国际视野怎么形成的？是靠大量的国际交流，大量地见人与谈话积累起来的。当然，不是每个人都能"走出去"积累，那么"请进来"的培训就是很好的补充。比如最近我们有两个很好的娱乐节目——《中国达人秀》和《中国好声音》，它们共同的特点是：花钱不仅仅是为了买版权，也是为了请海外的团队来对我们的人员进行培训。所以，买版权实际上是期待提升我们自己的团队。

这些年中国媒体整体的国际眼界开阔了很多，也需继续培养，通过调查研究、考察接触，才能有真正深刻的认识，才能把中国各方面的传播内容做成世界级的水准。

刘：纪录片也是这样。纪录频道现在很重要的任务就是找团队、谈合作。比如世界上奥地利的航拍团队最好，英国人的水下拍摄团队好，频道就请他们来谈合

作。我投资的目的之一就是靠合作来带动频道的人才培养。同时,频道也需要通过对海外佳作的研究来培养人才,比如筹备《舌尖上的中国》时,我们细致地研究了一些质量上乘的海外纪录片,分析这些片子的格式,来为我们的创作提供结构模式。

我想通过三五年的时间,培养三到五位能胜任国际题材的导演。这些人才首先英语要过关,再者自身的业务能力要好,关键还要有很好的协调管理能力。虽然纪录频道现在各个工种都缺优秀人才,但相对来说频道的编辑、导演、剪辑团队尚可,总量也大;现在最缺的是项目管理人。当前我们在管理方面比较糟糕,比如在项目阶段性预算运用、契约意识、人员管理、原则坚持等方面都有待提高。特别是重点项目的流程管理制度更需要加强。具体来说:第一,项目一定要有确定的播出时间,确定总经费的进度;第二,项目资金一定要分阶段计划,每个阶段分配多少钱需要明确;第三,在总支出中,确定前期与后期资金的基本比例,而且要有一个最高限度。这些都需要很好的项目管理人来负责。我想中国的高等教育,也可以适度向项目管理人的培养方面考虑,同时加强影视市场营销、推广人才的培养,因为这都是未来中国迈向国际市场所急需的人才。

结语

胡:最后,在提升中国传媒国际传播能力方面,二位能否再从理念和方法上,简单地总结一些基本观点。

苗:中国当前在国际上的地位和中国的传播实力有很大的差距。缩小这种差距的具体办法,首先是政府重视,包括要重视民间的力量;其次,提高中国传媒的传播能力和国际视野,并思考什么样的内容和方式才是世界的;最后,通过优秀的人才运作,有效的运作渠道,特别是商业市场化的渠道让这些内容“走出去”。经过不懈努力,中国声音才能逐渐和中国国际地位相匹配。

刘:我想总结三点。第一点,务实的态度。把握游戏规则,务实于内容、产品和国际人脉;同时需要学会互利,这是务实合作的前提。第二点,有效的方式。要判断什么样的方式最有效,而且可以通过总结海外的有效经验来推进。第三点,持续的支持。这既需要国内各方的保障,也需要与海外保持长期有效的合作。

胡:非常感谢苗棣教授和刘文总监给我们带来的关于提升中国传媒国际传播

力的一些经验、见解和思想。这是来自业界和学界的一次互动,一方面表达了中国传媒学者对于这个问题的深思熟虑,另一方面也表达了传媒业者在一线实践中的生动体验和感受思考。我相信这对于业界和学界而言,都具有相当的启示和帮助。再次感谢两位在百忙之中给我们贡献的思想和智慧!

需求与引领:传媒生态与监管服务之变

——2014 年《现代传播》年度对话

◆ 高长力 胡智锋

对话时间:2013 年 11 月 14 日

对话地点:中国传媒大学传媒艺术与文化研究中心

对 话 者:高长力 国家新闻出版广电总局宣传司司长

胡智锋 教育部“长江学者”特聘教授,中国传媒大学教授、博士生导师、传媒艺术与文化研究中心主任、《现代传播》主编

整 理 者:刘 俊 中国传媒大学艺术学博士研究生、《现代传播》特约编辑

2013 年,中国传媒监管服务与传媒生态都呈现出了一些新的变化。

媒介融合时代,传媒格局的变化需要政府在传媒监管与服务方面积极应对与引领,2013 年国家“大部制”合并成立新的新闻出版广电总局,国家在网络监管服务方面频出举措,以及政府在相关领域的施政新思维,让我们看到了政府在新的媒介环境和传媒格局下的探索。

同时,对“电视将死”的正反争论、歌唱类选拔节目的火爆与“限唱令”、加强版“限娱令”的出台、电视动画发展的数量与内容质量之辩、纪录片的强劲崛起和不易摆脱的诸多困境、电视时政新闻的革新亮点与网络假新闻向传统媒体的扩大蔓延等等,让我们看到了中国传媒新发展与新问题同在,这需要政府部门的规范引领和传媒机构的自觉反思。

此外,国际传播、公共文化服务、传媒教育是判断与彰显中国传媒发展现状的关键部位,这些方面的一些关键问题和基本策略也亟待我们厘清和思考。

胡智锋(以下简称“胡”):今天,很荣幸请来了中国广播影视最高决策部门的领

导者——国家新闻出版广电总局宣传司司长高长力先生,一起展开 2014 年《现代传播》年度对话。

中国传媒,特别是广播电视领域有一个“逢三变革”现象。1983 年第十一次全国广播电视工作会议,直接促成“四级办、四级覆盖”的格局,在中国广电传媒发展史上具有标志性意义。在邓小平同志南方谈话之后的 1993 年又有一次大变革,标志是中央电视台的大改革,以杨伟光台长为代表的电视人推动了国家级电视传媒在节目形态、叙事语态、财务制度、人事管理等方面一系列的革新,其中《东方时空》开启了中国电视新闻的新时代。2003 年,一方面,以中央电视台新闻频道的开播为标志,电视媒体不断探索符合新闻传播规律的内容生产方式;另一方面,新媒体开始崛起,传统媒体的主流话语权和公共话语空间开始被网络新媒体分割、占据,基于这种情况,当时题为“会诊中国电视”的对话给出的“中国电视的冬天还远吗”的研判,在今天看来的确此言不虚。

本次对话希望对 2013 年这个“逢三之年”中所呈现的中国传媒新的发展脉络与思路、改革创新的步伐与轨迹进行探讨,重点关注中国传媒,特别是广电传媒发展的需求主要聚焦在哪些部位,这些需求又需要怎样的自觉与引领进行回应。

统筹、放权、服务、改革:政府对传媒管理与服务的新思维

媒介融合时代到来,传媒领域不仅在内部呈现出生产、传播与接受端的新状态,而且必然会产生新的需求,需要外部环境对这种需求有所回应和满足。2013 年,无论是传媒监管部门的调整与整合、对网络监管有针对性的重视程度更高,还是政府施政走向简政放权、事后监管、法制建设、提供服务,抑或是在十八届三中全会背景下对传媒监管将做进一步调整,都是在中国特殊国情下外部监管环境对正在发展变化的传媒格局的回应。这种回应代表了政府未来传媒管理的新思维、新趋势。同时,革新还需要持续探索和坚持不懈。

1. *大部制合并有助于政府传媒管理与服务的统筹协调,提高行政效率*

胡:在媒介融合的传媒生态背景下,2013 年政府针对传媒监管与服务做了一次组织机构的重大调整,即成立国家新闻出版广电总局,这是中央政府大部制改革的重大举措。同时我们看到,2011 年国家设立的国家互联网信息办公室,在 2013 年也频频出台举措。政府在传媒监管方面的新举动,体现了政府的引领作用,是对

传媒发展需求的回应,作为司长,您怎么看这个问题?

高长力(以下简称“高”):外界议论起原国家新闻出版总署和广电总局的合并,往往只关注机构方面的变化。实际上真正需要关注的,是我们国家对传媒的管理未来会发生怎样深刻的变化,这和本次机构合并有直接的关系。当然,机构合并和效果显现都是一个过程,现在机构整合还没有彻底完成。

在机构整合过程中,还有一段插曲。当初为了机构合并后的名字,曾有热议。有人提议叫“传媒管理总局”,但“传媒管理总局”这个名字超出了合并后机构的职能,因为原国家新闻出版总署和广电总局分别负责平面媒体和广播影视媒体的监管与服务,还没有完全覆盖互联网的管理。国家广电总局对互联网的管理,只涉及网上视听节目,只是互联网的一部分,而互联网其他一些重要的部分,归属国家互联网信息办公室等部门管理。

机构合并之后,未来可能产生的效益就是行政管理的效率会提高,特别是一些重大管理政策的统筹协调会更加方便。过去,我们在媒体监管与服务时往往“各自为战”,对平面媒体、广播电视媒体、互联网媒体的监管,各自有法律体系和管理规范,有一些政策之间还存在不相衔接甚至相互冲突的地带,协调起来比较困难。现在监管工作合并统筹在一个大部门了,其最大的意义在于将来政策的协调性。

举个例子。现在广电业普遍有一个抱怨,认为现阶段对网络和小报小刊管得较松,对广电却管得很严、很死,这会不会导致广电这一严肃、传统、主流的媒体最后萎缩了,互联网和小报小刊却越来越壮大?面对这一疑惑,在机构合并的背景下,未来的政策制定和监管过程会具有统一性、统筹性,这次机构改革能够为这种统一创造好的条件。我问过欧洲一些国家的媒体监管部门一个问题:互联网管理和广播电视管理有什么区别?他们说没有区别,应该标准一致。但事实上我们现在的标准和管理方式都不太一致。比如对广播电视是系统管理,全系统通过行政的方式管理还是很有效的;但对互联网是一种社会化管理,我们设立标准,让其按照标准执行,而它一旦违规,制约的手段却非常有限。您还提到国信办的挂牌,国信办原来是国务院新闻办的两个局,后来单独设立国信办之后,它的管理功能加强了,包括对网络大V、网络谣言的治理措施现在已经见到一定的成效。总之,的确有“逢三变革”这个现象,至少2013年从政府传媒管理的体制机制上出现了新的形势。

胡:这里有个敏感的问题,中国有地方保护主义,也有行业保护主义,如今两个机构变成一个机构,在行政资源或管理层级以及其他方面,是不是可能导致以往的管理权限降低了,行政权力性的东西压缩了?如此,两个部门现在的管理者,其个人利益或者升迁空间等方面会不会受到影响?那么,他们对这样的改革会不会有积极和正向的支持或者认同?

高:出版总署和广电总局的合并其实很顺利,外界担忧的很多情况都没有发生,比如实际人事变化我感觉并不是很大,部门合并较多在办公厅、财务、人事等综合部门,业务部门也有一些整合,但真正发生化学反应还需要时日。

2. 政府监管职能:走向放权与事后管理;政府服务职能:学会"开超市"

胡:最近一段时间,电影、电视剧的审查权有所变化。就电影来说,除了重大题材影片,大部分常规题材的影片审查权都大规模下放,电视剧的审查权也大量下放到省市广电局。您如何看待这一问题?

高:简政放权和部门合并没有直接关系,但2013年"两会"以来,按照中央的要求,很多行政管理权力确实有所下放。机构合并以后,现在总局的管理权力有几十项或下放到省里,或取消了行政审批,力度很大。比如,最近正在研究取消群众参与的直播节目设置审批权。但取消不等于放任不管,而是把事前管理变成事后管理,将责任压给播出机构,一旦违规出现问题,政府部门再对播出机构做出惩处。事前管理向事后管理的转化,是宣传管理模式的重大转变,这一转变近年来体现得非常明显。

就中国传媒管理模式而言,过去我们习惯通过行政审批进行事前管理,用形象的说法,就是相当于设立一个"把门人",谁进入这个房间都要买票、检票。但过了这个关卡之后,对后续犯的错误、出的毛病管理不力,这是过去管理模式的弊病。后来转变了,加强事后监管,可能没有人在关卡把着,但是告诉你规矩,出了问题要追责惩处。现在总局每天通过监听监看日报反映发现的问题,全年发现处理260多个问题,平均每个工作日发现一个。事后监管是悬在头顶的一把利剑,同样可以督促播出机构加强把关,管理的实际效果不是削弱了,可能是更强了。但事后监管的工作量和难度加大了,相当于马路警察,站在那里查违章,还会遇到被处罚者的不服和反抗,比起行政许可来当然要辛苦很多。

事后监管需要一个重要的前提条件,就是节目标准和法制要相对完善。我们知道,美国有《儿童电视法》,保护未成年人权益;有所谓的《传播庄重法》,也就是反低俗法,确立如冒犯、猥亵、淫秽等低俗内容的标准,等等。美国FCC(美国联邦通讯委员会)中传媒局的管理方式是“不告不理”,设立投诉举报窗口,举报者要写清什么时间、哪个频道、什么节目、什么内容有问题,传媒局接到举报就去调查处理,甚至走法律程序。在法制和标准配合下的事后监管,这也是中国未来媒体监管模式的转变方向。前面提到现在互联网的管理已经尝试采取这种模式了。当然,现代技术的发展,也不断地给管理带来难题。

除了前面说的监管,政府还有另外一个重要职能,那就是服务。我曾经写过一篇文章,叫作《政府应学开超市》。其中提到,我们在设计纪录片管理模式时,没有像以往那样搞立项审批和成片审查制度,而是尝试着实施了纪录片题材信息公告制度,即把所有将要拍摄的纪录片题材信息汇集起来在网站上向行业和社会发布,这样一来,行业内的人就知道谁在拍什么,我有哪些投资机会,怎样避免题材的重复撞车,同时也可以看到政府鼓励什么题材,看到政府的导向。这种做法就是政府“开超市”,把东西放上货架,由消费者来选择,开超市的人负责导购和监督买卖。

“开超市”想要提高销售额也有一些技巧,比如好的货品插上小红旗或者标上“新鲜”字样,以引起消费者的注意,这种方式就相当于政府“评优推优”。每个季度,总局还把拍好的纪录片组织评委会评选出优秀的,推荐给电视台播出。但在评优过程中,总局没有投票权,而是让纪录片频道栏目负责人以及专家投票,每次推优评审会实际上成了各个播出机构的选片购片会。“开超市”这种方式,最重要的是把市场机制引入进来,政府搭建平台,整合各方资源,政府的服务职能的发挥对行业有引导,对事业与产业发展有扶助,也能切实鼓励最优秀的纪录片播出。

3. 为改革大局提供舆论和智力支持,并思考宣传管理部门自身的改革问题

胡:2013 年的十八届三中全会,我注意到有两个海内外关注的热点:一个是国家安全委员会的设立,一个是中央成立全面深化改革领导小组。国家安全和改革都需要传媒的参与。其中,改革是关键词,三中全会还提出“使市场在资源配置中起决定性作用”,这跟您刚才说的我们已经践行的理念是吻合的。那么,随着新的国家新闻出版广电总局的成立,以及三中全会提出的上述两个最高层的决策,具体到我们这个行业领域,从政府传媒监管和服务的视角来看,我们如何呼应?在国家安全和改革方面,您预测政府未来在引领行业发展中还会发挥什么样的职能?

高:宣传系统与党和国家所有的工作都密切相连,宣传部门应当在全面深化改革领导小组和国家安全委员会中承担重要职责。任何工作,特别是一些转折性或者升级性的工作,比如改革,要求人们首先在观念上实现转变,这便需要宣传先行,

以提供舆论引导和智力支持。任何工作缺少好的舆论环境，推进起来就可能出现困难，甚至完成不了预期的目的。可以预见，下一步落实三中全会全面深化改革的决定，这是宣传领域一项重中之重的任务，至少要持续到2020年。因此，下一步我们首先要把中央的精神宣传好、解读好，以纠正中外媒体以及社会上的一些错误的解读。同时，我们广电系统内也面临着怎样落实好中央的精神，深化改革，转变政府职能的问题。

对于我们宣传管理部门自身的改革，也面临着两难的选择。在中国特殊的国情和体制下，两难选择是什么？在文化意识形态领域确实有一些东西需要前置审批，比如要开办影视公司，要有一定的资金和相应的人员；影视制作是大投入，做一部电视剧，没有一两千万搞不下来。以前也发生过不少拿着项目行骗诈骗这样的事，还形成很多商业纠纷，甚至做出一些不负责任的影视文化产品，贻害无穷。所以在改革中既要放权，给文化产业的经营生产创造好的条件，同时又必须加强监管，毕竟文化产品不同于一般的产品。我个人的观点是，文化产品无益就是有害，为什么？平庸的作品、粗制滥造的作品至少会耗费别人的宝贵时间，浪费了别人的时间就是图财害命。

媒介融合时代的传媒格局："电视将死"未必是真命题

数百年来，伴随着媒介科技的不断发展，在信息传播和传媒艺术领域，每一种新出现的媒介形式在让世人震惊的同时，也每每引发人们大胆预言旧有的媒介形式行将就死。绘画之于摄影、摄影之于电影、电影之于电视、传统媒体之于新媒体，无不经历了这样一个过程。我们在肯定人类不息探索、勇于面对未来的精神的同时，也需细细品咂，新的媒介形式和已有的媒介形式未必就是"非此即彼"的关系。我们一方面不能轻易否定传统媒体存在和发展的可能性、合理性、创造性，另一方面也需要思考传统媒体与新媒体融合的思维和路径，革新传统媒体的诸多体制机制和理念问题。这又涉及一个需求与引领的逻辑，在新的"逢三之年"，对这一问题的思考越来越显得紧迫。

1. 传统媒体与新媒体不是"非此即彼"的关系，不能轻言"电视将死"

胡：媒介融合已经成为整个人类信息传播领域最重要的态势，在媒介融合时代，传媒格局正在发生深刻变化。很明显，广电媒体已经成为传统媒体，这是时代性的特征。怎样看媒介融合时代传媒格局的现状和发展态势？在这个时代，广电媒体还有没有生存的空间？自身应如何定位？传统媒体和新媒体怎样相处？这些问题是大家普遍关注的。

高:电视到底几年将死，大家都有不同的猜测。但是，在我们争论到底几年的时候，不要忘了这个命题的核心，电视一定会死吗？“电视将死”是真命题还是伪命题？我们应当跳出来，如果天天算计几年将死，就掉进这个陷阱里去了。

我们要看到，一方面，传统媒体有其自身魅力，受众有传统媒体的收视习惯，传统媒体应该发挥并利用好这些优势。比如直播的电视频道仍然是受众喜欢看的，这是收视习惯；比如电视有几个功能是新媒体取代不了的：对新闻的权威报道，娱乐节目、影视剧、纪录片大制作带来的震撼力、冲击力，等等。另一方面，新媒体对年轻受众的收编是迅速的，年轻人基本上不看客厅里的电视，他们收看电视节目也多是通过移动屏，我们叫多屏收视。2013年春节我突然发现多屏收视的时代开始了。过去看中央电视台的春节联欢晚会，手里得拿着节目单数着，就怕错过。但是2013年的春节不怕了，移动点播普及了，许多年轻人主要在看移动屏，即便看着客厅电视机里的春晚，同时也拿着移动终端吐槽，只要有一个节目不好看，他们就会马上转移，去点播别的节目。这几天我正在审看2014年春晚节目，我对春晚节目组也说了这个看法，那就是单个节目的质量越来越决定春晚的成败，过去的春晚可能还要强调整体设计，这些现在并不重要了，重要的是你要一个精彩接一个精彩地把观众留住。

上面的情况，对广电媒体而言有喜有忧，而不是非此即彼，这也预示着所谓的媒介融合，不是电视和新媒体之间完全的对立较量，而是走二者融合的道路。电视台和新媒体机构完全可以走向深度融合，像河南卫视的《汉字英雄》节目，现在正和爱奇艺深度合作，推出了网络游戏，游戏和电视还能互动，之后推出的《成语英雄》走的也是这个道路。电视台为什么不可以往这个方向发展呢？最早的时候我们曾经走过弯路，电台、电视台以为要融入新媒体就是开设一个网站，将频道直播和节目内容直接挂到网站上，结果网站变成了广播电视媒体内容的另一个展示橱窗。这就是没有找到跟新媒体融合的正确道路。正确的道路要从用户的需求出发，比如爱奇艺、优酷、土豆的检索系统很方便，并且进入到移动客户端，这就吸引了大量视频收看用户。当前最重要的就是抢占移动用户端。据说，美国现在的情况是新媒体被广播电视系统“霸占”了，是广播公司垄断了新媒体。与其在新媒体面前瑟瑟发抖、低声哀号,不如抓住机遇、发挥优势,主动出击抢占新媒体阵地。同新媒体深度合作过的一些广电机构发现,原来在节目创意、营销理念、人才队伍等很多方面,广电机构都比新媒体机构有很大优势。新媒体就像皇帝的新衣,我们要相信自己的眼睛。

2. 传统广电体制机制和理念需革新,但传统主流媒体的地位不会轻易动摇

胡:我发现新时期以来有两个热点话题,现在来看是准伪命题,一个是"狼来了",即世纪之初加入 WTO 时,探讨中国影视挑战的文章很多,大家都在担心美国好莱坞的体量庞大,中国影视可能抵挡不住海外影视的冲击。但时间跨越过以后,发现情况没那么严重。另外一个是最近几年,尤其是 2013 年,新一轮"新媒体来了",言外之意"广电要死"的声音逐渐多起来。现在看,这个命题也未必是真命题,我们要重视新媒体时代的诸多新现象,但是至于到底谁主沉浮却不能简单下结论。当然,我们可以肯定,过于保守必死无疑,要研究琢磨新媒体的优长,做到取长补短。比如您刚才讲的两点,一个是客户端,一个是移动化,要借助这些新的方式和理念,帮助传统广电媒体在媒介融合时代依然发挥其不可替代的优势。总之,传统广电媒体的生存关键在于能够与时俱进,顺应技术发展的规律,找到当今时代百姓或者用户更迫切的、指向便利的需求。谁能够满足这种需求,谁就能够获得自己的生存机会。

高:是的。现在广电系统对于和新媒体融合,确实在理念和体制机制上有障碍。在理念上,大家不知道怎么去融合;在体制机制上,我们还不适应新媒体的运行机制。为什么我们如今有些人才往新媒体流动?新媒体的薪酬机制更加灵活是重要原因之一。中央电视台主持人年薪如果拿到 20 万,社会上会震惊、炒作,而新媒体从业人员年薪 100 万的情况有的是。传统广电的体制机制改变一下,人才流动的方向也会改变。

理念上的问题也很重要。新媒体发展,新技术飞跃,给广电带来的机遇不可想象,在这一背景下地市级电视台都可能变成上星频道,覆盖全国甚至全球,有非常大的空间。同时,节目制作社会化、制播分离也是大势所趋。比如,新媒体时代拍摄设备的门槛越来越低,手机都可以拍高清视频,让老百姓拍自己的生活,电视台加工一下播出,这样的片子往往很有贴近性。传统媒体要智慧地利用新媒体提供的机遇。

不管将来媒介格局如何变化,国家办的主流媒体占据主流地位的状态恐怕不

会有大的变化。无论是从国家长治久安,还是社会经济发展的需求来讲,都需要主流媒体引导整个社会舆论。主流媒体基本上是传统媒体,是很专业化的媒体,由经验丰富、专业职业的从业人员支撑。中国的老百姓对新媒体的认识还处在初级阶段,觉得新媒体的信息很丰富、很新鲜,出现了“屏奴”。实际经过一段时间的发展,人们就会逐渐认识到他所需要的信息,还得是准确、客观、公正的信息,在公众媒介素养提升以后,大家会逐渐从众多媒体中选择一些权威的、比较可靠的媒体去依靠,主流媒体的权威地位会越来越巩固。

同时,如前所述,为了帮助新媒体的发展,应该抓紧立法,如今很多新媒体的信息已经到了侵犯个人隐私权、名誉权,甚至对未成年人造成伤害和不良影响的程度。如果没有法律严格监管,就会造成一种主流媒体很严肃、很专业,而新媒体很放纵、很随意的状态,这两股方向相反的力量会造成正向力量的亏损。

从五种节目类型看2013年电视内容的生产状况

中国电视传媒内容生产快速发展的同时,前所未有的问题和需求也随之而来:综艺电视节目同质化、原创力问题,动画产业在转型关键期出现的内容尺度和产业链完善问题,网络虚假信息对传统媒体新闻报道的误导和挤占,电视剧价值观问题和购播机制的尴尬,纪录片发展意义重大但也需要业内和各方力量的持续推动,等等,几乎涉及所有中国电视的主要类型的关键问题。面对这些需求和问题,我们亟须外部引领的匡扶和内部自觉的萌发。

1. 电视剧:部分作品价值取向需矫正,“好片播不出来”的购播机制存尴尬

胡:2013年,传媒内容生产在政策的撬动下呈现了新的状态。当然,这其中有亮点也有问题。就电视剧而言,在过去若干年间基本上形成了稳定的产业规模,但是也到达了瓶颈。头几年出现了新媒体“搅局”的状态,网络媒体花巨资购买电视剧,但是这种状态迅速降温了。电视剧回到对电视的依赖,总体来讲,电视台、广告商和影视剧制作公司的三角关系基本没有变化。

2013年大家感觉到电视剧的亮点相对往年不是很突出,特别被大家关注的作品比较少,电视剧的产值、交易额可能也会受到一定的影响;电视剧产业瓶颈也还没有突破。您怎么评价?

高:对电视剧我确实缺少发言权,我只能从观众的角度谈点思考。现在人们对

电视剧越来越挑剔,似乎感觉好戏少。电视剧的极大丰富背后,一定会带来审美疲劳,带来丰富中的贫乏感。我个人认为中国电视剧的整体水平是越来越高了。

讲到内容,这里需要提出一个电视剧价值观引导问题。现在有的戏以恶治恶、以暴制暴,片子从头到尾都把正面人物塑造得特别坏,用比坏人更坏的手段,最后战胜了坏人。这样的片子多起来的话,对公民的价值观就会产生误导。说得远一点,好莱坞的大片力作最后也都是正义战胜邪恶,这是对人类整体价值观的正面价值导向;说得近一点,《大长今》就为我们树立了榜样。个别电视剧虽然收视率很高,但是传递的是"不学坏就不可能立足"的价值观,这太过偏颇。

讲到产业,电视剧跟电影不一样,电影是观众用脚投票,市场化程度较高。电视剧是中间隔一道,由电视台的购片部门来选片。怎么选呢?电视剧是预售方式,这边正拍着,那边开始卖,此时购片单位只知道故事梗概,知道导演和演员。一部文艺作品,怎么能靠导演和主演是不是一线的来判断其品质?这就造成了一些优秀的电视剧预售时没人认,结果播不了,影响不大。

2. 纪录片:政府推动见成效,势头喜人;要解决好人才和创作观念问题

胡:就纪录片而言,中国特色的纪录片生产和传播,包括产业发展模式,既有国际化的一面,也有本土化的一面。在中国纪录片的发展中,您起了很大的作用,请您谈一谈这方面的思路、经验和问题。

高:纪录片是宣传管理司这两年重点抓的一项工作。2010 年国家广电总局出台了《关于加快纪录片产业发展的若干意见》,三年后再看一些数据指标,包括制作量、首播量等都是发文那年的三倍。在数量急剧增长的同时,不断出现一些上乘的好片子,以《舌尖上的中国》等为代表。

纪录片产业发展起来实际上很困难,不像电视剧和动画片会形成一个非常大的产业,而且产业可能增长无极限。从世界范围来看,纪录片的受众群体毕竟有限,现在还不敢说增长无极限。但我常说纪录片的春天到来了,为什么?最重要的是中国老百姓开始接受纪录片,特别是《舌尖上的中国》一经播出,一夜之间引发了一股社会浪潮。

2013 年纪录片领域动作频频,特别是播出平台建设有很大进展,比如央视纪录频道推出的制播联盟,11 月 18 日全国 70 多个频道都开设了《纪录中国》栏目。有实力的制作机构,特别是民间制作机构开始出现,将来社会化制作会是纪录片产业增长的重要力量。一个产业的发展,如果不能扩展到社会,不能社会化,就不能

称其为一个产业。在这个基础上,政府要出台相应的政策,国家新闻出版广电总局在2014年上星频道调控政策中规定平均每天必须播出30分钟的国产纪录片,34家上星频道全年纪录片播出量会增加六千多小时,增加了一半的播出量。当然,这只是多项政策中的一项。我们2013年初做了全面的纪录片产业调研,最近刚刚给中央提交了报告,报告里提出了九个方面的推动纪录片产业发展政策建议。比如需求拉动方面,我一直呼吁增加几个上星纪录频道,大大提高纪录片的播出需求,同时形成适度的市场竞争局面,这将对纪录片的质量、价格产生明显拉动作用;此外,要增加政府的扶持资金,鼓励民营企业特别是海外营销中介机构的发展,利用国际展会推动优秀国产纪录片走出去,等等。

纪录片创作,目前存在两个问题:一是现在确实出现了人才断档。最近十多年,纪录片经历过一段不太红火的时期,新人补充不够,所以我建议学校教育抓紧培养纪录片人才。纪录片在我看来是电视节目中品位档次最高的品种,是"贵族",创作时要付出的智慧和体力可能比其他一些节目品种要大,所以一定要培养高端人才。二是创作观念上还有误区。现在的纪录片多半是历史人文题材,为什么中国会"培养"出高端人士看纪录片?因为纪录片题材本身就是人文历史居多,适合大众的内容偏少,现实题材的更少,这是个问题。我们亟须优秀的社会纪录片,尤其是反映现实生活的。一提反映现实生活,有人就想到社会矛盾、社会问题,有很大顾虑,其实火热现实生活可反映的内容是丰富多彩的。近两年中央电视台的"走转改"报道其实很多是纪录片,其中有"最美中国人"的类型,也有舆论监督类型,有的在《新闻联播》中播出,深受观众欢迎。这些片子还卖到了国外。外国人曾提出,他们希望看到中国普通百姓的日常生活到底是什么样子的,因为一些专门拍摄社会阴暗面的片子也不客观,不能代表真实的中国。

3. 动画片:"龙头""水龙头"与底线;从数量向质量转变的转型关键期

胡:说到动画片,这个产业在近年来的快速发展中,全行业感受到前所未有的困难或者压力,当我们还没有以社会担当之心建立共同的内容尺度和标准的时候,这个产业假如唯利是图,一定会冲破底线,会出现大家不能接受的比如少儿不宜的东西。最近针对内容生产中出现的价值观问题,20家动画播出机构和制作机构第一次向全行业发出倡议,倡导给孩子们绿色动画。尽管国家新闻出版广电总局现在还没有正式推出关于国产动画内容标准的文件,但是我们看到了一些相关的态势。您怎么看?

高:2013 年初我们对动画产业做了全面调研之后,对这个产业怎么调控,怎么推动发展,总结了三点:第一,动画产业的“龙头”是什么?从动画片播映到图书、玩具、文具、主题公园、网游等等,动画这个产业链巨长无比。长产业链也会带来问题,动画片依靠播映权收入是不能收回成本的。当然,现在《喜羊羊和灰太狼》和《熊出没》做到了,这是个别现象。大部分动画片,要靠长产业链各个链条的综合收入,甚至靠几十年版权销售,才能收回成本。要调整好这个长产业链,必须抓住龙头。我认为龙头就是作品创作。一定要把片子做好才能播出,播出了才能产生影响,之后产业链才能借此实现收入。一些较大动画企业本身就有完整的产业链,经营情况相对好些。而中小动画公司,只是产业链条中的创作、制作企业,做出的原创动画片,要去授权,要把形象卖出去,还要面临知识产权的保护,能卖多少钱的问题,生存十分艰难。中国动画企业小而散的普遍现象,直接影响到产业链的完整性。

第二,动画产业的“水龙头”在哪里?调整动画产业的“水龙头”我认为在播出平台,也就是电视台。播出平台能不能建立一个择优播优机制,对产业发展至关重要,对形成正常的市场机制至关重要。倡议书中提出,电视台一律付费购买动画片,不得播出动画企业“捐赠”的动画片,更不准让动画企业向电视台交播出费。国家新闻出版广电总局改进了季度推优办法,让上星动画频道负责人和观众代表参与评审优秀动画片,把选出的片子推荐给电视台播出,并在年终考核各频道播出推优作品的比例,这一做法促使电视台主动选优购优播优。国家新闻出版广电总局还要求各上星综合频道必须平均每日播出 30 分钟优秀国产动画片或少儿节目,这新增播出量相当于一年的产量,开发了优质播出平台,推动了优秀动画片价格的提升。

第三,非常关键,是底线问题。动画片是面向未成年人的,应当传播正确的价值观,给孩子们健康有益的文化营养,绝对不能对他们的身心健康造成伤害,这是创作的底线。从 2013 年 5 月份开始,我们着手制定动画片内容标准。按照发展心理学的原理,孩子在不同的年龄段,心理特征是不一样的,特别是在低幼阶段,儿童的是非判断能力非常弱,善于模仿,错误的东西会极大地误导他们。我们准备采纳教育工作者的建议,针对不同年龄段少年儿童,设定不同的尺度标准,同时在动画产品中标明,给家长一个标签式的提示。这种做法不是分级,只是一种创作指南和收视提示。

总之,中国动画产业现在的发展状态,正处于转型关键期,要从产量增长向质量提升转变,这也是2013年社会热议的话题,是中国动画发展历程中的大变化。

4."限唱令":解决娱乐节目同质化问题,保证观众选择权和传媒公益性

胡:对歌唱类选拔节目的限令,也是2013年广受关注的热点。2013年歌唱类选拔节目在带来高收视率、高收益的同时,也存在着同质化等问题,总局不断用各种政策和举措调配内容生产格局。我们非常关心的是对这样一个高收视率的节目类型,为什么要用这样的方式进行限制?它带来的效果和效应是什么?

高:2013年出台的《关于进一步规范歌唱类选拔节目的通知》,坊间也称"限唱令",主要是通过调控来解决同质化的问题。同质化竞争对于刺激质量提升、价格下降有一定意义,按照市场营销规律,同质化和差异化竞争同时存在,各有利弊。但对于过度同质化的现象,政府到底要不要调控?用什么样的办法来调控?对这个问题在2013年有一个认识过程,特别是歌唱类选拔节目到暑期已经明显过多,这促使我们必须进行调控。

调节同质化问题有两个思路,一种思路是通过市场手段解决,另一种是政府出手调控。依靠市场能不能解决?原来我们抱有一定的希望,后来发现不行,为什么?这个节目类型非常特殊,在全球"唱歌+竞赛"就等于高收视率节目的氛围中,电视台会首选这种节目,广告商愿意巨资投入,动不动拿四五千万,以为就可以打造"好声音",电视台自然舍不得这四五千万流失。如果不出手调控,没有政策杠杆,完全依靠市场,市场导向的结局就是这类节目不停增加。如果同类节目过多,就会挤占播出时间,别的节目类型就没有空间了,电视节目就不能丰富多样,观众的选择权必将受损。

丰富电视荧屏,满足群众多样化的收视需求,既是电视台的社会责任,也是政府主管部门的行政责任。在当前电视节目同质化现象表现明显、长尾效应诱惑力不强、电视台创新动力不足的情况下,指望单纯用市场手段解决同质化问题是不切实际的。政府的宏观调控要发挥一定作用,适当抑制同质化现象,鼓励差异化竞争,保证电视媒体发挥多方面的功能。相应举措大致有:一是应学习西方对电视频道的规制办法,确定其各类公益性节目的播出比例,这样可以防止电视频道为了追求经济效益而追逐少量高收视节目类型;二是应对个别较容易引起跟风模仿、扎堆播出的节目类型,实行量化控制,避免产能过剩、供过于求,避免资源浪费,造成观众可看节目类型偏少的现象;三是应鼓励原始创新,对于弥补收视空白、令人耳目

一新的节目,在调控指标、评奖评优等方面给予倾斜照顾,形成积极创新、差异化发展的良好局面。

2014 年我们将继续通过政策杠杆进行调控,在播出时间上加以限制,降低它的热度。同时,还要考虑到这类节目里也有很受观众欢迎的佳作,如果一概都拿到非黄金时间播出,那就是没有站在观众的利益上考虑,所以 2014 年确定了《我是歌手》《最美和声》《中国好声音》《梦想合唱团》四档优秀节目,还是要放在黄金时间播。这些节目是怎么选出来的呢?主要是通过观众评议会。我们既要扶持好节目,又要保证观众的选择权。

最近出现一些亲子真人秀节目,有的受到社会的一致好评,但有的也存在一些问题,应当引起我们关注。我们前不久已经发了一个提示,提醒这类节目要"三防":一是防止炒作明星、消费明星,二是防止儿童的成人化现象,三是不要伤害未成年人的身心健康,比如说逼迫低龄小孩做他那个年龄做不到的事情,给他们造成不适当的心理压力,产生心理恐惧感,这对他们的身心发展有害。

胡:是的。从全球范围来看,政府和市场这两只手,对于解决整个传媒娱乐生态中存在的问题都是至关重要的。"限娱令"的出台,是限而不是禁,有其灵活性,否则行政意味太浓;而单纯靠市场调节,又会导致过多过滥。"限唱令"的探索在于政府号召和倡议大家在差异化、同质化之间求得平衡,同时又有手段,比如按照全球娱乐节目占比的规律或者普遍特点,再根据中国市场的盘子和这些品牌节目的表现,以及观众接受的承受力,进行调控;同时,保持传媒生态的竞争状态,也保留市场的空间。我们注意到当总局一手调控娱乐节目的同时,也在建设性地推动另外一些节目的发展,并且明确各类节目的比例。

原来的政府管理更多地是原则性的,电视台可能觉得不够具体,没有办法执行和落实。现在产业化、市场化的步伐迈得越来越快,媒体希望给我一个标准,我要达到什么目标,媒体希望知道政府对我有什么期待和要求。政府如何解决这一问题?

高:对媒体的管理应当具有系统性、科学性、实效性,人们常说顶层设计十分重要,而不要头痛医头、脚痛医脚。最近新出台的上星频道调控政策,最重要的就是实行了频道节目结构化管理,即要求新闻、经济、文化、科教、生活服务、动画片或少儿节目、纪录片、对农节目八类公益性节目要达到 30%。我们知道,上星综合频道近年来有越来越娱乐化的倾向,渐渐偏离了原有的新闻综合频道的定位,要扭转这一倾向,仅靠“限”是远远不够的。频道资源是有限的,因此应当服务公共利益。西方国家批准一个频道时,都会要求该频道必须播出一定比例的新闻、本地、少数民族、少儿、教育等类型的节目。我们现在要求上星综合频道播出一定比例的公益性节目,是完全合情合理的。据初步统计,目前上星综合频道播出上述八类公益性节目的比例是 21.9%,明年如果达到 30%,意味着平均每个频道将增加 2 小时左右的公益性节目,可以想见上星综合频道的面貌必将有一个大改观。上星频道调控政策中设计了若干个量化指标,这些指标都经过了科学测算,反复论证。如果没有量化指标,仅靠原则性地号召,是难以实现管理实效的。我们从 2013 年年底开始实行年度报告制度,即要求各频道据实报告一年来执行有关规定的情况,特别是量化指标落实的具体数据,这样就将责任压回到播出机构,增强他们执行有关规定的自觉性。

5. 电视新闻:中央电视台时政新闻改革是节点、亮点;谨防“天天都过愚人节”

胡:时政新闻的改革在 2013 年是亮点和节点,以中央电视台《新闻联播》和新闻频道为代表,积极探索时政新闻的发展创新之路。请您对 2013 年电视新闻节目进行点评,哪些内容从发展的角度讲是可圈可点的?

高:《新闻联播》的改版创新,有目共睹,确实是 2013 年电视新闻的成就之一。《新闻联播》不仅仅是一个简单的电视新闻栏目,它寄托了中国人太多的希望和诉求。在中国人的日常生活里,它已成为一个政治符号,成为中国人每天的政治聚会,承载着国家意志、公民参政、道德评判、情感抒发、社会管理等诸多功能和使命。《新闻联播》里要有许多看似不是新闻的东西,但这些东西恰恰是中国人需要的。《新闻联播》的变化,不光是主持人的变化,还有很多其他内容的变化,比如第一次让“走基层”系列报道上联播,折射出群众观点、百姓情怀,《邵全杰回家路》《杨立学讨薪记》《曹家巷拆迁记》等“新闻连续剧”,是用纪录片手法拍摄的百姓故事,有贴近感又深富寓意;百姓“连连拍”“最美中国人”系列,“海量采访”等报道,使大量百姓人物、百姓故事、百姓困惑上了联播,热气腾腾,百姓自然有感。再如第一次让领导人的活动“活”起来,使时政新闻有了信息量,强调报道角度和新闻价值,有些还有现场同期声和“花絮”,同时时政新闻的时间大大压缩。还如第一次进行现场连线直播报道,提升了联播的时效性和真实感;以及第一次把“说好家常话”作为播报新闻的一个标准,如“过年回家第一句话说啥”“走起”等生动语言的使用,使新闻语态得到极大改变,等等。

不过值得注意的是，相对于中央电视台的《新闻联播》，某些地方台的《新闻联播》仍然变化不大，有的节目几乎全部被各部门的会议和领导讲话占据，这恰恰是官僚主义、形式主义在新闻报道中的集中体现，很危险，如果再不改革，这些地方台《新闻联播》就会严重脱离群众，最后失去权威性和传播地位。

其他新闻节目包括民生新闻，这些年进步还是很明显的，但也面临一个新的大问题，那就是互联网上的假新闻、谣言、不负责任的情绪化的非理性言论等正在向广播电视扩大蔓延，2013 年因此产生的新闻失实报道急剧增多，我甚至针对这一现象专门写过一篇文章《天天都过愚人节》。广播电视中的假新闻极其可怕，长此以往会毁掉多年来形成的传统媒体作为严肃媒体的权威形象。假新闻泛滥既有缺乏新闻专业素质的原因，更有媒体人员心态上的原因。偶尔一两次发布了假新闻，可能是由于百密一疏，但如果媒体抱着一种浮躁的心态，盼着天天都过愚人节，那就很可怕了。国家新闻出版广电总局正在深入调研，将出台一个关于使用网上信息如何防止假新闻和不当言论的规定，意在将这一问题遏制在苗头初现期。

国际传播、公共文化服务与传媒教育的几个关键问题

近年来，在传媒对外与对内的功能上我们有了新的关切。对外，面对中国传媒国际传播力尚弱的问题与提升国家软实力的需求，我们越加意识到要从主体、诉求、渠道、类型等方面坚持从对外“宣传”走向国际“传播”。对内，满足公共文化服务与包括专业教育、公众媒介素养、传媒领导者媒介素养在内的传媒教育的需求，考验着、彰显着传媒业界、学界的尊严，也是传媒存在与立本的恒久要求。

1. 国际传播：多主体、分地区、按需求进行传播，并提高国际合作的程度

胡：在中国传媒国际传播力的提升过程中，过去的主体更多是具有官方背景的主流媒体，现在民间的影视制作机构也开始扮演重要角色；同时传播渠道的拓展在这些年也有进展。从政府推动的角度，我们怎样多角度、多方面、多主体、多渠道提升中国传媒的整体国际传播力？

高：提高国际传播力，从根本上还是要针对不同国家、不同文化的需求采取不同的方式。国际传播中，政府是一个重要主体，很多国家在自己的文化传播理念上都有政府项目。无论什么主体，都必须看准需求，比如对非洲国家传播，我们把《媳妇的美好时代》译成当地语言，就很受欢迎。当然，针对欧美国家，仅仅靠政府主导

的传播是不够的,因为对方会从意识形态出发产生很强的排斥心理。我们同时还要遵循市场规律,扶持民间主体。民间主体有它的优势——对市场的信息非常敏感,会很细化地判断什么东西到底能卖到哪儿,能卖到什么价钱。对跟咱们的意识形态比较对立的国家,以民间色彩"走出去",会比较好地消除意识形态的隔阂,这是公共外交的理念,也是文化体制改革的方向。

另外,我非常推崇国际合作,现在通过合作进行对外传播可能是最好的策略,比如动画片、纪录片创作跟国际重要机构合作,既符合西方的审美习惯、收视特点,又能体现中国题材、中国精神,而且在国际营销上,可以充分利用许多国家成熟的渠道。我们在经济发展上经历了引进、合作、输出的过程,在文化传播上也应当吸取过去的经验,大胆探索。

2. 公共文化服务的三层次:硬件建设、内容丰富性、创作经营观念转变

胡:传媒是国家文化建设的重要部分,也是国家公共服务,特别是公共文化服务的一个有机组成部分。无论从政府的角度还是从社会的角度,传媒有责任提供更高质量的公共文化服务产品,提升公共文化服务水平,并矫正过去一段时间对产业过度偏重的现象,您如何看待这一问题?

高:国家新闻出版广电总局这次机构改革专门成立了公共服务司,把新闻出版和广播影视公共服务项目统筹考虑。我个人理解,公共文化服务有多个层次。第一个层次是硬件建设,要解决基本服务的均等化问题,也就是解决"有没有"的问题。第二个层次是提供更加丰富多样的文化产品,解决"多不多"的问题。第三个层次是提供高质量的文化产品,解决"好不好"的问题。硬件建设虽然很费钱,但是毕竟下大决心经过努力还好解决;软件建设是个长期艰巨复杂的任务。要实现广播电视节目丰富多彩、健康有益的目标,还需要政府部门一手抓调控、一手抓引导。2013 年在加强对歌唱类选拔节目调控和奢华晚会治理的同时,我们大力鼓励提倡具有文化营养的新型节目,如《中国汉字听写大会》《汉字英雄》《成语英雄》等,这些节目社会效益和经济效益双丰收的经验,对整个广电行业创作倾向产生了极大的带动作用。

3. 传媒教育:注重专业人才的基本素质教育,注重媒介素养进入教育体系

胡:传媒教育,涉及专业人才培养和民众的媒介素养。今天的对话,您从头到尾特别强调"需求",那么在当前传媒业格局下,无论是政府、制播机构,还是其他部门,您认为需要什么样的传媒人才?对传媒教育有什么期待?民众媒介素养的提

升又有哪些关键问题?

高:无论是政府部门还是传媒机构,对人才的需求最重要的一点是人的基本素质要高,人才的技术、技能可能是第二位的。基本素质中职业道德素养又是重中之重。传媒领域很特殊,它是指引人的灯塔或者是人类灵魂工程师,所有这些赋予传媒业的比喻都不过分。如果引导者本身的思想道德素养不高,传媒业一片混乱,对整个社会就会起到误导的作用。为什么新媒体上乱象比较多?可能与非传媒专业人员大量进入有很大的关系。在基本素质里,第一位是刚才说的职业道德,第二位是基本的人文科学素养。我接触过一位西方的传媒专家,他认为新闻系学生应该学两样:一是文学,要学会怎么表达;二是历史,要用历史的镜子来映照现实。除此之外,才是对从业技能的培训。所以,我希望中国传媒大学等传媒教育的高等学府,要更加注重学生职业道德和人文科学素养等基础教育的培养。

公众的媒介素养也非常重要,而我国对这一问题的重视很不够。近来发生的一些悲剧,比如小孩子受到影视作品的影响去模仿等等,这与媒介素质教育没有从低幼阶段就融入教育体系有直接关系。如果从儿童时期开始就教育孩子对媒体的东西要有自己的独立思考,要有判断和批判,情况就会好很多。媒介素养教育需要从儿童、青少年抓起。当然,上述悲剧的发生,也与部分节目内容把握不当、家长没有提供收视指导等有关,可见媒介素养教育对各个年龄段的人都很重要。

胡:谢谢高司长!今天的对话进行了三个多小时,意犹未尽。“逢三之年”传媒领域所呈现的“需求”和“引领”,的确是博大精深的内容。让我们共同期待中国传媒业在健康发展中走向繁荣的明天。

媒介融合与网络强国:互联网改变中国

——2015 年《现代传播》年度对话

◆ 方兴东 胡智锋

对话时间:2014 年 9 月 10 日、11 月 25 日

对话地点:北京 中国传媒大学

对 话 者:方兴东 互联网实验室、博客中国创始人,互联网与社会研究中心主任

胡智锋 教育部"长江学者"特聘教授,中国传媒大学博士生导师、《现代传播》主编、传媒艺术与文化研究中心主任

整 理 者:潘可武 中国传媒大学副研究员、《现代传播》编辑

2014 年 2 月 27 日,由习近平总书记担任组长的中央网络安全和信息化领导小组正式亮相。习近平在小组第一次会议上指出,网络安全和信息化是事关国家安全和国家发展、事关广大人民群众工作生活的重大战略问题,要从国际国内大势出发,总体布局、统筹各方、创新发展,努力把我国建设成为网络强国。建设网络强国是中国互联网有史以来最重要也将是影响最深远的一件大事,它不仅仅与每一个人息息相关,也将决定着国家未来的发展方向。

2014 年,传媒领域又迎来一场重大而深刻的改革与开放。8 月 18 日中央全面深化改革领导小组第四次会议,审议通过了《关于推动传统媒体和新兴媒体融合发展的指导意见》(以下简称为"《指导意见》"),媒体融合从此进入国家战略层面。

在此背景下,2015 年《现代传播》倾情打造的"年度对话"特别聚焦"网络强国"与"媒体融合",主编胡智锋教授邀请著名互联网专家方兴东先生分别于 9 月 10 日、11 月 25 日,就"网络强国"的时代背景、目标任务及发展前景,媒介融合的现实动因、本质理念、路径策略展开深入交流,力图对这两个战略性命题展开更清晰、更全面的解读和诠释。

一、2014 媒介融合元年:新的历史使命

《指导意见》的核心在于要推动传统媒体和新兴媒体融合发展,要遵循新闻传播规律和新兴媒体发展规律,强化互联网思维,坚持传统媒体和新兴媒体优势互补、一体发展,坚持先进技术为支撑、内容建设为根本,推动传统媒体和新兴媒体在内容、渠道、平台、经营、管理等方面的深度融合,着力打造一批形态多样、手段先进、具有竞争力的新型主流媒体,建成几家拥有强大实力和传播力、公信力、影响力的新型媒体集团,形成立体多样、融合发展的现代传播体系。与历次媒介融合的推动不同,它具有完全不同的理论高度,强大的创新动力与服务于互联网强国的国家任务。

1. 媒介融合:互联网强国的战略思维

胡智锋(以下简称"胡"):本年度对话主题就是聚焦互联网,以媒介融合和创新作为第一个关键词,尤其围绕"互联网改变中国"这样一个话题来展开。对话的特约嘉宾方兴东先生是著名的互联网实验室、博客中国创始人,在互联网领域非常有影响。

对话基于时间和事件两方面的考虑。从时间来看,2014 年是全球互联网诞生 45 周年,也是中国互联网诞生 20 年的节点,20 年前的 1994 年中国开启了互联网事业。也有业界人士把 2014 年称为媒介融合的元年,因为我们已经看到跨媒体融合呈现出一些明显的新业态。

从事件来看,2014 年发生了一系列与互联网相关的重要事件,如 2 月中央网络安全与信息化领导小组成立;4 月中央网络安全和信息化领导小组办公室挂牌成立;8 月《关于推动传统媒体和新兴媒体融合发展的指导意见》出台;11 月 19 日,首届世界互联网大会在浙江乌镇召开。对这样一些时间节点和事件,想请方先生就您的角度来做一个解读。

方兴东(以下简称方):习近平总书记亲自担任中央网络安全和信息化领导小组组长,是对建设网络强国最高规格的重视。按照郑必坚校长的说法,互联网是天大的事情,关系中国的国运。实现网络强国,中国的强国梦就实现了。总书记对整个网络强国战略的坚定程度,可能要超过社会和学界目前的认知。这对整个中国互联网的发展是一件很幸运的事情,它将深刻地改变整个中国的命运与国运。

2014 年互联网另一件大事是 9 月 19 日阿里巴巴上市,市值超过 2300 亿美元。在中国出现超过 2000 亿美元的互联网公司,具有里程碑的意义。目前阿里巴巴在互联网公司里市值仅次于谷歌,比 Facebook、亚马逊、英特尔都要高。这些曾经遥不可及的公司,以前从来没想过中国的公司能够超过他们。

2014 年还有一个热点是媒体融合,目前关于媒体融合的论述,很多是就融合谈融合,都没有站到习近平总书记的高度上。其实媒体融合是为网络强国目标服务的,必须从这个高度上理解,相关的部门包括产业才会找到正确方向。

胡:阿里巴巴上市表面看是一个经济事件,但是背后实际上也是一个政治事件和文化事件。这里头涉及几个关键元素,第一是技术,因为在以往的媒介发展的进程当中,应该说中国一直是 19 世纪以来全球媒介技术的使用者,而不是原创者。现在上市的阿里巴巴,包括中国的百度,都有一个技术问题,在 21 世纪全球最具影响力的这些媒介和手段,互联网的技术是不是有足够的优势在全球竞争中领先?

第二,尽管国民没有给予阿里巴巴上市足够的关注,但是我想在美国很快就会引起注意。过去若干年中国在纳斯达克上市了很多民族企业,但是成功者并不多。阿里巴巴市值超过 2300 亿美元,开始可能靠的是新鲜度,之后股东结构就会显得非常重要,它的股东结构是以民族企业为主还是全球的风险投资,甚至是美国的风险投资的自产自销?

方:您说的问题都非常深刻,同时也非常复杂。首先说阿里巴巴确实不是一个简单的经济事件,是一个政治文化事件。公司股东三分之一是日本的背景,三分之一是美国,三分之一是创始人。从国际关系来说,最复杂的关系就是中美关系和中日关系,马云把这三者关系集于一身,恰好说明互联网具有整合全世界资源的力量。其次,技术的问题也是一个重大问题。上市前我刚好专门跟马云深谈了一次,话题的重点就是下一个十年中国互联网的发展前景。我们觉得下一个十年中国互联网一定会超过美国,可能需要三年五年,可能需要六年八年,也可能需要十年。对美国来说,像这样千亿美金的公司在中国出现,美国人也没有这个准备。中国的高科技公司超过美国的高科技公司,对中国人来说是不可想象的,因为大家都觉得中国的技术创新能力还不够强大。如果中国的高科技公司能够超过美国公司,某种程度上才真正超越了美国。中国能够超越美国,一定不是简单的技术问题,也不是经济问题,一定是商业思想上中国超越了美国。马云特别提到,美国公司还是以技术公司为骄傲,它要搞出创新的手机、手表或者眼镜;美国科技公司的理念是以技术创新改变人类。阿里巴巴不是技术公司,它用技术为商业服务的,用技术不断拓展商业的边界。美国是用创新来拓展技术的边界,但是技术的边界有天花板,而商业没有天花板。所以,中国商业思想的创新会超越美国的技术创新。对于媒体来说,技术确实是至关重要的,怎么强调都不过分。马云虽不懂技术,但他确实是利用技术的一个人。所以中国走的创新道路可能不像美国那样自上而下,从尖端开始,中国很可能是从中间往下,发挥商业创新的能力。

举个例子,2005 年全球网民达到第一个 10 亿的数量,从 1969 年到 2005 年是 36 年,那时候中国网民数量不如美国。2005 年百度上市大概是 50 亿美元市值,2000 年美国公司的最高市值为 4000 亿到 5000 亿美元,领先我们一个数量级。2010 年,全球网民达到第二个 10 亿数量,中国互联网领军公司与美国是 3~5 倍的差距,阿里、腾讯开始陆续进入全球前 20、前 10,中国网民数量在 2008 年超越美国。2014 年 11 月份,全球网民达到第三个 10 亿,中国互联网有了 2000 亿美元市值的公司,相当于美国最高市值互联网公司的 1/2。再过四到五年,第四个 10 亿网民产生的时候,我觉得中国领军公司的市值即使没有超越也应该和美国最高的市值公司相当了。大概第五个 10 亿网民的时候,中国互联网公司一定会全面超过美国,实现弯道超车。我不是说中国有多出色,而是用户的构成改变了整个格局。

下一个 30 亿网民里,只有 10%来自发达国家。目前的网民,基本还是以高收入、高学历、高科技素养群体为主,属于中产阶级的互联网。而下一个 30 亿网民,应该包括中国 6 亿网民,基本上来自农村或者五线、六线城市,他们的学历、收入、高科技素养都偏低,完全属于普通大众的互联网。要竞争这个新群体,硅谷的 CEO 和产品经理与天然接地气的中国互联网公司相比,则明显失去了优势。因此,网民群体会迅速地改变全球互联网格局,会将中国互联网推向一个全新的高度。

我认为互联网到了一个下半场,从上半场到下半场的过程中,我们可以把 30 亿网民作为一个转折点,从发达国家转为以发展中国家为中心,而且会从以美国为中心转向以中国为中心,以英语网民为主转移到以非英语网民为主。在新的 30 亿网民里头,肯定非常多元化,年龄、文化都非常多元化,在这个架构里头,中国的后发优势就能发挥出来。所以,关于媒介融合一定要放在这种大趋势下,具有足够的高度,这样就可以做出超越很多人想象的事情。如果我们仅仅讨论传统媒体怎么转型,媒介融合的格局就做小了。必须以世界的视野,在与世界先进国家的竞争与博弈态势中,在网络强国的国家战略背景之下,才能够真正领会媒介融合的重大现实意义。

胡:我理解你的表述,核心观点是:一切是互联网的世界,关键在于用户,在于用户体验需求,用户的需求要有规模和体量。按照发展趋势,以现在的速度来推进后 30 亿也是指日可待的。用户的构成决定了技术路线,决定了它的市场,也决定了整个国际国内的政治格局,包括媒介格局。

技术是基础,而在技术上,您的看法是技术也是被使用的,也就是在未来重要的不是技术本身怎么样,谁发明技术并不重要,重要的是谁能够占有技术。技术有的是可以通过市场购买的,谁有足够的实力就可以获取最新的技术。以中国经济发展的速度来看,我们也完全有能力和实力去购买最新的互联网技术,进而有可能以我们巨大的人口和用户的基础去占领市场,拥有新的市场。

正因为这样一个情形,习总书记是看到了国际、国内的大势所趋,以及互联网发展将改变世界的这种前景,同时最重要的是互联网会改变中国自身。也就是说,我们的信息渠道、生活方式、百姓消费和娱乐的主体内容都可能由互联网提供。在这种情形下,谁拥有互联网,谁就可能拥有整个世界。

2. 媒介融合:现实空间与网络空间的思维

胡:中国应该引领世界,通过互联网改变自己,也改变世界。但是不那么容易,我们一定会遇到障碍。您提到一个很有意思的概念即弯道超车。当我们要超车的时候会面临什么样的障碍?谁会成为我们的拦路虎?竞争对手主要指的是国家还是一个行业,还是我们某个方面,比如在技术上、市场上、法律上、政策上等遭遇的困境?

方:弯道超车作为超越美国的现实途径一会儿我们还将进一步探讨。您说的弯道超车所面临的障碍,最重要的还是观念问题、思维问题。我今天提出了要树立一个网络空间和现实空间的双重空间的思维模式:在现实空间里面,中国直接去超车美国,肯定超不过;而在新的网络空间里头,原来的不足可能就会变成优势。两个空间的观念非常重要,我们一定要从中梳理出一些根本性的问题,要提出一些关键的有价值的东西。所谓的网络强国也不是说中国网络强就是国家强,而是国家在网络空间里面变成一个强国。

有关新媒体以及媒介融合人们有无数的定义,但是从来没有理清楚过。什么叫新媒体?什么叫旧媒体?我的观点非常简单:基于网络空间的媒体叫新媒体,基于现实空间的媒体叫旧媒体或者传统媒体。现在网络空间和现实空间的边界越来越融合,媒体也必须这样。目前,网络空间超越了现实空间,并且主导现实空间,进入一个融合空间的新时代。比如我们说的网络安全是一个国家在网络空间的安全,不是一个国家网络本身的安全。媒体也是这样,新媒体就是在整个网络空间的媒体形态。现实空间中,美国传统媒体有先发优势,实力超级强大,我们用传统思维去想、去做,怎么超都超不过去。但是新的空间有全新的规律,我们就可以真正弯道超车。

网络空间叫第五空间,有很多新的传播特性。最基本的问题是媒体怎样满足人们在新的空间里的需要。网络空间中 30 亿人同时进行传播,但是每个人不可能同时接受 30 亿人传过来的信息,因而信息传播如何非常有效率,又有秩序,还不能传播过度,其产品形态的演变需要进一步摸索。

目前,我们学界对网络空间的概念、特征以及它的传播规律,还缺乏系统研究。如果把这个东西研究透,真正的规律就能出来。目前,很多新媒体的特性都还是用旧媒体的话语体系来讲,所以谁也无法指出一条清晰的道路出来。新旧媒体必须要有一个清晰的梳理,先把这两者梳理清楚以后,然后看怎么融合,要不然混在一起,新旧媒体将非常混乱。而一旦出现混乱,要再融合可能更找不到正确的方法了。

3. 媒介融合:新的改革开放

胡:您理解的融合应该是什么方面的融合?比如传统媒体和新媒体,或者说从更宏观的意义上怎么理解融合?融合是哪方面的融合?创新是哪方面的创新?互联网将改变中国、改变世界,它通过融合和创新去实现,融合和创新怎么理解?

方:媒介融合在于两个空间的融合。以我们每个人为例,我们每天都生活在现实和网络这两个空间,对一个用户来说是一体两面,所以媒介的融合也是因为这两个空间之间更好地形成一个整体。简单地看,过去十多年,网民数量增加了 10 倍,人均上网时间增加了 2 倍。而未来 5～10 年网民只会增加 2 倍,但是人均上网时间会增加 10 倍。这个 10 倍时间的增加,就是我们花在网络空间中的时间增加。我们原来只是到台式机前上网,有了手机以后,才开始有大量的时间连接在网上,这种大规模的时间在线就是网络空间最基本的形态。就是因为大规模同时在线以后,形成了我们真正的网络空间,用户之间的实时互动成了我们在网上的主要活动。虽然我们人身体还在现实空间,但是我们很多事情都开始通过网络空间来完成了。

上网时间增长10倍,并不是简单一个量的问题,而是从量变到质变。原来一两个小时上网,网络的功能简单有限,只是一个发邮件、看新闻的工具。现在是生活的各个方面,生活、娱乐、工作都在上面,人们生活在这两个空间之间,我们的生活就是这两个空间的融合,因而媒介也需要融合,因为6亿多人都已经在网络空间里了。

衡量媒体的影响力,最简单的办法是调查用户花多少时间在这种媒体上面。目前来看,人们用在网络空间的时间越来越多。但毕竟现实空间是我们人类基础的空间,很多方面线上永远替代不了线下。媒介融合一定要把握这个规律。如果我们还是靠原来传统的融合模式,将网络简单当作一种媒介形式,或者一个新的渠道,那肯定迅速被边缘化了。这就是新的媒介融合与原来传统的媒介融合的不同,传统媒介融合需要从观念到制度的改革开放。

创新或者转型,从一个老的空间转移到新的空间,或者跨空间。这两个空间不是说一个空间代替另一个空间,而是两个不同的空间混合在一起,哪个地方多一点哪个地方少一点,这是一个很复杂的变量,这里面需要创新,既要懂传统,又要懂新的空间的规则,还要懂两者之间交叉在一起是怎么回事。习总书记提出"要着力打造一批形态多样、手段先进、具有竞争力的新型主流媒体,建成几家拥有强大实力和传播力、公信力、影响力的新型媒体集团,形成立体多样、融合发展的现代传播体系。"可以说是高瞻远瞩的。但是如果真正要把2014年作为媒介融合元年的话,传媒领域需要一场深刻的改革开放,所谓改革开放也就是需要根本性的创新。

二、媒介融合的现实困境、基本目标与路径

传统媒体和新兴媒体的关系经历了传统媒体建设新兴媒体、传统媒体和新兴媒体互动发展、传统媒体和新兴媒体融合三个阶段。总体而言,从受众群、广告额与影响力等方面,传统主流媒体面临困境,不得不面对新媒体巨大的挑战。由此产生两种媒体的竞争、融合问题。但是,媒介的融合不是策略层面的为了传统媒体脱困,而是战略上的为网络强国梦服务! 由此需要在战略层面重新认识媒介融合的困境,确立媒介融合的基本目标与路径。

1. 媒介融合的现实困境

胡:从习总书记讲话到《指导意见》都有一个非常明确的表述,就是要打造新型传媒集团,而且特别强调是通过传统媒体和新媒体的融合创新来打造新型的传媒集团。我们将面临一个巨大的现实难题,就是一大批历史悠久、经营多年,也曾经在不同的历史时期发挥过重要作用的传统主流媒体面临一个现实的巨大挑战。这些主流媒体在中国都有相应的行政级别,也有相应的体制内的各种各样的保障和权利,以及相应的各种利益。但是在今天,伴随着互联网的快速挺进,《指导意见》要求它们快速地融进新媒体,我理解应该是对它们吹响了集结号,这是一种居高临下的期待和鞭策。我们可以感受到高层对目前传统主流媒体状态发挥的功能和作用非常不满意,甚至很着急。高层迫切地希望它们能够和互联网联手打造一个全新的媒介景观,以适应我们大国强势崛起、民族伟大复兴的"中国梦"的现实需求。您怎么评价目前传统主流媒体推进媒介融合探索和创新的状态,以及它们面临的困难和可能的未来?

方:媒介融合要为建设网络强国服务。实现建成网络强国目标,首先要把对手弄清楚,而不是解决中国自己新旧媒体之间的矛盾,尽管这个矛盾也存在,但不是主要的。主要矛盾一定是美国或者其他发达国家。美国有传统媒体的巨头,又有如谷歌、Facebook 这些新兴的互联网巨头,它的很多国家战略是通过社交媒体,如 Facebook、Twitter 等来实现的,它们的传媒实力强大,占据主流话语权。中美之间既合作又竞争,长期斗而不破将是常态。

知道目标和对手,再来认识了解研究自身。我认为媒体融合要把眼光放开阔,互联网公司应当仁不让地成为中国媒介融合的主力军。国内的互联网不管创始人也好,团队也好,大家都愿意为国家出力,这种意愿不见得比传统媒体弱。国家应该把这些互联网公司纳入整体的国家战略,不管是体制外还是体制内,都是自己的战略合作伙伴,最终去跟发达国家竞争,去跟美国竞争。

我个人认为传统媒体转型,实际上并没有那么难。目前所有的传统媒体转型,我认为都是伪转型,或者是假转型。媒介融合有三个问号:第一,融合也好,转型也好,能否保证立于不败之地?第二,能否保证不被颠覆?第三,能否获得持续创新的能力?如果这三个问题是肯定的,那就是成功的融合和转型。国内现在没有一家传统媒体能够做肯定的回答。传统媒体在互联网烧的钱一定不比互联网公司烧的钱少。它们有那么多的资源,有那么强的影响力,又有那么多的优势,反而做不成功,那必然是制度创新问题。

其次是战略问题,传统主力媒体有资源,如果战略得当,把握好趋势,转型不是很难的事情。比如很关键的一点,所有成功的互联网公司都是先从一个点上做到比别人强,这个点不能太小,比如腾讯的QQ聊天、新浪的新闻编辑,但是所有传统媒体都没有点,而只是大而全的战略,要不然是很多点,这样一来每个点的资源都发挥不出效益。媒介融合不是简单凭资源总量,而是看你的资源是集中在多大的点上,这个点越小才能做得越大:这是传统媒体和互联网公司最大的区别,大部分传统媒体都是没有特色的,互联网公司如果这样的话也同样是死路一条。

胡:这是特别复杂的问题。传统媒体在多年经营当中也有综合和专业的问题,比如电视台80%～90%以上的卫视都是综合性的,但是地面频道应该说大部分都是专业性的。从竞争力来讲,一般来说还是卫视绝对要优于专业化的频道。对于传统媒体,一方面,我们反对同质化,但事实上大家就像现实当中经营超市一样,谁都想做特色;但是另一方面,你发现所有的超市几乎大同小异,但是都活得很好,这就是一个难题、一个悖论。现在反观搜狐、新浪新媒体,我也觉得大同小异,所谓的专业网站其实也跟传统媒体差不多。传统媒体的同质化和专业化问题纠结了十到二十多年,还没有彻底地解决,现在又面临着融合的问题,问题就更复杂了。传统媒体再跟新媒体融合,是不是要催生出一大批毫无特色而又同质化的类似于媒体超市?

方:我的观点是把点和面放开,一个是从时间上,先有点还是先有面。做互联网,新的媒体一定要先有点,点做到一定的程度上就有能力和资源变成一个大的面,有多大的高度才能做多大的平台,因为最终追求的还是大而全的平台。没有这个点就到不了这个高度,当访问量到几亿了,这个量才有最高的价值。现在这些传统媒体一开始就是面,就没有机会做成一个平台,因为你把一个点做成功相对容易,把一个面一下做成功是不可能的。不管是凤凰卫视还是湖南卫视,最终还是靠一个节目、一个有特色的东西把面带动起来,这两者不一定要对立起来。

胡:传统主流媒体基本上是按照行政方式去设置的,是跟行政区划紧密相配的一种媒体设计方式。互联网是反着的,从开始它就没有这样一个行政层级,也没有区域的行政空间的区隔,所以说从某种意义上来讲,互联网可以叫草根、边缘和民间。此外,互联网几乎是以不受约束的方式慢慢成长起来的。互联网在信息传递的渠道上可圈可点,但是从广泛的内容需求来看,现在的互联网平台在内容生产上本身并不是一个非常强有力的实体。传统媒体不管层级高低,一方面有行政区划,另外一方面是在内容生产上有优势,由此带来现实问题:第一个是不兼容,也就是在体制上一个是行政区划,一个是非行政区划,怎么融?第二个也是不兼容,一个是渠道为主,一个是内容生产为主,在体制上、平台上、内容生产上怎么融?您在这方面有没有自己的想法。

方:十多年来,媒体融合和转型花了很多钱,还是没有做好,现在只能总结出哪种路肯定不行。所有成功的互联网公司最大的特点是什么?那就是员工下班以后,不管是Facebook、谷歌、腾讯,还是阿里,员工下班以后到晚上七到八点在线人员不断地上升,九到十点是最高峰,也是公司收入最高的时候。互联网是靠员工创造内容吗?它不靠员工创造内容。互联网时代,整个生产方式发生了巨大的变化,它是社会化的生产方式。这个量远远比传统主流媒体专业生产的量大得多。比如现在看微博、看新闻,主要是为了看评论,而不是为了看正文。原来传统媒体把专业人士招募进来,以专业化取胜,这种方式在互联网里头已经彻底被边缘化了。目前新媒体里的内容,没有几个是编辑、记者写出来的,更多是网民写出来的,是网民创造出来的。在这个情况下,原来传统主流媒体的优势就荡然无存了。

传统媒体的社会动员能力实际上是很强的,这本来是一个很大的优势。如果传统媒体的人才把力气花在动员上,就事半功倍了。把中国每个领域的意见领袖拉上来,并激励他们每天写。自己不生产内容,而是寻找优秀的内容生产者,这样就会产生完全不同的效果。这样的融合我们不能保证成功,但是一定会比现在好。

前面说过,机制创新没有突破肯定不行,全国这么多媒体,机制首先要创新;第二是模式要创新,传统主流媒体固守原来的东西肯定不行,业务模式和经营模式都要改变。每天写多少稿子已经不重要了,重要的是动员其他的人去写。传统媒体发展的瓶颈不是创作能力而是动员能力问题。总之,要从点上做起,从简单的地方开始,由点及面,然后实现从机制创新到模式创新的转变。

胡:你说到体制、机制的创新,这是一个非常复杂的问题,因为在中国传媒肯定有一个体制内、体制外的区别。当然消除行政级别,彻底市场化,按照商业模式运行媒体是一个思路,不过与此同时舆论控制、宣传管制、意识形态,这些又是关乎国家意识形态安全和整体国家政权安全的根本。所以在国家主流意识形态的需求和市场开放之间,必然存在着一个很大的矛盾,怎样去协调这个矛盾,这是一个难题。

另外您说到了经营模式,中国传统主流媒体,包括报纸、广播、电视,在历史上最成功的经营模式就是广告模式。今天在新旧媒体融合进程中,一方面是传统媒体广告资源由于新媒体的竞争被重新分配;另外一方面,未来新的融合后的媒体,或者媒介集团,除了广告,还有没有可能形成或者产生一种新的经营模式?

方:目前从媒体的角度来看还是基于广告模式。广告模式其实很简单,如果每天访问量在百万以下,是不好意思谈钱的,这是互联网的特性。几百万访问量上可以有一部分的广告价值,而到了千万以上,则比较可观。真正每天有上亿的流量以后就可以有非常高的收入了。互联网的模式还是看能不能突破访问量,看访问量的大小临界点。这个临界点突破不过去,再怎么做广告也不行。回到以前的问题,为什么要做这个点?只有做点才能冲破。对于传统媒体而言,能够有30%的覆盖率就算主流媒体,而在6亿网民里面能够覆盖30%网民可能就是主流媒体了,这个量是传统媒体的好几个数量级。

因而互联网的经营模式已经发生了根本性的变化。回过头来看看前面提到的问题,为什么我们必须要转变观念,必须要改革开放?我们不改变的一个原因是我们还保留着不切实际的希望。现在中国谁在真正地引导意识形态?不是整天想意识形态的人,而是网站的人。谁在管理互联网,6亿网民在谁的手上?是互联网公司而不是政府官员。奥巴马为什么飞到硅谷见Facebook的创始人?因为他知道很多东西其实已发生了根本性的改变,全球的网民在Facebook这些人手里,国家要利用这个东西就要跟他们紧密合作。

“棱镜”计划在全球的监控一定是通过互联网公司来实施的。因为网民也好,数据也好,内容也好,都在互联网公司手里,如果战略上能把这个问题看破了,传统主流媒体不转型也不行。目前转型不成功的主要原因,在于没有把目前的问题看透,还是停留在过去。所以基于传统媒体的广告模式,包括我们基于过程、基于内容的监管和舆论的引导模式,现在实际上已经不起作用了,当下我们只需直接抓住真正的主流媒体就可以了。

2. 媒介融合中的自媒体与社交媒体

胡:讨论传统媒体和新媒体的关系,在新媒体当中除了门户网站的情况,最近一些自媒体和社交媒体特别活跃,像罗振宇做的“罗辑思维”,还有像微信等新的社交媒体的出现,这些对整个媒体世界,包括整个国家的媒体格局和整个生活方式等等产生的影响,您怎么看?现状和趋势会是什么样?

方:这个趋势我现在也很难判断,在所有人对所有人进行传播的网络空间里,什么才是比较终极的模式,现在还看不出来。从趋势来看,我在 2002 年做博客,博客是对传统模式最根本变革的开始。博客之前门户的模式跟传统媒体的模式还是有点像的,依然是编辑、记者创造内容,然后给大家看。博客第一次让个人成为媒体,个人媒体开始出现。从传播的角度看,博客是把内容的生产过程消解掉了,不再是原来有集中把关的过程。但是,个人媒体的传播力还是很有限的,一个博客一天几万个人访问就了不得了,缺乏大众的传播力。

微博的传播让个人媒体产生了强大的传播力。它用推送的方式,再转发,第一次让个人媒体具备了大众传播能力。国外有一个研究,在博客阶段,重大新闻事件,传统主流媒体大概有两个小时的延迟。而微博出现后,这两个小时消失了,博客消解了内容生产过程,微博消解了内容传播过程,使得个人媒体第一次具备了即时的大众传播能力,本质上消解了大众媒体的传播特权。而微信把原来私密的人际传播转换成具备大众传播的能力,彻底打通了人际传播和大众传播之间的界线,这是大规模同时在线带来的最大变革。

我 2002 年做博客的初衷就是想做一个个人媒体,现在叫自媒体,那个时候叫博客。只是现在传播的方式、传播的平台更多了。自媒体的本质是基于爱好,以爱好作为动力。因此个人媒体往商业化发展,都有很明显的天花板,有自我毁灭的陷阱。一个人可能特色鲜明、能力很强,有十万个人访问可以,一千万人也可以,每天都有这么大量的用户访问很难。如果说一个人不行,雇十个人,那就把你个人原来的特色拉下来了,它就不再是个人媒体了,走入了商业媒体的老路。个人媒体只能做好自己最擅长的东西,所以自媒体就显得很独特、有个性。一旦进行商业化的运作,就要把团队组建起来,内容生产是一批人,这种个性就消失了。商业化一旦用不好就会毁掉原来成功的东西。

胡:传统主流媒体和互联网门户网站,与自媒体为代表的小众媒体,我打个比方,传统媒体相当于百货大楼,门户网站相当于超市,自媒体相当于专卖店,差不多是这个概念。这三种类型,未来它们的融合,当然融合里头还有新的分化。体制机制在融合,经营模式在融合,在融合中创新,您对未来媒介融合有没有一种想象?

方:如果从商业角度来看,起码五年之内,第一还是平台,不管是谷歌也好,腾讯也好,百度也好,为创作内容的人提供一个平台,这是第一梯队。真正生产内容的,是门户网站,目前属于第二梯队,比如新浪,它也招募大量的人每天做自己的内容。然后就是传统媒体,传统媒体我觉得作为一种补充。中国的媒体应该在大格局下让它们形成一种互补的形态,传统媒体别跟互联网平台抢生意,传统媒体最擅长的东西还是有组织地规模化地生产内容,一定要生产那些值得生产的、个体生产达不到的独特内容,千万不要去跟自媒体的人拼,因为自媒体不拿这个吃饭。

从生态来说,自媒体是基于每个人的兴趣,人们拥有表达和写作的欲望,因此一定会生生不息,是未来内容生产的汪洋大海。自媒体肯定要借助互联网平台,也可以在传统媒体上落地。如何在大的格局上把传统主流媒体、门户网站和自媒体、社交媒体做成互补的生态,这个可能是很好的融合。

三、互联网改变中国

1783年,蒸汽机与瓦特开启了工业革命的大幕,从此人类的发展进入了狂飙突进的全新时代。在瓦特的故乡英国,新技术成就了日不落帝国的辉煌。而此时,沉湎于清朝盛世的中国与之失之交臂,慢慢走向衰落。今天,当人类进入互联网时代,中国不能够再错过历史性的机遇,我们要拥抱互联网,让互联网成为中国崛起的推进器,成就网络强国与中华民族伟大复兴的中国梦。

1. 互联网:打造文化软实力的动力源

胡:媒介,特别是互联网,本身就是一个国家和一个民族软实力的重要组成部分。互联网的崛起伴随着中国的崛起,互联网发展的速度也基本上是中国发展的速度。改革开放之后,中国发展迅猛,财富积累的速度既超出了全球的预估,也超出了自身的预估。在这样一个快速的经济财富增长过程当中,中国很多事情是自己都想不到,世界也不习惯的,这样就带来一个问题:从正面来讲,互联网对中国崛起的推动,特别是对中国经济产业的格局和文化的影响,将给中国在世界上的角色和形象、地位、作用带来什么样的巨变?从负面来讲,如果这样一些变化是由互联网带来的,在这个过程当中我们一定会面临着如国家安全、信息安全、生存压力等问题,还有我们将不被全球接受的问题,有没有这样一些负面的问题呢?

方:这个问题主要是关于网络强国的问题。什么是网络强国?郑必坚同志当时提出"三力"理论,就是生产力、文化力和军事力,而习总书记把它称作"战略清晰、技术先进、产业领先、攻防兼备"四个力。生产力是一切的基础,在网络空间,其他领域都是靠这个;文化力就是软实力,对外和对内,包括竞争力,包括网络空间的治理能力;第三个是军事力。在生产力方面,中国互联网公司已经发展起来了,创新创业的浪潮也很强劲,但是操作系统和芯片是两个短板。中国面临的最大的挑战是我们的软实力,或者说是我们的治理能力,这里面一个是对外,一个是对内,包括总书记提的传播力、影响力、公信力,或者意识形态也好,或者民众的认同感也好。在网络时代我们目前是四分五裂的,上面不满意,老百姓也不满意,这说明我们在网络空间的治理能力目前是不够的。

媒介融合服务于网络强国,服务于提高中国在全球的竞争力,包括文化软实力。在文化软实力方面,中国面临外部竞争,发达国家从某个角度肯定要干预中国的崛起,需要跟它形成一个博弈的力量。尽管我们整个社会的认同感和凝聚力在目前并没有真正地形成,有待解决的问题还很多,但是只要利用互联网的发展趋势,真正发现问题的本质,我个人是比较乐观的。

2. 互联网时代的"国运":弯道超车

胡:中国将因为互联网而得以改变,而且未来有可能领跑世界。发展互联网,打造新型媒介集团,加强国家文化软实力,必须要一个大的目标,对内是为了建设网络强国,对外事实上是为了提升中国在全球范围中的竞争力。之前,您又提出了弯道超车,弯道超车意味着我们是跨越式地发展,也就是非常规地前进和突破,可能在速度上,在具体的理念和方式上都会跟以往的比如说媒介的发展速度和常规的路径、理念都会有所不同。我现在特别想了解,如果我们深入地去体会、去表述这个弯道超车,弯道你指的是什么,超越的对象也就是我们的竞争对手将是谁?

方:过去这么多年,美国模式是我们的标准模式,我们要超越它一定要按照它的发展轨迹去不断地提升,因为美国最骄傲的是硅谷、风险投资、谷歌这些,媒体有时代华纳、CNN 等集团。中国媒体要跟美国媒体在实力上进行博弈的话,也需要努力打造类似的媒体。弯道超车最重要的一个方面,包括互联网也好,传统媒体也好,最核心的东西还是原来是直道,弯道是突然规则改变了。网络媒体发展起来以后传统媒体变成小众媒体,美国传播力最强的传统媒体也可能会变成小众媒体,这就是网络空间给我们带来的弯道超车机遇。

从图 1 可以看出十年之内中国从 10 亿美元到 1000 亿美元,到 2300 亿美元,到 3000 亿美元,从这个趋势看接近或超越美国公司只是时间问题。美国成功的高科技公司都是 5000 亿美元,像思科、微软和合并之后的美国在线时代华纳。

中国互联网的创新能力是国家软实力的重要组成部分,也是弯道超车成功的

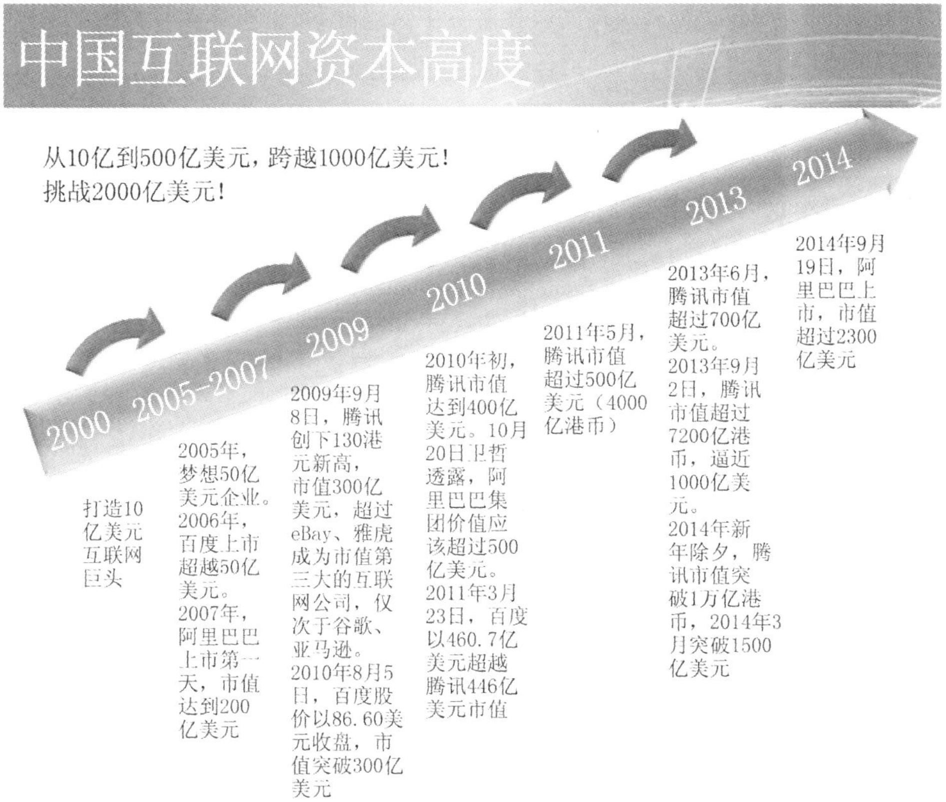

图 1　中国互联网资本高度

有力保证。在互联网发展的第一阶段，1994 年到 2004 年我们完全跟着美国走，处于模仿阶段；在互联网发展的第二阶段，我们慢慢开始创新，阿里巴巴的模式在美国是找不到对应的模式的，百度可以找到对应的，但是百度贴吧的发展模式在美国也是找不到的；腾讯这样的即时通讯可以找到，但是微信圈里面这么多人在聊天，在美国也找不到这样的应用。这些都是中国互联网的创新。

美国人把互联网作为一个生产力工具，用以提升效率、节省时间、降低成本。中国的互联网更加生活化、娱乐化、消费化，这表现为中国人通过互联网聊天、游戏等。当前全球有 30 亿网民，中国就有 6 亿，其中，城市的普及率大概接近 75%，接近饱和状态，还有 10%多的增长空间。农村的普及率大概只有 20%左右，还不如非洲。中国网民从这个 6 亿到下一个 6 亿，新的网民更多的将是农村人口。这些人的媒体需求将影响着互联网的发展方向。

对于用户群体,美国人运用高科技服务于高端市场,主要是高教育水平群体,赚取高利润,应该说在这个用户群体方面他们有绝对的优势。但是接下来,一个是大群体用户的改变,目前6亿网民和下一个6亿网民是完全不同的两波人,差异非常大。一个是用户群体的不同,一个是两个空间的不同,给我们带来的弯道超车的机会。这两个机会我们该怎么来把握?我们的政策也好,观念也好,还局限在原来的思维模式里,没有看到新的机会,这是我们面临的最大的问题,最大的障碍可能也在这里头。

胡:中国在快速起步,从趋势来讲特别是市值的变化来看,中国的互联网企业完全有可能在不远的将来引领全球,这是一个大趋势的判断。但是目前要实现弯道超车还有很多问题,最重要的就是缺乏足够的心理准备。近百年来,中国很多方面都是追随者,突然有一天我们发现由于用户的规模巨大,使得中国很快变成了全球的领军者、领跑者,对这样一个角色、身份和态势的变化,我们或许不一定能够适应。

方:对。谷歌跟百度比较,百度不行;腾讯跟Facebook比,腾讯也不行。但是看上去很不上档次的东西,可能是与下一个30亿网民最契合的东西,比如聊天、游戏、电子商务等等。对于文化水平较低的用户来说,聊天、游戏、电子商务就是他最终的需求,下一个30亿网民基本上就是这样的需求,这就是我们的机会。

胡:除了发达国家比如美国,从全球的视野看,中国互联网还面临和其他国家的竞争。比如印度。印度是英语国家,这是它的优势。另一方面,它也有一大批专业人才,有人讲硅谷那里多半是印度的工程师。它的人口现在甚至已经接近中国了。我们是否有来自印度的压力与挑战呢?

方:这个问题非常关键。美国人口就3亿,它的网民基本上在七八年前就已经达到饱和状态了,为什么还出现了谷歌、Facebook?我觉得这是它的创新能力。通过创新,然后全球化,美国很多互联网公司赢利结构是国外收入大于国内收入,创新是非常重要的。中国互联网公司做到2300亿美元了,但是主要收入还是集中在国内。但是,问题也是机会,不足恰恰是未来的成长空间,而美国公司已经用满了。

联合国有一个数据,目标是让一个国家的人均月GDP的5%作为上网费用。目前全球有三四十个国家低于5%,发达国家低于5%,中国在10%。很多发展中国家包括印度的上网费用比例太高,有些占到月收入的30%、40%。上网费不降下来,上得起网的用户就没办法增长,而价格降下来一定要靠市场化的创新能力。

目前，中国的人口红利已经结束了，但在五年之内，中国互联网的人口红利还不会结束，人均上网时间还可以大量地增加。数量可能是放缓了，人口红利肯定要到一个天花板的，那个时候就要看互联网有没有全球创新的能力和竞争力。现在水涨船高的趋势推动着中国向前发展，进入了中等收入的陷阱，能够把我们拽出陷阱的只有创新这条道路。中国的创新能力跟美国相比有后发优势，中国跟印度相比，印度有它的后发优势，这些就要拼创新的能力了。

我们也看到中国创新面临的障碍，这个障碍还是挺明显的。中国网民发展过程显示，第一个30％的网民是靠PC驱动的，第二个30％的网民是靠智能手机推动的，再下一个30％只能通过电视机的摇控器了。中国下一个30％的网民可能是农民占大多数，他们一定是通过家里的电视机上网，而这即将成为农村的高科技。我们智能电视的市场，一定需要有足够的市场化活力，才有足够的创新活力。智能电视像乐视、小米，它们把整个行业的创新活力提升了，但是如果出于部门利益考虑，把很多的创新活力给掐死，将会延误我们下一个10年弯道超车的发展。

3. 从互联网大国到互联网强国

胡：互联网改变中国，从网络本身来看，完全有可能从一个用户数量占优的网络大国，通过融合与创新来变成一个在价值上、在文化上、在产业上都能够引领全球的网络强国。关于如何从网络大国走向网络强国，是不是请方老师再集中地表达一下核心的观点。

方：核心观点第一个是媒体融合是为网络强国梦服务，第二个就是网络空间和现实空间双重空间的思维模式。新媒体是基于网络空间的媒体，网络空间使信息的自由传播获得了空前的解放，这个空间的研究目前比较欠缺。媒体融合基于网络空间和现实空间的融合是一个根本方向。媒体需要改革开放，需要创新，对中国目前的策略来说，问题也看清楚了，趋势也看得比较清楚了，接下来就是该怎么实施这个战略了。

从整个路径来看，建设网络强国是第一次由总书记作为国家重要战略来抓的，顶层设计问题慢慢解决了，接下来就是网络强国这个概念怎么做？我们认为网络强国还是要分三步走，第一阶段要完成顶层设计，现在大概有40多个国家已经完成了网络空间安全的国家战略，中国目前还没有。因此，首先，短时间内要有战略，因为5年以后，10年以后到底怎么样，还是取决于现在战略的制定。其次，中国整个制度，目前互联网管理也好，基础设施的安全保障也好，中国缺的不是技术，不是产品，不是产业，缺少的是制度。第二个阶段，我们要拥有能够有效防御的能力。从斯诺登事件来看，中国整个网络空间对美国而言是透明的，在网络空间的攻防实力方面，我们和美国完全不对等。我们应争取用一两年的时间来完成顶层设计，在三五年之内能够完成有效防御，这样起码我国的能源、交通、金融等重要基础设施，以及关涉党政军、国计民生等重要系统都能够得到有效的防御和保障。

阿里巴巴上市是一个转折点，中国新媒体一定要开始实施全球化战略，这是第三个阶段。因为现在阿里巴巴的2300亿美元是从中国市场走出去的，中国的新媒体一定要面向全球市场去寻找下一个2300亿美元，这个是合理的布局。中国要走出去，到美国和欧洲去。现在关起门来，不让国外的网络进来肯定不行。中国要通过制度让国外的网站进来。我个人建议，对美国的互联网公司，中国要把三分之一的市场让给它们，这样未来下一个10年中国才能进入到人家那里，占有人家三分之一的市场，才不会遇到特别大的障碍；如果现在国外的互联网进不来，中国走出去一定会遇到问题。

全球化如果不走出去，强国之梦就难以实现。走出去到美国是硬碰硬的市场，欧洲没有互联网巨头，它的市场也是开放的。

全球化第二阶段，中国要有一些互联网公司的国外用户超过国内用户，如果这个格局能够形成，在10年之内我觉得中国的网络强国梦是可以实现的。要实现弯道超车，只有比美国更加开放，让整个国家的价值观跟全球200多个国家相接近，发展更加符合互联网的趋势，更具创新能力，才能使超越成为可能的事情。

当前的全球化是以美国为起点，未来的全球化将以中国为起点。以后，美国的技术先在中国投放，然后中国再向其他的地方投放，中美之间能够形成一个良性的竞争和合作。美国走高端的研发，在中国这里市场化，然后面向全球打下更大的市场，中美形成优势互补，构建中国互联网强国的未来。原来的互联网是美国化，未来的互联网将是中国化。

四、世界互联网中的中国与世界

在9月10日的对话之后，中国和世界的互联网发生了几件"大事"：9月19日阿里巴巴在美国上市；11月19日首届世界互联网大会在中国乌镇召开；12月2日第七届中美互联网对话在华盛顿召开。中国在分享着互联网发展成果的同时，也逐步承担起大国的角色,“互联互通,共享共治”的互联网格局建构将深刻影响中国互联网与媒体的发展。2014 年 11 月 25 日的对话以及 12 月 10 日的再次沟通将关注世界互联网大会和中美互联网对话的积极成果。

胡:从上次和方老师对话的两个多月以来,互联网在学界、业界、社会和国际几个层面都发生了重大的变化。从业界来看,互联网大亨们推出了关于电子商务、关于并购的一些新动作,传统媒体也在发力,开始调整结构着手应对;同时我们看到学界也积极关注,连续举办了多次关于媒介融合主题的学术活动;社会上对这个问题的关注度也非常高,尤其是对习总书记在文艺座谈会上出现两个网络作家这样的事情关注度非常高;另外,在政府层面,刚刚结束的首届世界互联网大会,既是国际活动,也是中国的姿态,表明中国在互联网领域开始作为一个大国担当起负责任的大国角色。主动迎接互联网的挑战,并企图在这一轮竞争当中建立中国的主导权,不想被动地在互联网时代和国际方面拉开差距等也引发了全世界的关注;在 APEC 和 G20 这种重大的国际场合,互联网的问题和相关的一些动作,也都引发了国际上的重大反响。12 月 2 日举行中美第七届互联网的强强对话,将较为深刻地影响着中美乃至全球的互联网发展。在这样的背景下,我关注几个题目,其中,第一个题目就是如何看待世界互联网大会的意义和独特的价值?

方:世界互联网大会选择并永久落户乌镇,一方面,浙江省具有独特的优势,包括有互联网公司市值最高的阿里巴巴,同时亦有传承中国传统文化的古城;另一方面,地方政府重视,国家互联网信息办公室和浙江省联合承办,具有独特的政治资源。尽管只有两个月的准备时间,最终还是成功地举办了世界规模最大、层次最高的互联网大会。本次大会有来自全世界近 100 个国家和地区的逾 1000 位政府官员、国际机构负责人、专家和企业家与会。

最精彩的当然是中美之间的博弈,尤其是最后一场闭门会,大概有 80 个人,其中美国的企业、学者、智库和大使馆约有 20 个人,其他国家有十几个人,剩下就是国内的官员和专家,本来希望围绕“互联互通,共享共治”通过一个民间性质的“乌镇宣言”,由于中美之间在程序、网络主权、网络反恐等方面存在分歧,宣言并没有被通过。

这么多年来,美国始终把联合国排除在网络管理之外,坚持认为政府不适合主导网络空间治理。事实上,它的“太极拳”打来打去,还提出利益相关方理念,主要目的还是想让美国一家主导互联网。2014 年 11 月,全球网民刚好到 30 亿,发达国家占10亿，发展中国家占20亿。其中美国占2亿多，占9%；中国大概是6亿多，占20%多。因此，很多国家很希望有这样一个会议，建立起协调全球互联网事务的有效机制。我觉得中国当主场，这件事情除了美国之外大家都是比较认可的。这个会议有很强的政治意义，随着趋势的发展，中国在全球的影响力必将增加。

胡：这次取得的主要成果是什么呢？从出发点来讲，更多是一种展示，还是希望达成某种什么样的目的呢？

方：中国在全球网络空间的话语权和第二大经济体的地位很不相符，尤其是在全球互联网规则制定方面，我们很没地位。因为这些机构虽然是所谓的非政府国际组织，但是本质上是由美国主导设计的。我们的专家进去的比例很低，且很难进去，掌握话语权更是难上加难。我们原来一直没有有战略地扶持国内的学者进入国际组织。现在乌镇峰会能够永久放在中国，开辟另一个体系，将迫使美国给我们更多的权力，这个博弈在国家战略层面是很有必要的。

胡：第二个题目，这次大会之后，大家可能对以马云为代表的互联网大佬们未来的动作和可能性特别关心，您是怎么看的？

方：阿里巴巴上市后的市值，实际比原来预测的还要乐观得多，最高到了3000亿美金。就像上次对话谈到的一样，美国公司的技术领先我们很多年，但是势能在中国。当发达国家网民达到饱和时，发展中国家的网民还在快速上升，将逐渐主导互联网公司的未来。下一个30亿网民，有6亿网民在中国的农村，待第三世界发展起来，中国的公司绝对是有竞争优势的。

胡：这次与会的传统媒体和新媒体，包括融合媒体我注意到，除了这些互联网企业大佬外，媒体界的代表性人物比如胡舒立、汪文斌，包括新浪、搜狐的大佬都在参与过程当中，关于媒体融合您能感受到一点什么变化？

方：从大会嘉宾发言、媒体代表性等来看，新媒体那场论坛，首先发言的是人民网、新华网、光明网等传统媒体的人，百度亦有发言。从国内层面来看，这个格局你中有我、我中有你，大家平起平坐，传统媒体在政治资源和社会资源方面比较强势。但是，当马云这些人出现的时候，不管是国外记者还是国内的官方记者，真正追的星是马云、刘强东、李彦宏、张朝阳、雷军等等这些人。从这个角度来看，真实的落差还是非常大的。如果说媒介融合仅仅是为了让传统媒体脱困，对这个梦幻应该有一个清醒的认识，互联网媒体已经远远把传统媒体落在后面了，并且我觉得未来差距只会越拉越大，传统媒体的衰落绝对是全球性的。

传统媒体可以利用政府资源、利用社会资源,通过合作、购并,转化为以互联网为主,并购互联网公司,把它作为传统媒体载体的形式之一,就像马云一样。传统媒体应该尽快行动起来,把现有的资源更多地投到新兴的互联网公司。我觉得还是要深入到主战场上,在现有的体制下,做客户端也好,做 APP 等很多新的东西也好,如果不能用好的机制激发出创业和创新的精神动力,现有的努力都不能改变被边缘化的命运。

胡:现在有一些渠道。一种以新浪、搜狐为主导来融合传统媒体,它们来投资或者说运营,即互联网媒体主导和驾驭传统媒体创造新的业态。还有一种是以传统主流媒体为主导的,从传统媒体自身衍生出的新媒体,如人民网、光明网、新华网以及 CCTV 网络电视台这样一些形态,它们企图通过传统媒体自身拥抱新媒体、互联网,打造融合媒体。还有第三种渠道,既不是在互联网媒体,也不是在已有的传统媒体基础上,而是从第三方做经营或者是运作,它们一定是建立在终端客户、用户体验之上的。如果我们有一种渠道能够控制用户,通过对用户的控制开始衍生发挥媒体的功能和效益,包括像社交媒体、微信等,在这方面可以逐渐做大做强,这种可能性也是存在的。对于媒介融合多种渠道的可能性,您是怎么样看的呢?

方:这几种都有可能性。每一种可能到底在哪儿?第一种以互联网为主导顺理成章,市值千亿美金级,手上现金百亿美金级,有压倒性的优势。我专门问过马云,会收购新浪或者雅虎吗?或者会进军娱乐业吗?对互联网巨头来说,首先,媒体毕竟是涉及意识形态的,他们还是比较谨慎的,认为像新浪这样的媒体毕竟具有公共性,私有企业据为己有不好。其次,从他们的角度来说,媒体这块的钱对他们来说太小了,新浪市值仅几十亿美金,几十亿美金的机会对他们来说到处都有,雅虎也是类似的情况。

移动互联网有大量的机会,这个机会除了马云和马化腾能够抓住,李彦宏都不敢说已经把握住了,百度这种模式被替代的可能性是非常大的。百度在手机端的实际使用已经很少了,而且百度是工具性的,用户没有黏性,用户没有汇聚,新浪这类媒体就更不用说了。

从传统媒体衍生出来的渠道,我个人认为是很有机会的,关键是怎样做。国有企业包括传统媒体,之前我一直建议,三大运营商把 1% 的钱拿出来交给风险投资机构去做投资,五年以后就有几千家公司的股份。自己的体制里头没法玩,可以把资源兑换成未来的机会。

另外一个好的机会就是传统媒体未来可以变成非营利性或者公共性物品。互联网的很多服务包括邮件，很多基础性的服务，商业公司开始食之无味、弃之可惜，这个时候就需要政府做基础性的互联网服务。如果设计出好的模式，不求赢利，会在互联网方面具有巨大的号召力，就有可能改变甚至颠覆现有的格局。这就需要智慧，而且需要领导的魄力。

胡：单从传播的动机和效果来讲，如果说用传统媒介思维来进行传播可能会更精准，传统的传播行为一定要有明确的传播者，传播者把它的意图通过传播手段送达接受者。互联网传播思维则不明确主动性和被动性，大家既是传播者又是被传播者，这意味着共享。既然是共享、分享，大家就是平等的，是相对自由的。由于互联网技术本身的特点，导致在海量的信息中主导者的消失或者大家互为主导。

方：传统媒体认为，内容是我制造的。事实上，网民制造的内容比传统媒体更多、更好。到目前为止，传统媒体的互联网转型基本上还停留在十多年前，仅仅是把互联网当作一个渠道，传统媒体依然为自己的内容生产者角色引以为傲，这种优越感在网络空间里只能起到反作用。

胡：世界互联网大会后不久，第七届中美互联网对话在华盛顿举行，您随鲁炜部长一同参加，这次对话事关中美以及世界互联网的发展，您是怎么认识的？

方：12 月 1 日到 8 日，跟随鲁炜部长参加在华盛顿召开的第七届中美互联网对话访问。鲁炜部长访问的首要目标是宣讲习主席的“共同构建和平、安全、开放、合作的网络空间，建立多边、民主、透明的国际互联网治理体系”的互联网治理观。此行最大的成效还是企业界，不但有效地打消了美国互联网巨头对中国互联网政策长期的疑虑和担忧，更消除了对中国政府一贯刻板、固化的偏见和误解。只有沟通才能消除误解、建立信任，只有通过合作才能实现共赢，这一点双方达成了共识。

最大的印象还是美国互联网公司对中国市场的向往。如之前我们讨论过的，中国市场将决定全球互联网的未来格局，也将影响每一个互联网巨头的未来前景。可以说，失去中国这一全球最大的市场，任何一个互联网巨头都不能称为严格意义的世界性企业。就是当年自己“主动”退出中国市场的谷歌，今天也开始意识到中国市场至关重要的战略意义，如今非常迫切地期待重返。

胡：再回到世界互联网大会，回到乌镇宣言，回到中美互联网对话，如果要表达对互联网的期待，尤其是互联网对社会的改变，对中国互联网在世界互联网发展中的一种期待的话，您还想说什么话呢？

方:从世界互联网大会来看,十多年前还是一无所有的一些人、一些企业,现在已经成为世界级的富豪和世界级的企业。我觉得互联网在中国不仅要创造有钱人和有钱的大企业,更要为整个国家复兴、中华民族崛起、对国家变革起到积极的推进作用。互联网毕竟代表人类新的文明,在中国历史长河里头扮演什么样的角色?它能不能让我们整个社会的创新活力更进一步?这种发展不要被固化下来,这些人聚集这么多财富,拿这个财富用在有效的地方还是用在无效的地方?对发展来说都是至关重要的。美国整个社会创新氛围比我们要浓厚得多。互联网在中国激发了创新的机制,现在仅仅是走了一段,这个机制能不能持续,还是一个大问号。我们接下来如果有更多的企业能够可持续地被激发起来,对中国的改变将确确实实是永久性的改变。

胡:要从根本上激发民间的力量和社会的力量。中国的创新活力若能够动起来,那中国的复兴只是时间的早晚,这一点是最重要的。在网络空间时代,政府目前比所有利益相关方都急需互联网思维,该做什么、不该做什么需要有清晰的边界。简单否定政府也没什么意义,怎么样让政府发挥好政府的作用,才是这个国家前进的正路。

方:从中美互联网对话来看,中国市场将决定全球互联网的未来。美国互联网公司不能不对中国市场充满向往,未来中美在互联网之间既合作又博弈。当然,真正中美可以对等博弈的新态势的出现还有赖于中国软实力的进一步提升。在互联网发展和网络治理方面,中国的理念和主张应更加积极、主动,更加开放、大气,更加前瞻、包容,也应更加有胸怀和接地气。显然,网络空间问题,中美关系是牛鼻子,双方合作共赢和优势互补良好局面的形成,不但关系到中美两国的发展,更决定了全球网络空间的秩序与格局,以及全人类发展的大趋势。

后记

说起《现代传播》的“年度对话”，真是感慨万千！从2004开始，每年开年第一期打头篇刊发，迄今一晃已12个年头过去了！12个年头正好是一个轮回。中间也有几次由于种种原因想停下来，此念一出编辑部内外都不同意，有人甚至把“年度对话”比作《现代传播》的“春晚”，没有“年度对话”开篇，许多读者都会不习惯乃至不接受的。

至于这个“年度对话”是怎么出台的，每一年度对话背后的原因与背景，这么多年作为对话主持者，我还从未正式对外说过，就借此出书机会简单向关心、支持这个对话的广大读者、朋友们简单汇报一下吧。

记得2002年第1期《现代传播》发表了时任凤凰卫视中文台助理台长刘春先生的《中国电视的“盛世危言”》一文，在业界产生了不小的影响。认同者高度评价此文对中国电视的居安思危的评析与忠告，认为应当认真反思电视自身的问题，做好迎接新媒体挑战的准备；否定者则认为此文过度夸大了以互联网为代表的新媒体的功能，以中国电视正在高峰期的巨无霸状态，刚刚露头的新媒体算得了什么？没必要夸大其词，自乱阵脚。刘春先生是广院（现中国传媒大学）90年代初期的研究生，也是我的老邻居、好朋友，他的敏锐、聪慧、博学历来为我等友人赞佩有加。该文发表之后，一次我们俩通话时，又说起此文的影响，我随口就说请他再写一文，以回应各种反应。刘春认为再写单篇文章难免重复，建议我们俩坐下来好好聊聊，就把我们俩聊天的对话整理一下，刊发出来，岂不更好？我觉得他的建议非常有意思，作为学术期刊，把传媒界的争议话题拿出来进行讨论，也是应尽责任！刘春就代表业界，我就代表学界，正好是业界与学界的对话，同时也符合《现代传播》搭建业界学界桥梁沟通平台的角色定位，那就定名《现代传播》“年度对话”吧！于是我就找来了当时刚刚硕士毕业并硕博连读、在《现代传播》做实习编辑的张国涛，带上他前去刘春在京的办公室——凤凰会馆，做了整整半天的畅快对话。《现代传播》的第一个“年度对话”就这样在2004初春闪亮登场了！

这个对话的反响之大，既在预料之中，又在意料之外。可以预见的是在《现代传播》读者群中乃至传媒圈里的呼应。大家对于“逢三变革”等判断的认同，对于“中国电视的冬天”或许很快到来的疑虑与彷徨等反应并不意外。令人意想不到的是，此后在一些会议、活动等场合偶遇来自政府、企业和其他社会组织、机构的领导、专家等其他行业人士，不少见到我也会提到这篇对话，而且不少院校研究生考试命题也把这个对话作为主要参考文献，或整篇或摘取其中观点。一时间我们的《现代传播》真是“洛阳纸贵”，很快供不应求，销售一空！此后连编辑部的编务老师都知道，每年第1期一定要加大印数，不然就连存档都不够用了！

从第1期成功推出这个对话开始，我们也基本确定了对话的基本模式：1. 对话人：由我代表刊物也代表学界作为对话的一方，每次再特邀一位或两位来自业界的代表性人物。2. 对话内容：就刚刚过去的一年最受关注、最能体现年度亮点的传媒文化事相做一回顾盘点；对于这些事相背后的背景原因做一剖析，并对来年传媒文化发展提出预测或建设性思考。3. 对话时间：一般每年12月的上旬。4. 对话地点：头几期是我带着整理者到对话嘉宾那里，以后大都是请对话嘉宾到中国传媒大学来。5. 对话参加者：编辑部全体责编，相关专业博士、硕士研究生。6. 对话话题：由本人、整理者在征求编辑部各位责编意见基础上，发对话嘉宾进行充实调整。此外，每次我们都会请速记帮助记录，由整理者初步整理形成初稿，由对话人在此基础上进行修改，以确保政治上、专业上以及文字表述上不出问题。

2005年度对话嘉宾为时任中国广播电影电视集团大型活动办公室主任的汪文斌先生，当时集团化是年度广播影视领域的热点，汪主任就推动广播影视产业化当中最重要的版权问题进行了深入阐释。2006年度对话嘉宾为时任中央电视台研究室主任的王甫先生和克顿顾问公司董事长兼首席执行官吴涛先生，王甫先生主要从年度电视宣传，吴涛先生主要从年度电视市场的动向亮点做了细致分析。2007年度对话嘉宾为时任中央电视台新闻节目中心主任的梁晓涛先生和中央电视台市场研究媒介顾问靳智伟先生，对于正在推进的中国电视制度建设，特别是来自市场和受众需求的电视生产制度的建立做了深度剖析。2008年度对话嘉宾为中央电视台副台长兼中央新闻纪录电影制片厂厂长的高峰先生,高台面对中国电视一方面急功近利、唯利是图,一方面又感叹外在政治、经济压力等现状,旗帜鲜明地提出:重塑中国电视的尊严!意在强调中国电视还是要从自身做起,从练内功做起。2009年度对话嘉宾为时任凤凰卫视中文台执行台长的刘春先生和在电视节目研究方面造诣很深的中国传媒大学徐舫州教授,就新媒体对传媒格局的影响,电视因应新媒体挑战的选择做了全面解读。2010年度对话嘉宾是时任国家广电总局办公厅主任、新闻发言人的朱虹先生,对话站在新中国成立60年的节点,对新中国广播影视发展历程进行了全面回顾,并对未来中国广播影视发展的"新起点"进行了展望。2011年度对话的嘉宾是中国国际广播电视台副台长的王云鹏先生和中国社会科学院新闻与传播研究所研究员时统宇先生,对话站在21世纪第一个十年和第二个十年的交接之年,对新世纪第一个十年中国广播影视发展的基本特点进行梳理总结,并对第二个十年中国广播影视整体格局进行预判。2012年度对话嘉宾为国务院学位委员会艺术学科评议组召集人、中国传媒大学艺术研究院院长、著名文艺评论家仲呈祥先生,对于当下低俗化日益严重,价值观混杂的文艺生态做了精辟的分析与批判,对于真善美价值指导文艺并优化社会文化生态给予了热切期望。2013年度对话嘉宾为时任中央电视台纪录频道总监的刘文先生和在中外电视比较研究上成就斐然的中国传媒大学的苗棣教授,对于第一个国家级纪录频道的诞生,以及新闻、电视剧、纪录片等方面的国际传播问题做了深入探究。2014年度对话嘉宾为国家新闻出版广电总局宣传管理司司长高长力先生,对于上一年度影响较大的一系列政策举措做了权威阐释,对于政策举措后面各种影响预测及考量做了深刻揭示。2015年度对话嘉宾为博客中国创始人,在互联网研究领域影响很大的方兴东先生,对于正在发生的互联网领域在政府监管、市场运行、产业推进、国际较量等各方面的发展状况做了即时分析,并提出以互联网建设推进"强国梦"的战略设想。

这些年度对话嘉宾无疑都是业界和学界引领风尚的精英人物,能够邀请到他们,是我们《现代传播》的荣幸!而且这些大腕无一例外都非常认真,每次就话题都会提前与我们沟通多次,并做大量"功课"提前准备,还要现场费心讲解,事后又不厌其烦来回修订。在此,我要向各位年度对话嘉宾表示诚挚的感谢!

为完成每年的对话,每次都有专门的整理者从头负责到底,工作量最大的当属他们!先后参加过对话整理的有张国涛(2004、2009)、郑世明(2005)、顾亚奇

(2006、2007、2008)、曾祥敏(2010、2011)、杨乘虎(2012)、刘俊(2013、2014)、潘可武(2015)等青年才俊。此外,赵均、李立、张毓强、张惠云、赵曦、张政法、周建新、邓文卿等老师也以各种方式参与了对话的组织、筹备、协调工作。对于各位对话的整理者和参与者付出的辛苦劳作,我也要表示诚挚的感谢!

翻读每一期年度对话,宛如重新体验中国传媒风云激荡的年度发展情形,所以当2009～2013年《现代传播》文丛筹备编辑之时,编辑部同仁提出应当把"年度对话"单独编成一册,一方面是《现代传播》的历史记忆,另一方面也是中国传媒发展变革的历史记录。虽然在体例上与其他几册略有不同(主要是时段不尽一致,对话是从2004～2015年),但不影响整体安排,于是就有了这册小书,愿各位读者再回味分享我们共同度过的时光。

感谢中国传媒大学出版社领导,特别是责编李水仙老师的大力支持与辛勤劳作!

胡智锋

2015年1月28日

图书在版编目(CIP)数据

年度对话:中国传媒发展的回顾与展望/胡智锋编著.—北京:中国传媒大学出版社,2015.5

ISBN 978-7-5657-1264-7

Ⅰ.①年… Ⅱ.①胡… Ⅲ.①传播媒介-研究-中国 Ⅳ.①G219.2

中国版本图书馆 CIP 数据核字(2015)第 016369 号

年度对话:中国传媒发展的回顾与展望

编　　著	胡智锋
策划编辑	秋　实
责任编辑	李水仙
责任印制	阳金洲
封面设计	北京泰丰领秀创意文化有限公司
出 版 人	王巧林
出版发行	中国传媒大学出版社
社　　址	北京市朝阳区定福庄东街 1 号　　邮编:100024
电　　话	86-10-65450532 或 65450528　　传真:010-65779405
网　　址	http://www.cucp.com.cn
经　　销	全国新华书店
印　　刷	三河市东方印刷有限公司
开　　本	710×1000 mm　1/16
印　　张	15.75
版　　次	2015 年 5 月第 1 版　2015 年 5 月第 1 次印刷
书　　号	ISBN 978-7-5657-1264-7/G·1264　　**定　价**　62.00 元